夏季檔
光緒二十四

一本書讀懂

# 中國近代史

邵勇　王海鵬　編著

責任編輯 沈夢原
版式設計 高 林
封面設計 任媛媛

書名 一本書讀懂中國近代史
編著 邵勇 王海鵬
出版 三聯書店（香港）有限公司
香港北角英皇道四九九號北角工業大廈二十樓
Joint Publishing (H.K.) Co., Ltd.
20/F., North Point Industrial Building,
499 King's Road, North Point, Hong Kong
香港發行 香港聯合書刊物流有限公司
香港新界荃灣德士古道二二〇至二四八號十六樓
印刷 寶華數碼印刷有限公司
香港柴灣吉勝街四十五號四樓A室
版次 二〇一九年八月香港第一版第一次印刷
二〇二二年七月香港第一版第三次印刷
規格 十六開（170 × 230 mm）三二〇面
國際書號 ISBN 978-962-04-4528-6

# 目錄

# 前言

英國歷史學家卡爾說過：「歷史是現在與過去之間永無休止的對話。」

從一八四〇年鴉片戰爭到一九四九年中華人民共和國成立的百餘年，政局波譎雲詭，社會變化急劇，眾多風流人物演繹着各種悲喜劇，構成了跌宕起伏而又驚心動魄的歷史畫卷。這一段歷史是我們的昨天，它與現實息息相關。在快節奏生活的今天，如何在短時間內讓讀者清晰地了解、感知風雲激蕩的近代中國，是我們編寫這樣一本通俗歷史讀物的出發點。

全書按照中國近代史發展的脈絡劃分為十個篇章，採用由點到面、繁簡結合的編排和寫作方式，立體呈現近代百年歷史發展進程。每個篇章由篇章概述、大事年表、歷史故事、知識鏈接等欄目組成。另外，輔以小常識，並插入相關歷史圖片。這些欄目各自獨立，又相互映襯，有機地連為一體，以便讀者在輕鬆閱讀中飽覽百年風雲，汲取歷史智慧。

寫歷史，不能沒有細節。我們從百餘年間繁蕪駁雜的史實中擷取近百個細節，在講清事件的來龍去脈、人物的喜怒哀樂的基礎上，力圖反映宏觀歷史的新陳代謝。在內容上，力求真實，絕不虛構；在表述上，力求通俗，生動活潑，而不用文學筆法渲染史實，更不用「戲說」的方式加工歷史原料。我們只是如實展現過往歷史的變幻，讓讀者讀出歷史中的精彩。

需要說明的是，本書雖然是一本通俗讀物，但寫作過程仍很艱辛。我們特別要感謝的是北京師範大學歷史學院的郭大鈞教授和李志英教授，兩位老師審訂書稿，費心操勞，提出了不少中肯的建議，我們深受嘉惠。北京中華書局的編輯李洪超先生在體例安排、提綱設計、內容取捨、文字表述等方面付出了艱辛的勞動，體現出一位編輯的嚴謹性和責任感。此外，山東科技大學的葉小青老師對本書也做了大量工作，提出了不少富有啟發性的建議，並提供了部分文稿。曲阜師範大學的呂厚軒博士也給予我們熱情的幫助。在此，一併表示感謝。當然，由於我們學識有限，書中不妥之處，懇請讀者批評指正。

# 鴉片戰爭

● 人民英雄紀念碑《虎門銷煙》浮雕

十九世紀四十年代，英國率先完成工業革命，為打開中國市場，將中國變為其商品市場和原料產地，發動了鴉片戰爭。一八四〇年六月二十八日，英軍封鎖廣州海面，鴉片戰爭爆發。一八四二年八月，中國近代史上第一個喪權辱國的不平等條約——中英《南京條約》簽訂，鴉片戰爭結束。之後，其他西方列強也趁火打劫，強迫清政府簽訂了中美《望廈條約》、中法《黃埔條約》等。中國的領土和主權完整開始遭到破壞，中國的社會性質、主要矛盾也發生了轉變。

西方列強通過不平等條約，獲得了一系列權益，如開埠通商、協定關稅、領事裁判權等。但它們不滿足於既得利益，為擴大權益，英、法兩國又於一八五六年挑起了戰爭。這是鴉片戰爭的繼續和擴大，被稱為第二次鴉片戰爭。

# 「番婦」來華起風波

如今的中國是開放的中國，洋美女在中國各大城市逛街購物已是司空見慣，習以為常了。可是在閉關鎖國的清朝統治下，這些被稱為「番婦」的洋美女們的到來卻引來了不小的風波，以致雙方劍拔弩張，差一點讓鴉片戰爭提前開戰。僅僅是幾個「番婦」來華，怎麼能引起如此巨大的風波呢？

一七五七年，乾隆皇帝發佈鎖國令，只允許廣州一地與外國通商，而且只准「夷商」在城外十三行做買賣，嚴禁他們攜「番婦」入城。後來，兩廣總督准許「番婦」可以隨「夷商」居住澳門，但不能進入廣州，讓居住廣州的男性洋「光棍」們十分惱火。這種事在今天看來不僅顯得不近人情，而且還有些荒誕。

那麼，清政府為什麼要長期奉行「視番婦如猛虎」的防範政策呢？首先是一種戒備心態在作祟。中國傳統禮儀規範教導下的國人，潔

英國東印度公司大班和他的家人

一七五一年
清政府禁番婦來廣州居住。

一七五五年
清政府規定廣州華洋交易均由行商辦理。

一七八〇年
英東印度公司獨佔對華鴉片貿易，鴉片進口數量大增。

一七九三年
英使馬戛爾尼來華，得到乾隆皇帝接見。

身自愛、「男女授受不親」等觀念根深蒂固，而西方婦女的服裝暴露過多，隨意同男人握手、擁抱的行為，「敗壞」了社會風俗。其次是出於限制外商的需要。通過禁止洋婦入城，洋商缺少家庭溫暖，厭倦在廣州的單身生活，必然不能長久滯留下去。實際上，這是清廷想讓那些外國人知難而退所設下的障礙。一八三〇年（道光十年）廣州發生的「番婦」來華（又稱「盼師夫人事件」），將中英雙方在這一問題上的爭端引向了高潮。

這一年的十月四日，英國東印度公司駐廣州的大班（東印度公司最高領導之一）盼師偕同幾個外國女人從澳門來到廣州，坐着綠呢小轎，大搖大擺地住進了商館。此後，一連幾天，年輕貌美的盼師夫人穿着時髦的倫敦時裝，帶着其他幾個衣着光鮮的外國女人，坐在由中國轎伕抬着的綠呢轎上，到處遊覽觀光。廣州民眾十分好奇，紛紛跟隨圍觀，欣賞着這些如同外星球來的「洋美人」，驚詫不已。可是誰能料到，她們竟然引起了一場險些釀成戰爭的外交風波。

中國官府曾明文規定，禁止夷人私帶家眷入廣州，以及私自坐轎入商館，可是她們卻如此招搖過市，鬧得滿城風雨。廣州地方官員對此非常震驚，四處張貼告示，重申禁令，並禁止中國民眾駐足觀望。廣州將軍、兩廣總督、粵海關監督和廣東巡撫還聯名上奏，認為此事「有違天朝體制」。道光皇帝知道後，也認為夷商擅違舊制，有礙天朝觀瞻，責成時任兩廣總督的李鴻賓處理此事，務必曉諭夷商，恪遵天朝禁令。於是，一場轟轟烈烈的外交活動就此拉開序幕。

李鴻賓嚴令外商退回澳門，不許在省城廣州停留。英商群起抗議，拒絕服從，他們爭辯說：英國實行一夫一妻制，法律嚴禁納妾，英商在廣州商館有時一住就是半年，如果不准攜帶家眷，太不近人情了。李鴻賓對洋商的抗議申訴不加理睬。最後事態進一步發展成刀兵相

一八一六年

英使阿美士德來華。

■ 十三行

清政府在廣州設立的具有特許和壟斷性質的專業商行的總稱，行數並不固定。鴉片戰爭前，清政府實行閉關自守政策，嚴格限制海外貿易，只開放廣州一口與西方國家通商。清政府規定，外國商人銷售商品和購買土貨必須經過少數特許的「行商」之手。外國商人為打破公行壟斷，經常採用收買、賄賂的手段，而行商之間為爭奪商業利潤則時常互相傾軋。鴉片戰爭以後，西方列強在《南京條約》中要求廢除公行制度。一八四三年，廣州開放通商，一些行商仍舊營業，但他們對新定的自由通商進行種種抵制，力圖保住昔日的壟斷地位，未能如願。一八五六年，十三行毀於大火。

見——中方通告：如兩三天內，盼師仍不遵命將夫人送回澳門，將派官兵進入商館，實施驅逐。對此，盼師也不甘示弱，連夜聚集武裝水手百餘名，將火炮偷運到商館，準備對抗。

「番婦」問題使中英劍拔弩張，大有一觸即發之勢。實際上，雙方都不願意把事態弄僵。廣東官員怕涉外事件激化，難以向朝廷交代，於是急忙派洋行商人出面疏導。最後，還是英方先讓了步，向清官府報告了派兵保護商館的原因，並說如果中國官方肯保障商館安全，水兵和槍炮自當撤去。在得到李鴻賓的保證後，英國水兵撤回兵艦去了。但盼師夫人以照顧患病的盼師為理由，並沒有立即回澳門，兩廣總督並以此為由奏報皇帝，請求寬緩幾日再離開。盼師夫人一直住了五十多天，才離開廣州回到澳門。

這一事件雖告一段落，但總要有人來承擔責任。曾給盼師及夫人提供綠呢小轎的行商謝五（謝治安）作為替罪羊被革去職銜，發配新疆。清政府也加強了警惕，重新頒佈了對「番婦」的種種規定，在以後的十年中，沒有再發生西方婦女進入廣州的事件。

鴉片戰爭之後，英國人可以「帶同家眷」寄居通商口岸的條文被明確載入《南京條約》。從此，大清帝國的街道上，常常能見到各種各樣的「番婦」招搖過市，成為近代以來城市裏的一道風景，她們的到來也客觀上促進了中西文化特別是中西婦女文化的交流。

知識鏈接

## 清王朝的閉關鎖國

順治初年，為了對付東南沿海及台灣的抗清勢力，清政府開始實行海禁政策，嚴禁居民出海。一六八四年康熙帝統一台灣後，曾一度開放海禁。因沿海各處海盜肆虐日趨嚴重，乾隆年間對居民出海與對外貿易的控制又逐漸變得嚴厲起來。後來，清政府在英國商船中發現夾帶的大量武器，大為震驚。一七五七年，為了避免反清勢力內外勾結，威脅清政府的統治，乾隆帝下令停止廈門、寧波、雲台山等港口的貿易，只留廣州一口與外商貿易，並規定外商不得直接與官府交往，一切有關外商的交涉事宜均由「十三行」統一辦理。一七五九年，兩廣總督李侍堯又制定《防夷五事》，規定外國商人在廣州必須住在政府指定的行商的會館中，並不許在廣州過冬；中國商人不得向外國商人借款或受僱於外商，不得代外商打聽商業行情等等。

清政府長期推行閉關鎖國政策，阻斷了中西方的經濟文化交流，造成了自身的閉目塞聽、愚昧無知，使中國日益落後於世界潮流。

# 林則徐巡閱澳門

在澳門三大古剎之一的蓮峰廟有一座林則徐紀念館，該館建於一九九七年，是澳門民眾為紀念林則徐一八三九年巡閱澳門而建立的。在紀念館正門口安放着一尊威嚴的林則徐塑像：林則徐站在海邊舉目遠眺，展現了林則徐當年以澳門為視窗，了解西方情況，學習西方文化，成為近代中國開眼看世界的第一人的情形。一八三九年九月三日，林則徐巡閱澳門，不僅是中國近代史上的一個重要事件，也是中葡關係史上的一件大事。

澳門自古以來就是中國的領土。雖然從十六世紀中葉葡萄牙人就開始佔據澳門，但在一八四九年葡萄牙殖民者強佔澳門以前，中國對澳門一直享有完全的主權，澳門類似由葡萄牙人經營的貿易特區，是葡、荷、英、法、美等西方各國商人的共同居留地，也是在中國閉關政策下了解外部世界的重要窗口。

晚清時期的澳門

**一八三三年**
五月，林則徐與陶澍合奏，主張嚴禁鴉片。

**一八三六年**
六月，太常寺少卿許乃濟奏請弛禁鴉片。

**一八三八年**
六月二日，鴻臚寺卿黃爵滋奏嚴禁鴉片，重治吸食。十二月三十一日，道光帝任命林則徐為欽差大臣，前往廣東查禁鴉片，並節制廣東水師。

林則徐使粵前後，通過一系列縝密的調查，逐漸了解和認識到澳門的特殊地位：澳門是鴉片「囤聚發販」之地，查禁鴉片必須「從澳門清源」，而且澳門華夷雜處，最容易探知夷情。有鑒於此，林則徐在虎門銷煙之前，就秘密派人調查在澳門的鴉片煙販。由於澳門葡萄牙人曾私自幫助英國煙販，林則徐曾下令與他們停止貿易數月。後來在澳門葡萄牙當局改變態度的情況下，才同意與他們繼續通商，開展正當貿易。

林則徐有針對性的舉措受到澳葡當局的歡迎，他們協助開展鴉片清查，並驅逐英國鴉片販子。然而英國侵略者不肯善罷甘休，不斷地製造事端。為了懲罰英國人，並樹立威信，林則徐決定將英國人驅逐出澳門。沒過多久，澳門就基本不見了英國人的蹤影。與此同時，林則徐積極組織人力物力財力，從澳門出版發行的英文報刊中摘譯有關資料，以便更好地了解各地方的風土人情。

一八三九年九月三日，林則徐會同兩廣總督鄧廷楨一行赴澳門巡閱。其目的是：爭取澳葡當局宣佈中立，清查戶口，察看民情，搜查私自儲藏的鴉片，以撫慰華夷居民，也是為了加強對天朝疆土的管治，切實維護澳門主權。林則徐等人，受到澳葡當局的熱情接待。

從早上開始，葡萄牙軍官士兵數百人，列隊歡迎：指揮官四人，穿戎服佩洋刀，士兵肩扛槍，整齊地列於道路兩旁。同時有樂隊奏樂，以此作為前導。當時的情景是：只見一支長長的清朝官員隊伍從前面開了過來，過了關閘，在葡萄牙士兵的護衛下，朝蓮峰廟進發，等進入廟前那廣闊的庭院時，成群結隊的看熱鬧的人，已經聚集在院外。而院子內，澳門理事官、各級中國官員以及欽差大臣的代表，已在那裏恭候多時。各種禮物包括銀子、絲綢、茶葉、豬和角上紮了紅綢帶的小牛等也已擺設在廟的正門口。就在這時，一名軍官騎馬走在

**一八三九年**

三月十日，林則徐到達廣州。

五月十一日，林則徐諭示，英商凡夾帶鴉片者，船貨充公，人即正法。

六月三日，林則徐在虎門銷毀所繳鴉片，二十五日告竣。

九月三日，林則徐巡閱澳門。

最前面，隨後是抬着大鑼和扛旗的中國士兵，引導着林則徐乘坐的八人大轎。就在轎旁，還有一隊葡萄牙儀仗兵。轎後緊跟着的是其他官員的儀仗隊伍。林則徐等人一到，受到恭候官員們的熱烈迎接，然後被引進廟堂，在那裏稍事休息，並與理事官們舉行了會談。會談時，葡萄牙的官員摘下帽子，向前傾着身子，甚是恭敬。林則徐提出不許私藏鴉片以及不得收容通緝犯等要求，葡方官員誠懇表示遵守。並與葡方約定貿易，每年運入澳門茶葉五十萬斤。還贈送葡官員們綾綢、摺扇、茶葉、冰糖等禮物，對葡兵則賞以牛、羊、酒、麵、臘肉及銀洋四百元。葡萄牙官員始終恭敬，無絲毫懈怠之心。隨後，隊伍再次出發，在禮炮聲中穿過大門，走上長長的街道。林則徐一行考察了三巴、媽祖閣、南灣各炮台，均受到葡方鳴禮炮十九響的隆重禮遇。林則徐在巡閱後的奏摺中也寫道：「臣等沿途察看，不但華民扶老攜幼，夾道歡呼，即夷人亦皆疊背摩肩，奔趨恐後，恬熙景象，幬載同深。」林則徐巡閱澳門，從上午八時至十一時，前後三個小時。最後由澳葡首領恭送至關閘。

特別值得注意的是，與其他官員不同，林則徐一行嚴令禁止奢侈腐化的行為，除了正常的禮儀性接待以外，辭去澳葡當局一切隆重接待。當地的中國居民為了歡迎欽差一行，在好幾個地方搭起了牌樓，用絲綢、鮮花以及寫滿頌詞的對聯裝飾得堂皇雅致。在欽差大人必經的道路上，人們在家門口和店舖門口擺上香案，上面擺滿了鮮花等物品。一位居民如是說，這是為了表達他們對大人的感恩戴德之心，是他幫助他們戒除了惡習，又銷毀和禁絕了鴉片，從而將他們從黑暗之中拯救出來……

林則徐巡閱澳門，親自看到澳門的城市風貌，體會澳門的風土人情。在視察過程中，他對西方人的屋寓、服色、髮式、禮儀、婚配等情況，一一認真觀察，可謂細緻而周詳。而且這個過程也大大加深了他對西方的認識，開啟了近代中國開眼看世界的新思潮。他自己說：「所得夷情，實為不少，制馭準備之方，多因此出。」

知識鏈接

**虎門銷煙**

一八三九年四月十日，欽差大臣林則徐會同鄧廷楨等乘船到達虎門，與廣東水師提督關天培一起驗收鴉片。最後決定在虎門採用「海水浸化法」的方法對鴉片進行集中銷毀，以震懾列強的囂張氣焰。一八三九年六月三日，虎門銷煙正式開始。林則徐帶領大小官員親自前往監督，廣州城的老百姓也紛紛趕來觀看這壯觀的場面。虎門海灘一時人頭攢動，群情激昂。一隊隊兵勇把箱子劈開，將鴉片傾倒在早已挖好的兩個大池中，摻入海鹽，把大量生石灰撒入池內，用力攪拌。一切準備就緒，士兵們決開水道，灌入海水，生石灰一遇海水，立刻產生高溫，鴉片不燒自燃，滾滾黑煙沖天而起，霎時間彌漫了海灘的上空。人們叫好聲不絕於耳，無不拍手稱快。歷時二十三天的虎門銷煙，一共銷毀鴉片二百三十七萬餘斤。虎門銷煙是中國禁煙運動的一個重大勝利，展現了中國人戒絕鴉片的意志。

# 關天培血濺虎門

「颶風晝捲陰雲昏，巨舶如山驅火輪。番兒船頭擂大鼓，碧眼鬼奴出殺人。……將軍徒手猶搏戰，自言力竭孤國恩。可憐裹屍無馬革，巨炮一震成煙塵。」這首晚清著名詩人朱琦所作的詩稱頌的將軍乃是廣東水師提督關天培。關天培不顧花甲之年，面對英軍的堅船利炮，孤軍守虎門，浴血奮戰，直至以身殉國。

關天培（一七八一——一八四一年），字仲因，號滋圃，江蘇山陽（今江蘇淮安）人，出身行伍家庭，幼時家貧讀書不多，二十六歲時考取武庠生，歷任把總、千總、守備、遊擊、參將等職。一八二六年，關天培時任太湖營水師副將，自吳淞督押漕米船運往天津，途中突遇驚濤駭浪，險象環生。關天培一路上鎮定自若，最終安全抵達，受到清政府的特別嘉獎。

一八三四年，兩艘英國兵船蠻橫闖入廣東省內河，炮擊虎門炮台。道光帝聞報大驚，特授關天培為廣東水師提督，以加強海防。關天培到達廣州後，深知英國野心勃勃，而廣東海防形同虛設。為了加強防備，關天培「公務無分巨細，事事盡心」，親往海洋內河各口岸，考察炮台，佈置防務。他根據虎門的險要形勢，決定增修和加強虎門炮台，並在炮台前設置大鐵鏈和木排，以阻攔敵船闖入內洋。他又親自監督鑄造大炮，分置各炮台，以加強防守力量。同時，關天培不辭辛勞，親自駐紮在虎門督練水師，以提高水師的戰鬥力。廣東的海

**一八三九年**

十月一日，英國內閣會議正式作出向中國出兵的決定。

十一月三日，穿鼻海戰爆發。

**一八四〇年**

六月二十八日，英艦封鎖珠江海口，鴉片戰爭正式爆發。

七月五日，英軍進攻定海，翌日陷定海城。

八月七日，英軍艦隊駛抵天津白河口外停泊。

八月三十日，琦善照會喬治·懿律，勸英軍退回廣州等候談判，並答應重治林則徐。

十月三日，林則徐、鄧廷楨被革職，林留粵以備查問差委。

防，經過關天培的精心建設，固若金湯，讓侵略者望而生畏。

一八三九年，林則徐奉旨到廣州查禁鴉片。關天培全力支持，積極參與查禁鴉片船的海上走私活動。虎門銷煙成功後，他又與林則徐計議，在南山新增靖遠炮台，設置大炮六十門，以進一步加強虎門第二道門戶的防禦。同時命令各要塞進入高度戒備狀態，準備隨時打擊來犯之敵。正當關天培加緊佈防之時，英國侵略者伺機挑起事端。九月四日，查理・義律率戰艦九艘駛抵九龍附近海面，提出無理要求，然後向中國船隻開炮。關天培下令痛擊侵犯之敵，將英艦擊退。十一月，英軍又在穿鼻洋挑釁，進攻廣東水師。關天培冒死執刀屹立桅杆前指揮，雖手背受傷，仍奮不顧身。在關天培的激勵下，水師官兵奮力還擊，使英艦遭到重創，倉皇遁去。戰後，清政府對關天培給予了嘉獎。道光帝在上諭中讚揚關天培「奮勇直前，身先士卒，可嘉之至」。當地民眾則把他比作剿倭名將戚繼光。

一八四〇年六月，鴉片戰爭爆發後，關天培督率水師，堅守陣地。英軍見關天培在廣東沿海戒備森嚴，無隙可乘，於是按照侵略計劃沿海北上侵擾，進犯天津。道光帝束手無策。他聽信琦善等人的讒言，將林則徐撤職查辦，派琦善前往廣州主持中英交涉。廣東大多數地方官吏見風使舵，附和琦善等人的議和主張，而關天培不為所動，仍然堅決主張抵抗。

一八四〇年十一月二十九日琦善抵達廣州後，下令撤除珠江口附近的海防設施，裁減水師，撤散已招募成軍的壯丁鄉勇，以討好英國侵略者。關天培見辛苦經營多年的虎門三道防線悉數毀棄，感到十分痛心。他一再要求琦善採取積極的備戰措施，都遭到拒絕。但琦善的討好行為並沒有阻止侵略者的瘋狂野心。一八四一年一月七日，英軍調集了二十多艘軍艦、二千多名士兵，向只有數百名守軍的虎門第一道防線沙角、大角兩炮台發動突然襲擊，守

■ **提督與水師提督**

清代的軍隊分為八旗兵和綠營兵兩個系統。提督是清代綠營兵的高級將領，武職從一品，每省一人，統率全省的各鎮總兵及所有綠營官兵。個別省份由省級長官巡撫兼任。品秩比巡撫略高，與總督同，但須受地方最高長官總督節制。其下所屬有標、協、營、汛各級軍事單位，有總兵、副將、參將、遊擊、都司、守備、千總、把總等各級軍官。提督還有親自統率的部隊，稱為提標。一八四〇年時，全國共設十七個提督。其中福建、廣東分設陸路、水師提督，分別統轄本省陸路、水師官兵。

將陳連昇、陳舉鵬父子以及守台官兵六百餘人雖然浴血奮戰，但終因寡不敵眾，全部壯烈殉國。虎門的第一重門戶洞開，使得要塞失去屏障，形勢變得萬分危急。此時，關天培坐鎮虎門，身邊只有四百名士兵。他深知虎門戰略地位的重要性，一面親自坐鎮指揮，一面火速派人請求琦善增兵救援。但是琦善沒有真正抗戰的決心，竟然拒絕派兵增援。在孤軍無援的絕境下，關天培明知「事不可為」，難以挽回戰局，遂決心以戰死報效國家。他派人將自己的幾套舊衣與幾枚遺齒送回故鄉以與家人訣別，表達了與炮台共存亡的決心。

二月二十六日，英軍十隻兵船、三隻武裝輪船，向虎門諸炮台大舉進攻。面對強敵，關天培毫無懼色，親臨一線督戰。開戰不久，英軍即攻佔了橫檔、永安等炮台，隨後集中兵力進攻靖遠和威遠炮台。自上午十時至下午七時，關天培親自點燃大炮，與敵激戰達十小時之久，給英軍以重大殺傷。無奈寡不敵眾，守衛炮台的將士大半英勇犧牲，關天培也多處受傷，周身鮮血淋漓。至傍晚時，英軍從炮台背後蜂擁而上，攻入炮台。關天培持刀奮戰，被砍傷左臂，後又被槍彈擊中。為了不使廣東水師提督大印落入敵手，關天培急令隨從將大印帶走，隨從哭着拽住他的衣襟，請求一同撤走，被關天培厲聲拒絕。關天培毅然挺立在炮台前沿，怒目凝視着前方，當眾宣誓：「人在炮台在，不離炮台半步。」在最後的緊急關頭，一名士兵將關天培背在肩上，企圖突圍撤出陣地。關天培橫刀阻止，堅決不從，仍大呼殺敵。忽然，一發炮彈飛來，擊中其胸部，關天培「創痕遍體，血漂衣襟」，壯烈殉國。最後，守衛炮台的遊擊麥廷章等四百多名將士全部壯烈捐軀。已被查辦的林則徐得知關天培壯烈殉國的噩耗後，失聲痛哭，悲痛欲絕，當即寫下了「我不如你」，以示對這位一同戰鬥的摯友的敬仰與深情。清政府為了表彰這位愛國將領，賜謚號「忠節」，並在他殉國之處建立專祠。

**一八四一年**

二月二十六日，英軍攻陷虎門炮台，關天培壯烈殉國。

知識鏈接

## 英國發動鴉片戰爭

一八三七至一八三八年，英國爆發了嚴重的經濟危機。為了擺脫困境，轉嫁危機，英國更加瘋狂地對外進行擴張。對中國發動戰爭，以武力打開中國大門，進而掠奪中國的財富，成為英國擴張政策的重要目標。一八三九年林則徐在虎門銷煙的消息傳到英國後，英國政府決定以此為藉口對中國採取行動。

一八三九年十月一日，英國召開內閣會議，討論武裝侵略中國的問題。外交大臣巴麥尊表示，對付中國的唯一辦法「就是先揍它一頓，然後再作解釋」，主張立即調遣軍艦封鎖中國沿海。陸軍大臣麥考萊也堅決主張對華採取軍事行動。於是，英國內閣會議作出「派遣一支艦隊到中國海去」的決定。一八四〇年二月，英國政府任命喬治·懿律和查理·義律兄弟作為同清政府交涉的正、副全權代表，並任命喬治·懿律為侵華英軍總司令。

英國政府對於戰爭的決定和部署，一直嚴守秘密，直到四月七日才提交議會進行討論。在維多利亞女王的影響下，經過激烈的辯論，議會最終以二百七十一票對二百六十二票的微弱多數，通過了支付軍費案和派兵侵略中國的對華政策。六月，喬治·懿律率領由兵船十六艘、武裝汽船四艘、運輸船二十八艘、士兵四千餘人、大炮五百四十門組成的「東方遠征軍」，相繼從印度、開普敦等地到達中國廣東海面。英軍對廣州實行封鎖，第一次鴉片戰爭正式爆發。

# 楊芳大擺「馬桶陣」

鴉片戰爭爆發後，湧現出了不少民族英雄，如林則徐、關天培等。但由於清王朝的專制腐敗，又長期閉關鎖國，與外界隔絕，也造就了一批腐朽無能的官吏。在戰爭中，這些人盲目虛驕，貽誤戰機，使清王朝失去了取勝的先決條件，而楊芳便是這些昏聵官吏中的突出代表之一。

一八四〇年十月，道光帝認為林則徐舉措乖張，將其罷免，改派琦善南下廣東，「懷撫」英夷。琦善到達廣州後便與英方開始談判，但他一味妥協退讓。一八四一年一月初，英軍擊敗清軍水師，攻佔了大角、沙角炮台，並強佔香港島。消息傳到北京，一下子惹惱了以維護「國體」為原則的道光帝。他滿以為將林則徐撤職，答應英國在廣州通商的要求，就可以罷兵息戰，不料英方卻得寸進尺，大傷天朝大國的體面。他大罵英夷所為令人髮指，痛斥琦善喪盡天良，辜負了對他的寵信，下令將琦善鎖拿進京，抄沒家產。盛怒之下的道光帝宣佈對英作戰，並任命湖南提督楊芳為參贊大臣，隨同靖逆將軍奕山，一起率軍開赴廣州作戰。

說起楊芳，在清廷官員中算得上一位「久歷戎行」的宿將。楊芳一七七〇年出生，貴州人，出身行伍，在鎮壓白蓮教等農民起事中立下汗馬功勞，在平定新疆張格爾叛亂中因功勳卓著而受到清廷的重用，先後擔任湖南鎮筸鎮總兵、廣西提督、湖南提督等職。道光皇帝對

**一八四一年**

一月二十六日，英軍佔領香港島。

一月三十日，清廷以奕山為靖逆將軍，楊芳為參贊大臣，前往廣州主持軍務。

五月二十六日，英軍進攻廣州城。翌日，奕山派人乞降，與查理．義律簽訂《廣州和約》，允退出廣州，賠款六百萬元。

五月二十九日，英軍侵擾廣州北郊三元里，三元里民眾奮起反抗，打死英軍多人。

他更是喜愛有加，一八二九年，楊芳應召上京入覲，道光帝召見他二十餘次，並晉封為果勇侯、太子太傅，准許在紫禁城騎馬。道光帝還親筆為紫光閣楊芳畫像題詞：「黔省之榮，自幼知兵，戰功久著，謀而後行。」一八三〇年，楊芳六十歲壽辰時，道光皇帝還親自書寫「酬庸錫美」的匾額和「福壽」二字賜之。

一八四一年三月，楊芳率領數千士兵先期馳達廣州。當他初到廣東之際，人們耳聞他過去的事跡，「所到歡呼不絕，官亦群倚為長城」。不想在他進入廣州之後，看到了洋人金髮碧眼的模樣，也見識了洋炮精準射殺的威力，如此另類的長相、如此準確的炮擊令這個懵懂的大清將軍百思不得其解。絞盡腦汁後，他突發奇論說：「我在實地，夷在海上，風波搖盪，然而夷炮卻能經常打中我，我炮卻不能打中夷，肯定夷人有邪術。」於是他想出了一個對付邪術的「妙計」：用骯髒污穢之物來破旁門左道之術。於是，他傳令保甲收集婦女用過的馬桶為「壓勝具」，盛滿排洩物，準備了竹排木筏無數，每排放大馬桶二十個，內盛棉絮，浸灑毒藥、桐油，上面蓋上稻草，一齊排

● 三元里抗英民眾誓師處——三元古廟

■ **三元里抗英**

一八四一年五月《廣州和約》的簽訂以及侵略軍的劫掠燒殺，激起了廣州人民的憤怒。五月二十九日，英軍劫掠隊竄到三元里一帶搶劫並調戲婦女，村民忍無可忍，當場打死幾名英國士兵。隨後，為了防止英軍報復，三元里人民聯絡附近一百零三鄉的群眾共同備戰。次日，團練民眾手持大刀、長矛等武器主動向英軍發動進攻，並將其誘至牛欄岡一帶。當時天降大雨，三元里人民趁英軍火槍失靈，將英軍分割包圍，經肉搏鏖戰，最終大獲全勝。六月一日，英軍被迫退出廣州。

列於珠江兩旁，等潮退英兵來犯時，讓這些「馬桶陣」順水漂下，迎燒英船。然而當雙方交戰後英軍仍然長驅直入，闖入內河。楊芳驚慌失措，連忙退守不出，英軍派人與他聯繫，商談通商貿易，而此時的楊芳也很快就喪失了初來時的勇氣，同意賠款求和。

至此，楊芳的退敵妙計非但沒有退敵，反倒留下了千古笑柄。一個曾經百戰百勝的名將，卻在英軍面前一敗塗地，淪為可悲的「馬桶將軍」。事後，有人賦詩諷刺楊芳：「糞桶尚言施妙計，穢聲傳遍粵城中。」

但這不只是楊芳個人的悲劇，更是整個民族、整個國家的悲劇。究其原因，是由於中國統治者歷來重道輕器，把人倫、義理看得高於一切，視科學技術為雕蟲小技，再加上長期實行閉關鎖國政策，上上下下異乎尋常的昏庸和愚昧。因此，楊芳想出「馬桶陣」的退敵「妙計」也就不足為奇了。

**知識鏈接**

**《南京條約》的簽訂**

鴉片戰爭爆發後，清政府在軍事上接連遭到慘敗。一八四二年，英軍侵入南京下關江面。清政府急忙派耆英、伊里布等人趕到南京議和，中英談判開始。在談判過程中，英方屢次以進攻南京相要挾。耆英、伊里布等人在英方強大的軍事壓力下，被迫全部接受侵略者提出的「議和條件」。一八四二年八月二十九日在英國軍艦「皋華麗」號上，

**一八四一年**
十月十八日，清廷命協辦大學士奕經為揚威將軍，赴浙江辦理軍務。

**一八四二年**
七月二十七日，清廷命耆英、伊里布為議和全權大臣，向英軍求和。
八月二十九日，耆英、伊里布與璞鼎查簽訂中英《南京條約》。此為中國近代史上第一個不平等條約。

**一八四三年**
十月八日，中英《虎門條約》（即《五口通商附粘善後條款》）簽訂。

**一八四四年**
七月三日，中美《望廈條約》簽訂。
十月二十四日，中法《黃埔條約》簽訂。

耆英、伊里布代表清政府同英國代表璞鼎查簽訂了《南京條約》。《南京條約》共十三款，主要內容為：割讓香港給英國；開放廣州、廈門、福州、寧波、上海五處為通商口岸；賠償英國白銀二千一百萬元；中國進出口貨物的關稅，都要與英國商定；廢除公行制度，准許英商與華商自由貿易。

《南京條約》是西方列強強加在中國人民身上的第一個不平等條約。《南京條約》簽訂後，西方列強趁火打劫，相繼強迫清政府簽訂了一系列不平等條約。從此，中國開始逐步淪為半殖民地半封建社會。

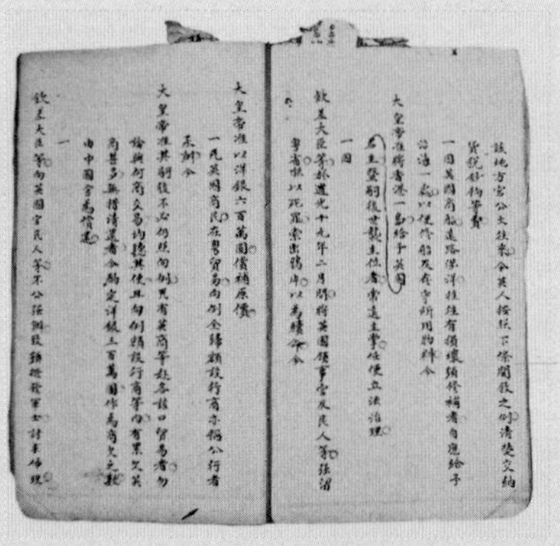

中英《南京條約》抄本（局部）

# 「亞羅」號事件

中國有句古話：「欲加之罪，何患無辭。」晚清政府腐朽無能，成為任人宰割的魚肉。為了達到侵略中國的目的，西方殖民強盜從來都不會顧及事實。鴉片戰爭後，英國為了獲取更大的侵略利益，就一直尋找藉口以便侵華。一八五六年，它利用清政府鎮壓太平天國的有利時機，抓住「亞羅」號事件，聯合法國發動了新的對華戰爭。

「亞羅」號事件發生於一八五六年十月八日。當日，廣東水師長官梁國定帶領士兵在黃埔進行檢查，在一個叫蘇亞成的中國人所擁有的走私船「亞羅」號上，逮捕了兩名中國海盜和十名有海盜嫌疑的水手。這條載重達一百多噸的走私船上所有的水手都是中國人。為了掩人耳目，海盜們處心積慮地聘用一名英國人當船長，並在香港當局登記，以逃避中國政府的檢查。但是在十月八日這一天「亞羅」號走私船被查時，註冊證明早已過期，船上也不再懸掛英國國旗。因此，廣東水師在中國船上查捕海盜，完全是中國的內政，與英國一點關係也沒有。

然而，事情並非如此簡單。

英國駐廣州代理領事巴夏禮接到船長的報告後，馬上氣勢洶洶地來到關押被捕水手的船上，向梁國定要人，遭到拒絕。於是，巴夏禮虛聲恐嚇，以武力相威脅，並準備親自動手放

**一八五四年**

二月十三日，英外相以《南京條約》簽訂滿十二年，指示英公使包令向中國提出修約要求。

八月二十八日，英、美、法三國公使會於香港，協商修約問題。

**一八五六年**

二月二十九日，馬神甫事件發生，成為法國政府挑起戰爭的藉口。

十月二十三日，英國侵略者製造「亞羅」號事件，派海軍陸戰隊進攻廣州，第二次鴉片戰爭正式爆發。

人。梁國定當然不允，於是雙方糾纏起來，在紛亂中，巴夏禮捱了一拳。

巴夏禮回到領事館，心中忿忿不平，立即寫了一封措辭尖銳的信，送給兩廣總督葉名琛。信中硬說「亞羅」號是英國船，還厚顏無恥地聲稱廣東水師上船捕人是干涉英國商人的貿易自由，是對英國政府的不尊重，有損領事的體面。並無中生有地造謠說，廣東水師曾扯下了船上懸掛的英國國旗，這不僅是對英國國旗的侮辱，也是對英國的侮辱。巴夏禮還蠻橫地要求兩廣總督葉名琛送回水手，並進行賠禮道歉。他威脅道，要在二十四小時內答覆，否則將以武力解決。

同時，巴夏禮還給他的上司——駐粵公使兼香港總督包令寫了份報告，添油加醋地說事情發生後，「亞羅」號的船長來報案，他當時就「派人」去調查。調查的結果顯示，「亞羅」號在海珠炮台附近昇起旗幟停泊的時候，被中國水師拘捕了差不多全部水手，「還扯下我們的國旗，這對我們來說，真是奇恥大辱」。巴夏禮火上澆油，使事件昇級，妄圖引發更大的衝突。

面對巴夏禮的無端挑釁，葉名琛一方面根據事實真相對其進行駁斥，另一方面因害怕事情鬧大造成不利的後果，迫於英國政府的壓力，將逮捕的海盜們押送到英國領事館，交給英方處理。葉名琛的妥協行為，大大助長了英國侵略者的囂張氣焰。他們說清政府對「水手」們進行了侮辱，藉口禮貌不周，拒不接受，連葉名琛送去的信件也拒絕拆閱。

旨在為新的侵華戰爭製造藉口的巴夏禮，不僅不根據真相對事件進行處理，還誣陷清政府的行徑不利於兩國的正常外交，並上報英國政府。十月二十三日，英國軍艦悍然闖入省河，進犯廣州。由於當時英國兵力不足，不久就被迫撤出廣州，退據虎門，等待國內援軍的到來。

一八五七年春，「亞羅」號事件的消息傳到倫敦，英國首相巴麥尊竭力主張對華開戰，並四處發表演講，鼓動議會議員發動戰爭的積極性。由於議員對這件事情的態度並不一致，在經過激烈的辯論後，議會通過了對巴麥尊內閣的不信任案。為了達到進一步侵略中國的目的，巴麥尊不惜解散議會，改選議員，並通過政治手段獲得了下院的多數席位，最終通過了擴大侵華戰爭的提案。同年三月，英國政府任命額爾金為全權專使，率領一支海陸軍前來中國。與此同時，還建議法、美、俄等國政府一起出兵侵華。

知識鏈接

### 第二次鴉片戰爭

鴉片戰爭後，西方列強最強烈的願望，仍是擴大對中國的侵略權益。一八五一年太平天國運動爆發後，列強各國認為這是加緊侵略中國的極好時機，英、法、美、俄等國紛紛提出修約的要求，但遭到清政府的拒絕。於是，他們決定以武力迫使清政府就範。英、法兩國分別以一八五六年「亞羅」號事件和馬神甫事件作為藉口，發動了侵華戰爭。這場戰爭是一八四〇年鴉片戰爭的繼續和擴大，所以被稱為第二次鴉片戰爭。

從一八五六年十月到一八六〇年十一月，第二次鴉片戰爭歷時四年多，清政府雖然進行了一定程度的抵抗，給侵略者以沉重打擊，但戰爭以中國失敗而告終。英法聯軍所到之處，燒殺搶掠，無惡不作，特別是在北京洗劫和燒毀了萬園之園——圓明園，給中國造成了無可彌補的巨大損失。清政府被迫同英、法、俄等國簽訂了《天津條約》、《北京條約》等一系列不平等條約。第二次鴉片戰爭使中國喪失了大片領土和主權，外國侵略勢力深入到中國內地，中國半殖民地化程度加深。

圓明園歐式建築殘跡——花園門。遠處是迷宮的亭樓（一八七〇年前後）

# 叔嫂合謀發動政變

慈禧是中國近代史上舉足輕重的人物，權傾天下達半個世紀，在家法極嚴、王權男人至上的大清王朝裏縱橫捭闔，把眾多男人玩弄於股掌之中。而這一切都始於一八六一年。這一年，她和恭親王奕訢，叔嫂合謀，精心設局，不發一矢一槍，發動了辛酉（一八六一年為舊曆辛酉年）政變，剷除了政敵，開啟了她掌控中國的政治生涯。

一八六〇年九月，英法聯軍進逼北京，咸豐帝命恭親王奕訢留京議和，自己帶着一批親信大臣和後宮倉皇出逃熱河。逃到熱河後不久，咸豐帝舊病復發，再加上英法聯軍攻入北京，火燒圓明園的奇恥大辱，於一八六一年八月駕崩。咸豐帝駕崩後，他唯一的兒子六歲的載淳即位，年號定為「祺祥」。咸豐帝臨終前遺命怡親王載垣、鄭親王端華、大學士肅順、御前大臣景壽，還有四個軍機大臣即穆蔭、匡源、杜翰、焦祐瀛，共八人，為「贊襄政務王大臣」，輔佐年幼的載淳。

慈禧太后像

一八五六年

四月二十七日，咸豐帝的皇長子載淳出生，母懿嬪那拉氏晉封懿妃。

一八六〇年

九月二十一日，咸豐帝命恭親王奕訢為欽差便宜行事全權大臣，督辦和局。

九月二十二日，咸豐帝自圓明園倉皇逃亡熱河。

咸豐帝又將兩枚刻有「御賞」和「同道堂」的御印，分別賜給了皇后鈕祜祿氏和載淳（因其年齡太小，實際由其生母懿貴妃掌管），並頒詔說，此後新皇帝所頒的一切詔書，都要印有這兩枚御印才能有效。載淳繼位後，尊先帝皇后鈕祜祿氏為母后皇太后（慈安太后），尊自己的生母懿貴妃為聖母皇太后（慈禧太后）。

載淳的母親懿貴妃葉赫那拉氏，權力慾很強，野心勃勃。據說當咸豐帝準備逃往熱河之時，她就曾公開勸阻咸豐帝說：皇上如在北京堅守，可以震懾一切，自然天下無事。如若聖駕啟行出走，宗廟無主，恐為夷人踐踏，「昔周室東遷，天子蒙塵，永為後世之羞。今若遽棄京城而去，辱莫甚焉」。據費行簡的《慈禧傳信錄》記載：當初因太平天國起事，軍書戰報紛雜繁多，咸豐帝常有不堪重負之感，懿貴妃的書法也還算工整端正，於是對於一些軍國大事，自己口述，由懿貴妃代筆批答。慈禧剛剛坐上皇太后的寶座，就迫不及待地攬權。八大臣為此加意防範那拉氏干政，加深了雙方的矛盾。而且，權勢日重的肅順在兩宮面前也日漸妄自尊大。為此，在慈禧的提議下，兩宮太后設法聯絡身在北京的恭親王奕訢。

奕訢是咸豐帝的六弟，為人機智、練達，很有才幹。相比之下，身為皇帝的咸豐卻顯得平庸無能，這難免要招來咸豐帝的猜忌。因此，咸豐帝在政治上疏遠奕訢，而重用肅順等人。奕訢雖貴為親王，但沒有實權，處處受到肅順等人的排擠。咸豐帝逃亡熱河，命奕訢留在北京與侵略者議和，一同留下的還有文祥等人。文祥為軍機大臣，與奕訢關係較好，也受到肅順等人的排擠。後來的八個輔政大臣中，有四個軍機大臣，只有文祥被排除在外。所以，奕訢和文祥對肅順等人非常不滿，欲除之而後快。

經多次申請，奕訢才得以以「奔喪」的名義趕到熱河。九月五日，奕訢到達熱河，在咸豐帝的靈柩前「伏地大慟，聲徹殿陛；旁人無不下淚」，但是否發自內心，也只有奕訢自己知道了。祭奠完咸豐帝後，奕訢迫不及待地想見兩宮太后，這引起了肅順等人的緊張與警惕。他們出面予以阻攔，「昌言於眾，謂（年輕）叔嫂當避嫌，且先帝賓天，皇太后居喪，尤不宜召見親王」。正當奕訢不知如何是好的時候，突然有太監出來傳旨，命奕訢趕快入見。奕訢故作木訥，實則欲擒故縱地對鄭親王端華說：「既然年輕叔嫂不宜後宮單獨相見，請鄭親王與我共同進見兩宮太后如何？」端華不知所措，向肅順請教，肅順也沒有阻止的辦法，只能連忙略帶自我解嘲地打哈哈說：「汝與兩宮叔嫂耳，何必我輩陪哉！」於是，奕訢得以單獨進見。

兩宮太后與恭親王奕訢的這次會見形式公開，內容卻是保密的。會見長達兩個小時，決非一般的叔嫂團聚會面，所談的也決非一般的家務瑣事，雖然具體內容難知其詳情，但從一些片斷的史料記載中，還是可以窺見一些端倪的。一是兩宮太后向奕訢哭訴肅順等人對她們的輕侮，得到了恭親王奕訢的同情與支持，雙方密商對付他們的策略。二是奕訢向兩宮太后指出，不能在熱河解決肅順等人，「非還京不可」，作出回京後再發動政變的決定。三是奕訢向兩宮太后保證回鑾北京後，外國勢力不會有任何異議，從而解除了兩宮太后有關外國是否

恭親王奕訢

一八六一年

八月二十二日，咸豐帝病逝於承德避暑山莊。死前命御前大臣載垣、大學士肅順等八人為贊襄政務大臣。

九月十四日，御史董元醇奏請皇太后垂簾聽政，簡親王一二人輔弼。

十一月二日，慈禧、奕訢等發動宮廷政變。

會干涉宮廷政變的顧慮。兩宮太后與恭親王奕訢緊急結盟，共同對付肅順等八大臣。其中既有雙方早已存在的信任基礎，又有叔嫂、叔侄間的血緣親情。

九月十日，奕訢利用請訓回京這一公開而又堂皇的機會，再次會見了兩宮太后，確定回鑾北京的具體日期等問題。

九月十一日，已經密謀好的奕訢胸有成竹地離開熱河。奕訢回到北京後，又立即籠絡了駐紮在京、津一帶掌握兵權的兵部侍郎勝保，作好了發動政變的一切準備。同時，兩宮太后也向肅順提出，咸豐帝的靈柩和小皇帝要回鑾北京，雖然肅順等人反對，但慈禧強硬地否決了他們的意見。肅順等人認為大權在握，對慈禧堅持回京後的危險性沒有在意。殊不知，一場驚天大政變正在有條不紊地秘密展開。

十月二十六日，咸豐帝的靈柩啟行回京。為了分散八大臣的力量，也為了能先行到京佈置政變，慈禧以皇帝年幼，不能全程護送先帝梓宮為由，把啟程隊伍分為兩路：兩宮太后和小皇帝載淳的隊伍由間道先行，載垣、端華、景壽、穆蔭等大臣隨行；靈柩隊伍走大路，由肅順等人護送，同行的還有醇郡王奕譞。奕譞是咸豐的七弟，也是慈禧的妹夫，早已是慈禧太后的人，他跟隨咸豐靈柩隊伍主要是為了監視肅順。十一月一日，兩宮太后剛到北京，就接見了奕訢、軍機大臣文祥等，共同分析了政治形勢，商議了政變步驟。其中心議題是如何抓住機會，突然襲擊。

十一月二日，兩宮皇太后召見眾大臣，奕訢突然拿出蓋有玉璽和先帝兩枚印章的聖旨，宣佈解除肅順等人的職務，當場逮捕了載垣、端華；又命令將景壽、穆蔭、匡源、杜翰、焦祐瀛等撤職查辦，嚴加看管。載垣、端華二人聽完諭旨後，厲聲質問奕訢：「我輩未知，詔從何來？」奕訢將頭輕輕一擺，示意侍衛將他們二人拿下。二人大聲喝道：「誰敢。」侍衛毫不畏懼，上前摘去二人冠戴，押往宗人府。而同時，到達密雲的奕譞也接到聖旨，將肅順捉拿。在宗人府，肅順看到載垣、端華，斥責二人道：「如果當初聽從我的話，把此賤人早日處死，何至有今日。」三人懊惱不已。

不久，清廷發佈上諭，否認咸豐遺詔，下令將肅順斬首；讓載垣、端華自盡；另外五大臣則被革職或充軍。接着宣佈廢除八大臣原來擬訂的年號，改明年（一八六二年）為同治元年，慈安、慈禧兩太后垂簾聽政。授恭親王奕訢為議政王大臣、軍機大臣。

兩宮主要是慈禧太后，在奕訢集團的密切配合下，發動了這場驚心動魄的宮廷政變，年僅二十六歲的慈禧太后掌握了大清王朝的政權。慈禧通過政變，開太后垂簾聽政之惡例。後來光緒初年與戊戌政變後，慈禧太后的再次、三次垂簾，何嘗不由是而來。辛酉政變與慈禧太后垂簾聽政，實是「造成清室迅速覆亡之遠因」。

**知識鏈接**

**奕詝、奕訢帝位之爭**

道光皇帝共有九子：長子奕緯、次子奕綱、三子奕繼、四子奕詝、五子奕誴、六子奕訢、七子奕譞、八子奕詥、九子奕譓。道光帝立儲時，奕緯、奕綱、奕繼已早逝，奕誴又過繼給了惇親王綿愷，而奕譞以下均年幼，所以有條件競爭儲位的只有奕詝和奕訢。奕訢文才武略出眾，為諸皇子之冠。但奕詝年長，有仁者風範，又為皇后所生，此其長處；然而，文才武功遠不及六弟。究竟立誰為儲呢？道光帝久久難以決斷。

據史料記載，道光晚年，身體衰病。一日，召兩皇子入對，藉以決定儲位。兩皇子各請教於自己的師傅，問詢如何應對。奕訢的師傅卓秉恬說：「皇父如有垂詢，當知無不言，言無不盡。」奕詝師傅杜受田則對奕詝說：「阿哥如條陳時政，知識不敵六阿哥。惟有一策：皇上若自言老病，將不久於此位，阿哥就伏地流涕，以表孺慕之誠而已。」兄弟兩人都照着師傅的主意行事。道光帝對奕詝的話很滿意，認為皇四子仁孝，儲位的事就定了下來。

奕詝即位，即咸豐皇帝。即位之初，咸豐帝對奕訢較為重用，兩人關係較為融洽。但兩人之間的芥蒂並未消除。後來，咸豐帝逐漸冷落奕訢，使其處於被排斥的地位。而奕訢縱有滿腹的牢騷和不滿，也只能忍氣吞聲、俯首稱臣。一八六〇年英法聯軍攻入北京，咸豐帝留下奕訢與聯軍議和，自己倉皇逃到熱河。這給了奕訢一個重返政治舞台中心、充當重要角色的機會。於是，在咸豐帝死後，奕訢、慈禧叔嫂合謀，演繹了一場對中國近代歷史影響深遠的宮廷政變。

# 太平天國運動

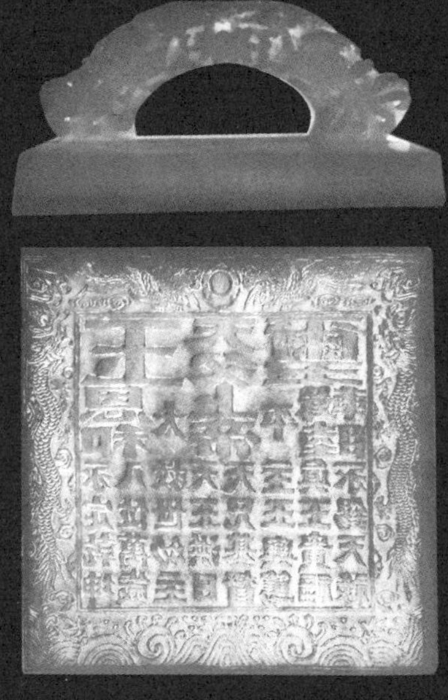

太平天國天王玉璽

鴉片戰爭後，西方列強的侵略和清政府的腐敗導致中國社會矛盾日益激化，廣大農民被迫走上反抗的道路。一八四三年，洪秀全把基督教的平等觀念和中國傳統的平均思想結合起來，創立拜上帝會，吸收大批民眾入會。一八五一年，洪秀全領導拜上帝會眾發動金田起義，太平天國運動興起。同年十二月，洪秀全在永安分封建制，太平天國政權初步建立。一八五三年，太平軍佔領南京，並定都於此，改名「天京」，形成和清廷對峙的局面。一八六四年天京陷落，標誌着太平天國運動的最終失敗。太平天國運動，歷時十四年，席捲十八個省市，沉重打擊了清廷的統治和西方侵略者，是中國舊式農民戰爭的最高峰。

# 洪秀全創立拜上帝會

翻開中國史書，自王朝政治伊始，有關下層民眾的反抗、起事的記載就層出不窮。秦朝末年，陳勝、吳廣揭竿而起，是中國第一次大規模農民起事。此後，每當王朝腐敗衰微，農民難以生存時，陳、吳式的人物便會發動起事，吸引大批饑民，匯成農民革命洪流，衝擊舊王朝的腐朽勢力，多次導致朝代更迭。到了近代，又有一位農民領袖，面對着腐朽的清王朝敲骨吸髓般的剝削和外國侵略勢力帶來的災難，借上帝的神力，為廣大貧苦農民描繪出了一幅人人平等、共享太平的美好前景，從而引發了十幾年農民起事的狂飆。他，就是著名的太平天國領袖——洪秀全。

洪秀全，一八一四年一月十一日出生於廣東花縣一個農民家庭。他自幼好學，因而得到父親的偏愛，七歲就被送入私塾讀書。由於他天資聰穎，勤奮用功，學業很好。家人殷切地希望他能謀取功名，光宗耀祖。而洪秀全也很自負，對科考前途充滿了信心。然而，事不隨人願，他曾於一八二八、一八三六、一八三七年三次參加科考，結果每次都名落孫山，連個秀才也沒有考中。這對寒窗苦讀十餘年，身寄全家重望而又有強烈考取慾望的洪秀全來說，無疑是沉重的打擊。

據說，一八三七年洪秀全第三次落榜後，精神徹底崩潰，大病了一場，被人用轎子從廣州抬回家鄉，一連病臥四十多天。在病中，他神志不清，做了許多離奇的夢：在美妙的音樂伴奏下，他乘上一頂華麗的轎子來到一條河邊，有人引導他洗淨全身的污穢；然後來到一座金碧輝煌的大殿，殿中坐有一位身穿黑袍的金髮老人。老人見到洪秀全，雙眼流淚，告訴他：世人信奉鬼魔，大逆不道，賜他一柄寶劍，要他斬除世間妖魔；又給他一個印綬，用以鎮服邪神；並賜一枚金色美果，洪秀全食之，味道甜美。老人還說，洪秀全是他的二兒子，並引見了他的哥哥耶穌。

這個夢日後經洪仁玕轉述，由瑞典傳教士韓山文記在《太平天國起義記》裏，在《太平天日》裏也有詳細記載。這個夢荒謬絕倫，當然不可信，然而又有其真實的一面。洪秀全成名心切，然而接連落第，精神上受到打擊，大病一場，病中發燒產生離奇的幻覺，也是可能之事。然而夢的內容則多有編造之處，只不過是洪秀全為起事假託迷信製造君權神授的符瑞而已，這和陳勝、吳廣大澤鄉製造篝火狐鳴，東漢張角搞「黃巾當道」的作用是相同的。當然，這場夢也潛意識地表現了他對現實制度的滿腔悲憤和反抗意念。

病癒後的洪秀全，在家鄉的村塾教書，平靜地度過了幾年。但是，他自幼深受功名思想熏陶，很難同科舉道路徹底決裂。一八四三年，他再次到廣州赴考，仍然落第而歸。從此，洪秀全徹底斷絕了科舉做官的念頭。他決心推翻清王朝，創造新朝，不再受科舉制度的折磨。就在這一年，洪秀全重讀了一八三六年偶然得到的一本宣傳基督教教義的小冊子《勸世良言》。該書主要宣傳：上帝是唯一的真神，其他偶像都是妖魔鬼怪，必須除掉；世間的人都是上帝的子女，在上帝面前人人平等；它要人們在世間信奉上帝，忍受世間的苦難，死後才能昇入天堂。洪秀全讀後，想起以前做的怪夢，「遂大覺大悟」，決心皈依上帝，他正式開始

---

**一八四三年**
七月，洪秀全與馮雲山、洪仁玕在家鄉廣東花縣建立拜上帝會。

**一八四五年**
洪秀全創作《原道救世歌》、《原道醒世訓》等。

**一八四七年**
三月，洪秀全到廣州跟美國教士羅孝全學習。後，洪秀全請求行洗禮，為羅孝全拒絕。
八月，洪秀全至紫荊山晤馮雲山，拜上帝會員已發展至二千多名，楊秀清、蕭朝貴等均已入會。

了「拜上帝」的活動。

洪秀全的說教首先打動了他的遠親馮雲山和族弟洪仁玕，他們各寫了懺悔書，焚化以告上帝，又到附近的小河裏，灌頂洗浴，再喝下三杯茶水，表示軀體心胸都得到洗禮。至此，以洪秀全為首的拜上帝會形成了。他們四處奔走，積極宣傳其宗教，發展信徒。由於在家鄉傳教受到很大阻力，他們根據《聖經》關於「先知在故鄉本家沒有得人敬重」的啟示，另闢蹊徑，決定離開花縣，遨遊天下。他們首先來到廣西貴縣賜穀村一帶傳教，發展信徒百餘人。結果，由於成效不大，馮雲山動身前往桂平，而洪秀全不久便返回家鄉。

一八四五至一八四六年間，洪秀全在家鄉一邊教書，一邊傳教，並根據自己的認識先後寫出了《原道救世歌》、《原道醒世訓》、《百正歌》、《改邪歸正》等詩文來闡發其宗教教義。這些詩文一方面按《聖經》的教誨，批判社會的腐敗，勸人為善，勸人敬拜上帝；一方面描繪了一個合情合理的新天地，號召世人為之奮鬥。但所謂新天地，既不是正宗基督教義中的理想境界，又非歐美資本主義的近代世界，而是建立像唐虞三代那樣的「門不閉戶，道不拾遺」的「大同」社會，最終實現「天下一家，共享太平」的理想。

一八四七年三月，洪秀全來到廣州，在美國傳教士羅孝全那裏學習基督教義，研讀《新約全書》和《舊約全書》，但羅孝全認為洪秀全思想不純，不是「合格」的教徒，沒有為他行洗禮。

對此洪秀全感到十分鬱悶，不久便決然離開廣州再去廣西找馮雲山。其時，馮雲山經過兩年多的努力，在紫荊山區發展的會眾已經達到二千多人，其中包括種山燒炭的楊秀清和貧苦農民蕭朝貴等骨幹分子。抵達紫荊山區時，洪秀全看到馮雲山開創的大好局面，信心倍

一八五一年

一月十一日，拜上帝會眾金田起事，建國號「太平天國」。

三月，洪秀全稱「天王」。

十二月，太平軍在永安封王，建立太平天國基本制度。

■ 永安建制

金田起事後，太平軍在廣西永安州（今蒙山縣）休整補充，並頒行天曆，制定各種制度，史稱「永安建制」。洪秀全頒佈封王詔令，封楊秀清為東王、蕭朝貴為西王、馮雲山為南王、韋昌輝為北王、石達開為翼王，同時規定，西王以下各王俱受東王節制。太平天國的政權組織初步形成，這對於加強領導、發展隊伍都具有重要意義。

增，往日的鬱悶頃刻間煙消雲散，於是全身心地投入到鞏固和發展拜上帝會的事業當中。首先他和馮雲山共同策劃、制訂了各種宗教儀式和「十款天條」，加強對會眾的思想和紀律教育，同時又派人四處活動，發展會員，積聚力量。在此期間，洪秀全又撰寫了《原道覺世訓》與《太平天日》，這些著作除了繼續宣揚敬拜上帝的教義外，還提出了「閻羅妖」的概念，把「閻羅妖」看作妖神的代表，號召天下兄弟姐妹共同擊而滅之，這些都初步表露出洪秀全的反清思想。

此後不久，隨着拜上帝會的不斷發展，洪秀全帶領着他的信徒們逐步拉開了太平天國起事的大幕。

知識鏈接

**金田起事**

一八四九年前後，廣西連年鬧災，各地農民紛紛起事。經過積極的醞釀和準備，拜上帝會舉行起事的時機已經成熟。一八五〇年春夏間，洪秀全、馮雲山要求各地拜上帝會員到金田集中「團營」，整編隊伍。金田團營前後，會眾根據「同食同穿」的精神，變賣田產屋宇，易為現金，並一切概交「聖庫」，衣食則全由「聖庫」供給。各地會眾扶老攜幼，陸續到金田村會合，途中不斷與攔阻的清軍和團練發生戰鬥。先後會集金田的男女老少共計二萬人左右。拜上帝會會眾到金田村團營後，按軍事編制建立了一支隊

**一八五二年**

六月，南王馮雲山在廣西全州傷重而死。

九月，太平軍攻長沙，西王蕭朝貴戰死。

**一八五三年**

一月十二日，太平軍攻陷武昌。

三月，太平軍攻陷南京，易名天京，定為首都。

伍，與清軍展開鬥爭。十二月底，拜上帝會會眾擊潰前來鎮壓團營的清軍，穩定了金田村的形勢。一八五一年一月十一日，時值洪秀全三十八歲生日，拜上帝會眾舉行隆重的祝壽慶典。洪秀全藉機誓師起事，向清王朝宣戰，建號太平天國，起事軍稱為太平軍。轟轟烈烈、規模空前的太平天國農民戰爭正式拉開了序幕。

# 林鳳祥孤軍北伐

太平軍孤軍北伐，是太平天國歷史上悲壯慷慨、可歌可泣的一頁。在兩年時間裏，北伐軍歷經江蘇、安徽、河南、山西、直隸、山東六省，轉戰千里，連克府、州、縣數十個，給清朝統治者以沉重的打擊。但最後因孤軍深入，清軍重兵圍攻，不幸失敗。領導這次北伐的便是太平天國著名驍將林鳳祥、李開芳等人。

林鳳祥，廣西桂平人（一說廣東揭陽人）。他自幼喪母，其父憐愛未加檢束，以致放蕩不羈。少年之時，但遇不平事，就挺身相助。一八四八年因打死縣城劣紳，奔走他鄉，以算卦為生，並得以結識洪秀全、楊秀清。一八五一年參加金田起事，為結拜的四十個盟兄弟之一。太平軍從金田到南京轉戰過程中，林鳳祥被任命為開路先鋒，因驍勇善戰，戰功赫赫，昇至天官副丞相。一八五三年三月，林鳳祥又率部首先攻破南京儀鳳門，為佔領南京立下大功，深得洪秀全、楊秀清的賞識。

定都天京以後，太平天國採取了以重兵保衛天京、同時舉行北伐和西征的戰略。一八五三年五月八日，洪秀全、楊秀清派林鳳祥為首領，和地官正丞相李開芳、春官正丞相吉文元等將領，率太平軍二萬人進行北伐。北伐的主要目標是摧毀清政府的統治中樞北京。太平軍計劃先佔天津，然後等待援軍，合兵再攻北京，最終推翻清朝的統治。

**一八五三年**

三月三十一日，清欽差大臣向榮在天京附近的孝陵衛建江南大營。

四月十六日，清欽差大臣琦善、勝保等在揚州城外建江北大營。

五月八日，林鳳祥、李開芳等率太平軍北伐。

九月七日，小刀會首領劉麗川起事，佔領上海。

十二月，太平天國頒佈《天朝田畝制度》。

五月八日，北伐軍從揚州出發。他們依據洪秀全、楊秀清「師行間道，憑疾趨燕都，毋貪攻城略地而磨時日」的指示，以凌厲無比的攻勢，一舉攻佔浦口，進入安徽。在安徽又連克滁州、蒙城等許多州縣。在安徽，北伐軍得到捻軍積極配合，因而進展順利，很快就攻入河南。太平軍緊接着橫渡黃河，挺進山西，然後跨過太行山，打入直隸。這時期，北伐軍奮勇作戰，勢如破竹。十月，躍進到保定附近，迫近北京。北京城裏一片恐慌，滿朝文武官員、官商富紳及其家眷等，「無不如鳥獸散，王公大臣聞風喪膽，悲哭哀泣」。咸豐帝也作好逃往熱河的準備，並已命令各省巡撫將送給朝廷的銀錢等解往熱河。

但太平軍並沒有直攻北京，而是按原定計劃，向天津進發。林鳳祥、李開芳率軍水陸並進，十月底，攻克靜海、獨流。但是，北伐軍因孤軍深入，流動作戰，既沒有足夠軍備，也缺乏後繼增援。而此時，清政府已調集僧格林沁、勝保等率領旗兵主力，並抽調南方戰場的部分清軍，竭力對北伐軍進行阻截。

林鳳祥見清軍重兵來圍攻，北伐軍兵力不足，便未攻天津，於靜海、獨流築壘挖壕，堅守待援。太平軍雖然憑堅固工事頑強抵抗百餘天，但終因被困日久，援軍不至，糧械匱乏，隆冬缺衣，不得已於次年二月五日自靜海、獨流突圍南走，於三月九日抵阜城，但旋又被清軍包圍。二十五日，吉文元戰死，太平軍處境更加艱危。

楊秀清得知北伐軍的困境後，派夏官又正丞相曾立昌率領援軍北上。一八五四年二月，曾立昌從安徽安慶出發，但四月打到山東臨清時，由於援軍中新加入者不聽命令而遭到失敗。其後，楊秀清又打算派燕王秦日綱進行第二次北援。但因西征戰場上戰事吃緊，實在抽不出兵來，北援不得已被擱下了。

---

**一八五四年**

二月四日，北伐援軍在曾立昌等率領下，自安慶出發。

一八五四年五月五日，北伐軍由阜城突圍東走，佔領東光縣的連鎮。連鎮橫跨運河，分東西兩鎮，分別由林鳳祥、李開芳率部據守。當天，僧格林沁即率馬隊追來，不久步隊也趕到，又將北伐軍緊緊包圍。此時，林鳳祥得知了天京援軍到達山東的消息，但不知道援軍已經潰敗，便商定由李開芳率領經過挑選的健卒六百餘人騎馬突圍南下，迎接援軍，林鳳祥則仍留連鎮堅守。

此時，留守連鎮的太平軍僅有六千餘人，而僧格林沁則擁軍近三萬人。清軍在連鎮四周挖掘深壕，構築土城，嚴密圍堵，企圖將太平軍困死。雨季到來時，清軍又引南運河水，將連鎮淹泡。面對萬分窮蹙境地，林鳳祥鎮定自若，一次又一次打退清軍的進攻。清軍圍攻了數月，不但未能取勝，反而損兵折將，士氣越來越低，以致僧格林沁不斷受到清廷申斥。而太平軍方面，雖然英勇作戰，但到了年底，糧米斷絕，還是出現了人心惶惶的局面。於是，在加緊軍事進攻的同時，僧格林沁乘機開展誘降活動。林鳳祥試圖將計就計，利用僧格林沁的誘降陰謀，派一百餘人詐降清軍，企圖裏應外合，打破清軍的圍困。但這項計劃被清軍識破，詐降的人馬全部被害。一八五五年三月七日，清軍向連鎮發起總攻，北伐軍將士拚死抵抗。林鳳祥在督戰時身受重傷，太平軍士氣大受影響。不久，連鎮被攻破，清軍紛紛突入，太平軍將士與敵人展開白刃戰。最後，太平軍大部陣亡，其餘或被俘，或從運河潛逃。林鳳祥受傷後藏於地道深處，後被清軍搜獲。

林鳳祥被俘後，清軍將其押送到北京。清朝官員首先對其勸降，遭到拒絕後，便決定使用酷刑，將林鳳祥凌遲處死。史載林鳳祥受刑時，毫無懼色，「刀所及處，眼光猶視之，終未嘗出一聲」，讓劊子手也膽戰心驚，驚呼「真天神也」！林鳳祥被害時，年僅三十一歲。

---

**■ 江南大營與江北大營**

太平軍定都天京後，清政府派琦善率領清兵趕至揚州城外建立江北大營，從北面威脅天京；向榮率清軍在孝陵衞一帶，建立江南大營，與駐揚州城外的江北大營相呼應，圍攻天京。一八五六年，秦日綱部攻破江北大營。不久，清軍復佔揚州，江北大營重建。一八五八年，陳玉成、李秀成率太平軍再破江北大營，復克揚州。此後江北軍務由江南大營欽差節制，江北大營不復重建。

一八五三年、一八五六年，江南大營先後被太平軍石達開、秦日綱部攻破。不久，江南大營重建。一八六〇年，李秀成率兵進攻江南大營，時值江南大營軍餉欠缺，軍心渙散，不久即被攻破，江南大營覆滅。

林鳳祥全軍覆沒後，僧格林沁便移師高唐，圍攻李開芳部，李開芳後突圍至茌平馮官屯。在馮官屯，李開芳又進行了殊死抵抗。清軍引運河水灌入馮官屯，李開芳突圍被俘，被押往京師。六月十一日，李開芳等人被捆綁至刑場。他們和林鳳祥一樣，也被凌遲處死。至此，北伐軍全軍覆沒。

雖然北伐軍悲壯地失敗了，但這支遠離天京孤軍遠征的隊伍，在地形、氣候、民情均不適應的情況下，忍着飢餓和寒冷，與佔據優勢的清軍進行了近兩年的艱苦奮戰，大部分將士最後英勇犧牲或慷慨就義。北伐軍的鮮血沒有白流，他們的長驅北伐，擴大了太平天國革命的影響，推動了北方人民的抗爭。在山東，就流傳着這樣一首民謠：「長毛哥，長毛哥，一年來三遍也不多。」

**知識鏈接**

### 太平軍北伐與西征

太平天國定都天京後，為了鞏固和發展勝利成果，進行了北伐和西征。

一八五三年五月，洪秀全派林鳳祥、李開芳、吉文元等率二萬多人北伐。北伐軍出江蘇，過安徽，進河南，渡黃河，入山西，直搗直隸，逼近天津，但由於孤軍遠征，最終失敗。太平軍北伐，長驅六省，雖為精銳之師，但後援不繼，終不免全軍覆沒。廣大將士英勇奮戰，震撼清朝心臟地區，牽制大量清兵，對南方太平軍和北方人民的鬥爭客

一八五五年

三月七日，清軍陷東光縣連鎮，林鳳祥被執。三月十五日，在北京被凌遲處死。

觀上起到了支持作用。

在北伐的同時，為了控制長江中游，確保天京安全，洪秀全又派兵西征。一八五三年五月，賴漢英、胡以晃、曾天養率軍溯長江西上，攻佔安徽、江西、湖南、湖北的廣大地區。特別是在湖南境內，西征將士曾多次打敗曾國藩組織的以地主團練為骨幹的湘軍。但戰術上的勝利並不能扭轉戰略上的失誤。一八五六年九月一日，天京城內爆發變亂，使得太平天國國力大減。太平軍西征歷時近三年，控制了天京上游安慶、九江、武昌三大重鎮，據有贛、皖和鄂東，有效地屏藩了天京，保證了糧源，為太平天國堅持鬥爭創造了條件。

# 曾國藩兵敗鄱陽湖

「白雲悠悠千古事，青史憑誰定是非。」在中國近代史上，曾國藩是最具爭議的人物之一。褒揚者稱之為「中興第一名臣」、「洋務之父」，而斥罵者也不乏其人，因其鎮壓太平天國而送綽號「曾剃頭」。二十世紀九十年代，隨着作家唐浩明的小說《曾國藩》三部曲——《血祭》、《野焚》、《黑雨》的流行，一時間神州大地颳起一股「曾國藩風」，《曾國藩家書》、《曾國藩謀略》成為街頭巷尾談論的熱門話題。因鎮壓太平天國，曾國藩在清廷中的地位蒸蒸日上。然而這一切並非一帆風順，曾國藩也有過失敗與彷徨，兵敗鄱陽湖就是他心頭難以抹去的一塊傷疤。

一八五三年初，洪秀全領導的太平天國農民軍以排山倒海之勢沿長江東下，衝擊着大廈將傾的大清王朝。此時的曾國藩正在老家湖南湘鄉為母親守孝，如果沒有太平軍起事，一心只讀聖賢書的曾國藩也許只是個傳統的士大夫，太平天國改變了他的一生。作為傳統文化與制度忠實的衛道士，曾國藩對太平天國充滿了勢不兩立的仇恨，同時，他對清朝統治者的腐敗無能、軟弱散漫也深懷不滿。一八五三年一月，清政府命令曾國藩移孝作忠，以丁憂在籍侍郎的身份幫辦湖南團練，以對抗太平天國對兩湖地區的衝擊。曾國藩認為清政府的主要軍隊八旗、綠營兵惰將驕，無力對抗太平軍，決定另起爐灶，參照明朝戚繼光組建戚家軍的辦

一八五三年

一月八日，清廷命在湖南湘鄉原籍的曾國藩幫同辦理本省團練事務。

五月十九日，胡以晃、賴漢英率太平軍西征。

十月，幫辦江北大營軍務大臣雷以鍼在揚州仙女廟等地開徵釐金。

法，再加上自己的獨創，組建了一支訓練有素的湘軍。

一八五四年二月，湘軍初具規模，有陸、水兩軍，共約一點七萬人。於是，曾國藩在湘潭誓師，發佈《討粵匪檄》，傾巢出動，同太平軍展開血戰。一交手，便都感知對手很難對付，雙方在戰場上互有勝負，開始了長期的較量。

一八五五年一月，湘軍進圍九江，氣焰大盛，曾國藩聲稱要「肅清江面，直搗金陵」。針對湘軍的強勢出擊，洪秀全、楊秀清頗為重視，派翼王石達開趕到江西湖口主持戰事。針尖對麥芒，水火不相容。但兩強相爭，還是石達開技高一籌。在石達開的領導下，太平軍堅守九江，多次擊退了湘軍的進攻。曾國藩見久攻不下，便調整主攻目標，決定採用「越寨攻敵」戰術，先取湖口，企圖憑藉水師優勢，掃蕩鄱陽湖內太平軍水營，切斷外援，最後再奪取九江。而石達開鑒於水師敵強我弱的態勢，認為一時難於立即取勝，決定採用疲敵戰法，用他的話就是「避其銳氣，誘敵深入，水上調戲，圍而殲之」。太平軍不僅在贛江上游積極準備防禦工事，又於湖口城下沙洲加建木柵，在江面橫繫筏纜數道，阻止湘軍水師靠近攻城。此後，戰鬥進行了十多天，攻防雙方各有損傷，勝負難分，但湘軍的銳氣大為削弱。特別石達開的騷擾戰術把湘軍將士個個弄得昏昏沉沉，坐立不安。曾國藩急得跳起腳來，罵道：「長毛要的什麼把戲？不敢與本帥正面交鋒，卻幹些雞鳴狗盜的勾當，真是跳樑小丑！」

湘軍將領不勝其擾，紛紛請戰。石達開要的就是這種效果。一月二十三日，湘軍水師進犯湖口，經過一場血戰，湘軍燒掉了湖口的障礙，打開了進入鄱陽湖的通道。石達開將計就計，連夜下令將大船鑿沉於鄱陽湖口，實以砂石，使湘軍的笨重巨艦無法通過，僅西岸留一隘口，攔以篾纜，意在誘敵深入。一月二十九日，曾國藩命令一百二十多艘小船運載二千多

■ 釐金制度

釐金又稱釐捐。一八五三年十月，為籌措軍餉，幫辦江北大營軍務大臣雷以鍼在揚州設局勸捐。原定稅率值百抽一，百分之一為一釐，故稱釐金。釐金分兩種：一種稱行釐，即通過稅，抽之於行商；一種稱坐釐，即交易稅，抽之於坐商。後各省紛紛效仿，名目增多，且稅率極不一致，截至同治元年（一八六二年）除雲南和黑龍江外，釐金制度已遍行於全國。民國成立後繼續徵收，至一九三一年廢止。

名水兵從湖口西岸隘口衝入鄱陽湖中。石達開見敵中計，便立刻下令封鎖江面。一夜之間，湖口江面神奇地出現兩道浮筏，將湘軍水師分割為外江、內湖兩支船隊。曾國藩見中計，大驚失色，感到大禍即將臨頭：「百餘輕捷之船，二千精健之卒，陷入鄱陽內河……外江所居多笨重船隻，運掉不靈，如鳥去翼，如蟲去足，實覺無以自立。」石達開見時機已到，即於當晚派遣幾十隻小船滿載柴草、硝藥衝進湘軍外江船隊放火。同時，兩岸數千陸軍，紛擲火箭噴筒。霎時間，湖口江面烈焰滾滾，火光沖天，恰似當年的赤壁鏖戰。結果，湘軍大船被燒毀大半，餘者倉惶遁逃。衝入鄱陽湖的湘軍輕便小船得知外江船隊被燒，急忙掉頭回援，這時退路早已被堵，在太平軍猛烈攻擊下，遭到了與大船同樣的下場。

曾國藩不甘心失敗，退回水陸兩軍駐地竹林店，整軍備戰，企圖重新和石達開決戰。但還沒等曾國藩準備好，二月十一日夜，石達開命令太平軍羅大綱部、林啟榮部各派數十隻小船，乘着夜色，出其不意地對曾國藩大營發起猛攻。只聽金鼓一鳴，火彈噴筒，百支齊放，火網密佈，湘軍戰船燃起熊熊烈火，慌亂一團，曾國藩難以控制。這時太平軍的一支小船，發現了曾國藩的座船，迅速衝上來，殺死他的管駕、監印等官，盡獲其文牘。座船為一軍耳目所在，湘軍水師見座船已失，軍心大亂，紛紛棄船逃命。此役曾國藩二百多艘船隻被燒，多年慘淡經營的王牌，幾乎不復成軍。

曾國藩因改乘小船逃入羅澤南的陸營才免於一死，想到湘軍的失敗，他不禁老淚縱橫，痛哭流涕，歎息道：「想當年，自己一兵一卒，招募鄉勇；日夜操勞，組建水陸；勤加操練，苦心經營，才有了今日的湘軍。從最開始的小團小隊，到現在的萬人之師，湘軍哪一步的成長不是自己的心血？哪一次的勝利不是自己的栽培？而如今，湘軍竟是如此地不堪一擊！」

**一八五四年**

二月二十五日，曾國藩在湘潭大誓湘軍，發佈《討粵匪檄》，向太平天國宣戰。

四月二十八日，西征軍大敗湘軍水師於湖南靖港。

**一八五五年**

二月十一日，西征軍在石達開率領下在九江大敗曾國藩湘軍水師。

曾國藩越想越傷心，簡直是萬箭穿心，痛不欲生。於是，悲憤至極的曾國藩寫好遺囑，欲策馬赴敵而死，慌得羅澤南等人緊緊抓住轡繩，眾幕僚寸步不離，經過好一番拉扯勸解才作罷。可憐堂堂清廷大臣，卻落得如此狼狽境地。

曾國藩兵敗鄱陽湖後，湘軍外江水師頓成瓦解之勢。曾國藩的水上優勢趨於消失，其輕取九江、直搗金陵的美夢也告破滅。

知識鏈接

### 曾國藩創建湘軍

一八五三年，咸豐帝令大江南北各省在籍官紳舉辦團練，組織地主武裝，鎮壓太平天國運動。曾國藩以在籍侍郎被派往長沙幫助湖南巡撫督辦團練。他以羅澤南的鄉勇為基礎，效仿明代戚繼光的成法，招募了一支不同於綠營制度的軍隊，被稱為「湘軍」。一八五四年二月，湘軍水陸兩軍組建完成，共陸師十三營、水師十營，計一萬七千多人。湘軍以營為單位，以知識分子為營官；曾國藩還以同鄉和倫常等情誼作為維繫湘軍的紐帶，選將募勇堅持同省同縣的地域標準；士兵由營官自行招募，每營士兵只服從於營官一人，全軍只服從於曾國藩一人，形成一種嚴格的隸屬關係；曾國藩還非常注重對士兵進行三綱五常的思想教育和軍紀教育。這種「兵為將有」的格局，是晚清軍制的一大變化，也是湘軍戰鬥力強的重要原因。

# 石達開身陷大渡河

石達開，是太平天國時期最負盛名的將領，永安六王和太平天國的主要締造者之一。他一生戎馬倥傯，幾乎攻無不取，戰無不勝。他受封翼王之時，年僅二十歲，由此可見其卓越的軍事才能。然而，就是這樣一位叱吒風雲的天國大將軍，最終兵敗大渡河，不禁讓人扼腕歎息。

一八五三年太平天國定都天京後，統治集團日趨腐化，內部爭權奪利的鬥爭不斷加劇，最終釀成了一八五六年的「天京變亂」。在這個自相殘殺的慘劇中，北王韋昌輝先是在洪秀全授意下殺了東王楊秀清及其眷屬，接着又乘機作亂，圍困洪秀全，捕殺石達開不成而殺其全家。韋昌輝的濫殺激起太平軍將士的憤慨，洪秀全率領廣大將士，殺死了韋昌輝及其死黨，同時召石達開回京。

自此，太平天國的鼎盛局面急轉直下。太平天國的六王不是戰死，就是被殺，只剩翼王石達開一人。石達開也因此成為僅次於洪秀全的「一人之下，萬人之上」的顯赫人物，論威望、才幹，石達開的確是治國安民的理想人才。但此時的洪秀全卻是疑心重重，只信同姓親屬，處處與他為難，被逼無奈的石達開只好率領十餘萬部眾離開天京，自此走上不歸路。

一八五七年六月，石達開率領所部脫離洪秀全的指揮，由江西進入湖南，準備去四川建

**一八五六年**

六月底，楊秀清密謀在天京奪權，派秦日綱去丹陽，韋昌輝去江西，石達開去湖北。

九月二日，天京內訌，楊秀清被韋昌輝所殺。

十一月，洪秀全處死韋昌輝。石達開回天京提理政務。

**一八五七年**

六月，石達開負氣率十餘萬太平軍出走。

立基地，自行發展。得知石達開率部即將入川的消息後，清廷十分震驚，急調他的老對頭駱秉章任四川總督，又令兩湖巡撫調兵入川，從三面對他進行圍剿。所以，當石達開率軍入川時，清軍早已佈下天羅地網，只等他來鑽了。

石達開率軍一路轉戰江西、浙江、福建、廣東、廣西、雲南、貴州等省，一八六三年三月，他再度率軍入川，之後率領大軍在雲南巧家渡過金沙江，由西昌進入冕寧。五月十四日，石達開率四萬餘太平軍抵達大渡河與柳林江的交匯處紫打地。他希望渡過大渡河朝瀘定縣一帶前進，找一個休養生息的地方，然後東山再起。但此時大渡河水勢很大，由於缺少船隻，不能及時渡河。為了突圍，石達開選擇了強渡大渡河的下策。但大渡河對岸的土司王應元和嶺承恩已經被駱秉章賞以重金、許以官爵收買。王應元搶先斬斷鐵索橋，使石達開無法飛渡。

石達開雖然身處絕境，但仍然表現出破釜沉舟的英雄氣概。五月十七日，石達開選出精銳千人，分駕船筏，搶渡大渡河。他勉勵將士：「戰必死，降亦必死，均一死也，不如其戰矣！」但在清軍密集槍炮的射擊之下，這支敢死隊全部陣亡。二十一日，他又選出精兵數千人，分乘數十隻船筏強渡大渡河。戰士們用擋牌護身，含刀挺矛，拚命強渡。其餘將士集結南岸吶喊助威，「隔岸呼噪，聲震山谷」。但因水勢兇猛，加之清軍在北岸用大炮轟擊，火力很強，有的船筏被擊

● 太平天國《行軍總要》

中，引起火藥箱爆炸，有的船隻觸礁沉沒，有的被急流捲走。好不容易有幾隻沖到下游，但因勢單力薄也被清軍擊沉，損失慘重，搶渡以失敗而告終。六月三日和九日，石達開又組織了兩次強渡戰鬥，但均未成功。在走投無路之時，石達開隔河射書給土司王應元，許以良馬兩匹、白金千兩為酬，請求讓路，但被王應元拒絕。

此時清軍步步緊逼，攻勢甚猛，而太平軍糧食缺乏，士兵給養困難，面臨的處境愈加危險。而且紫打地又是不毛之地，「至是戰守俱窮，進退失據，死亡枕藉」。經過二十多天的苦戰，四萬餘人的隊伍只剩一萬多人。無奈之下，石達開對傷病難行與參軍不久的弟兄給資遣散，剩下的六千餘人決心與石達開共生死。六月九日，石達開率領這支隊伍，向東血戰突圍，但旋又為洪水所阻。前無去路，後有追兵，他決心率軍死戰，但在竭力死戰仍然不能突圍，而有全軍覆沒的可能的時候，清軍向他承諾如果投降可以令他原籍退隱，他的部下也可以解甲歸田，清廷既往不咎。為保全將士性命，他寫信給川督駱秉章，表示答應清軍的條件，要求殺己一人而保全三軍，書信寫得極為懇切：「大丈夫生既不能開疆報國，奚愛一生？死若可以安境全軍，何惜一死？閣下如能依書附奏清主，宏施大度，胞與為懷，格外原情，宥我將士，赦免殺戮，則達願一人而自刎，全三軍以投安。」

一八六三年六月十三日，他帶着大兒子和幾位部將走向清營，接着他和其剛五歲的兒子被押解到成都。六月二十五日，石達開和曾仕和等五人被凌遲處死。行刑時，曾仕和「文弱，不勝其楚，慘呼」，石達開制止他說：「何遂不能忍此須臾？」而石達開「神氣湛然，無一毫畏縮態，至死亦均默然無聲」。連駱秉章也不得不讚歎：「梟桀之氣，見諸眉宇，絕非尋常賊目等倫！」但讓石達開沒有想到的是，清軍背信棄義，放下武器的數千太平軍將士也被清軍

**一八六三年**

六月十一日，石達開在四川大渡河紫打地（安順場）兵敗，二十五日在成都被殺。

殘殺在大渡河畔。鮮血染紅了滔滔河水，也染紅了駱秉章的鮮紅頂戴，駱在之後便被清廷賞加「太子太保」。

就這樣，石達開帶着他的無限遺憾離開了那些追隨他出生入死的部下，離開了曾經為之夢想為之奮鬥的天國。自此之後，太平天國在清軍日漸猛烈的進攻面前更加風雨飄搖。

知識鏈接

**天京變亂**

一八五三年太平天國定都天京後，東王楊秀清總理朝政，居功自傲，上欺天王洪秀全，下壓有功諸將。甚至藉代天父立言的身份，杖責天王，並威逼天王封他為「萬歲」。洪秀全忍無可忍，急召北王韋昌輝、翼王石達開等回京共商良策。一八五六年九月一日深夜，韋昌輝帶親信部隊三千餘人趕回天京，立即包圍了東王府。次日晨，韋昌輝及其親信衝進東王府，將楊秀清及其眷屬以及東王府大批人員全部處死。石達開回到天京後，責備韋昌輝不該濫殺。韋昌輝又企圖殺死石達開。石達開聞訊後連夜逃往安慶，他在天京的一家老少全部被韋昌輝殺害。韋昌輝濫殺無辜激起了天京廣大將士的不滿。隨後，洪秀全接受將士們的要求，處死了韋昌輝，召石達開回京提理政事。但洪秀全對石達開無端猜忌，最終導致石達開率軍出走。

「天京變亂」使太平天國初期形成的領導核心土崩瓦解，大大削弱了部隊的戰鬥力。太平天國從此元氣大傷，由盛轉衰。清軍趁機反撲，太平軍面臨的軍事形勢更加險惡。

# 李秀成自供狀之謎

有這樣一本小冊子，它是用一個人的全部感情書寫而成的，只是我們不知道，這種感情究竟是堅定不移的忠誠，還是不識時務的悔恨。這本小冊子就像一把鐵錘，在其作者生命將要結束之時為他的晚節定音。而在這本小冊子的字裏行間，或許隱藏着一個不為人知的秘密。這個謎團的製造者就是李秀成，這本小冊子就是所謂的李秀成「自供狀」。

李秀成，廣西藤縣人，出身於貧苦的農民家庭。他在一八五一年參加太平軍，因作戰機智，勇敢過人，接連立功，受到楊秀清、石達開的賞識，在太平軍中的地位逐步上昇，從一名普通士兵很快晉昇為高級將領。一八五九年被封為忠王，成為太平天國後期著名的政治軍事核心人物之一，他和洪仁玕、陳玉成維持天國的殘局達七八年之久。

● 李秀成主持會議圖

**一八五九年**

六月，洪秀全封陳玉成為英王。

十二月，洪秀全封李秀成為忠王。

**一八六〇年**

一月十四日，陳玉成聯合捻軍，大敗湘軍於安徽潛山。

五月，李秀成二破江南大營。

六月，美國人華爾建「洋槍隊」，後改為「常勝軍」，助清軍攻打太平軍。

八月九日，李秀成在青浦大敗洋槍隊。

八月，李秀成再攻上海，仍不克，李秀成在戰鬥中負傷。

一八六四年三月，曾國荃（曾國藩之弟）率領十幾萬湘軍將太平天國的首都天京圍得水洩不通，意圖將太平天國政權徹底摧毀。此時，太平天國已是窮途末路，天京已成一座孤島，李秀成勸說洪秀全「讓城別走」，遭到拒絕。在這個關鍵時刻，洪秀全身心交瘁，在憂病交加中死去，他年幼的兒子洪天貴福繼位成為幼天王。七月十九日，湘軍千門大炮在同一時間打響，天京城池很快就被打開缺口，密密麻麻的士兵一擁而進。清軍大肆搶掠、燒殺，一場天堂之夢在煙焰中化為灰燼。

為了保護天國的希望——幼天王洪天貴福，李秀成親率數千將士護送幼天王從缺口處突圍而出。突圍時，李秀成將自己久經沙場的戰騎給幼天王使用，以確保其安全。不幸的是，李秀成在突圍過程中與大隊人馬走散。天明時分，李秀成潛抵城郊方山一破廟中暫避，由於他的衣裝太過顯眼，引起了兩個當地人的注意，為得重賞，他們趁李秀成熟睡時將他捉住。二十三日，李秀成被捆縛至清營。

李秀成被捕後，曾國荃曾對李秀成施以酷刑，用刀錐割其臀股，一時血流如注。李秀成「殊不動」，泰然自若，輕蔑地對曾國荃說：「曾妖，咱們各為其主，而天下事興亡無常，你今日偶得志，何對我如此狠毒？」湘軍統帥曾國藩聽說李秀成被俘，七月二十八日急忙從安慶趕到南京親自審問。李秀成在九天的時間裏，以每天七千字的速度在囚籠中親筆寫下數萬字的供詞，也就是後人所稱的《李秀成自述》。令人難以理解的是，他在這份供詞中明顯流露出乞降求撫之意，對曾國藩和清王朝大加諛頌，甚至提出要親自出面代為招降太平軍餘部。這與他之前英勇不屈的表現截然不同。這份自供狀究竟是不是李秀成的真跡？如果是，那麼李秀成為什麼會前後判若兩人？他的目的究竟是什麼呢？

**一八六二年**

六月二日，李秀成攻佔蘇州。

五月十三日，廬州失守，英王陳玉成於十五日被執，六月四日在河南延津被殺。

**一八六四年**

六月一日，天王洪秀全病死天京。

七月十九日，天京被清軍攻陷。

七月二十二日，李秀成被俘。八月七日，被曾國藩所殺。

可以肯定的是，曾國藩將李秀成處死後，對他的供詞作了篡改，刪除了其中有關太平軍愛護人民、扶助生產的正面內容以及對湘軍不利的說法，並誇大湘軍的戰績。然後將刪改過的版本刻印出版，而李秀成的真跡則一直秘而不宣。一九六二年，台北世界書局影印出版了曾國藩後人秘藏的李秀成自述原稿，取名為《李秀成親供手跡》，後又將《李秀成供詞》的原件影印出版，這才停止了史學界關於李秀成自供狀真偽問題的爭論。

李秀成曾身經百戰，九死一生，是一位叱吒風雲、威震四方的農民軍將領。他在供詞中記述了太平天國的發展歷史和他本人的戰績，詳細總結了太平天國失敗的經驗教訓。同時，他又貶損自己、美化清廷，提出了「招降十要」。那麼，這種做法的動機何在？又應該怎樣認識呢？

以研究太平天國而著稱的史學家羅爾綱為代表的一派認為，李秀成這是在效法三國時姜維用計偽降，其真實目的是為了保存太平天國的力量，轉移曾國藩的矛頭指向——從對內轉向對外，因此投降只是一種策略。而另一派則認為李秀成的表現是「乞活求生」，他對天國前途已經失去信心，產生了動搖和妥協。這也從一個側面說明太平天國後期人心渙散、士氣低落，已難以擺脫敗亡的命運。探尋李秀成寫自供狀的動機和原因，關係到怎樣評價李秀成的晚節問題。忠王到底是「忠」，還是「不忠」，一直到現在都沒有定論。

一八六四年八月七日，李秀成被曾國藩處死。本來李秀成被捕後，清廷在八月一日曾要求曾國藩將李秀成押解進京。曾國藩卻抗旨不遵，先斬後奏，將李秀成處死。曾國藩急於處死李秀成，主要是怕李秀成進京後受審時向朝廷洩露湘軍的一些實情，暴露他們在很多奏摺中粉飾功績、掩蓋過錯的不實之詞。為了避免引來殺身大禍，他們只好先殺掉李秀成滅口。

李秀成聽說將要被處死刑，毫無惶恐之態。並且在刑場作絕命詩十句，其中有：「英雄自古披肝膽，志士何嘗惜羽毛。我欲乘風歸去也，卿雲橫亙斗牛高。」足見其英雄氣概。

歷史的悲劇造成了李秀成的個人悲劇，而不是李秀成的晚節不終造成了太平天國覆亡的悲劇。不論真相究竟如何，我們都有理由相信：李秀成，這位在太平天國危難時期表現出極高智慧和勇氣的農民軍將領，無愧於被稱為一個「英雄」。

知識鏈接

**天京陷落**

一八六二年五月，湘軍進逼雨花台。隨後，太平軍組織的天京破圍戰與「進北攻南」計劃均遭失敗。一八六三年六月，雨花台失守；一八六四年三月，天京已經被清軍團團圍困。正在這關鍵時刻，六月一日天王洪秀全病逝，這大大影響了太平軍的士氣。七月，城外據點盡失，天京保衛戰進入最後關頭。在極其困難的處境下，太平軍仍然為保衛京城頑強戰鬥。七月十九日，湘軍掘地道轟塌太平門城垣二十餘丈，蜂擁搶入。太平軍「捨命抗拒」，與敵鏖戰數個小時，損失慘重。接着，神策門、聚寶門、水西門、漢西門均被攻破。守城太平軍抱定與天京共存亡的決心，與湘軍展開了慘烈的巷戰。至二十一日，城內太平軍將士萬餘人，全部犧牲，無一降者。湘軍入城後，肆意焚掠，使繁華的古都南京變成一片瓦礫。天京陷落，標誌着太平天國運動失敗了。

# 洋務運動

● 江南製造總局炮廠廠房

從十九世紀六十年代開始，清朝統治集團內部一部分當權者，中央以奕訢等為代表，地方以曾國藩、李鴻章、左宗棠等為代表，他們在鎮壓太平天國運動和同西方列強的交往中，認識到了鴉片戰爭以後中國面臨着「數千年未有之變局」，只有變革，學習西方的科技和軍事，才能維護統治，才能在與外國侵略者保持「和好」的條件下徐圖自強。於是，便把魏源提出的「師夷長技以制夷」的主張訴諸實踐，掀起了洋務運動。晚清洋務運動一直持續三十多年，一八九五年甲午戰爭的失敗，宣告了洋務運動的破產。

洋務運動是在不觸動專制制度的前提下，學習西方技術以鞏固統治。它沒有使中國富強起來，但引進了西方先進技術，使中國出現了第一批近代企業，為近代化開闢了道路。

# 曾國藩三請容閎

曾國藩以一個手無縛雞之力的文弱書生最終成為駕馭千軍萬馬的最高統帥，打出了「無湘不成軍」的傳奇，成為「中興第一名臣」和「洋務派之父」。梁啟超曾盛讚曾國藩，說他「立德、立功、立言三並不朽」，是中國近代以來「不一二睹之大人物」。那麼，一介書生憑什麼立下千古武功？盤根究底，不外乎七個字：「得人才者得天下。」曾國藩自己就說：「大廈非一木所能支撐，大業憑眾人智慧而完成。」他深知人才的重要性，所以多方延攬人才，為其所用。洋務運動初期，新式人才匱乏。曾國藩求賢若渴，曾三請容閎，在當時傳為美談。

容閎，一八二八年出生於廣東香山縣。因家境貧寒，他父親在澳門打工，七歲時容閎跟隨父親來到澳門入西塾讀書，十四歲入讀澳門瑪禮遜學校，後隨校遷香港就讀。一八四七年由該校校長布朗帶往美國馬薩諸塞州孟松學校；一八五〇年考入耶魯大學。在大學期間，容閎刻苦學習，「讀書恆至夜半，日間亦無餘晷為遊戲活動」。他在寫作與哲學方面有非凡才華，屢次獲得英文演說第一名，蜚聲校內外。一八五四年容閎畢業，獲文學學士學位，成為該校有史以來，同時也是中國近代史上第一位畢業於美國高等學府的留學生。

一八五四年十一月，容閎學成回國，成為中國海歸第一人。他先後在廣州美國公使館、香港高等審判廳、上海海關等處任職。目睹外國侵略者在中國橫行霸道，他異常氣憤，熱切地期望祖國進步，也能成為像西方國家那樣的現代強國。於是他把「力傳西學」作為自己終身奮鬥目標，並為此做了多方面的努力。一八六〇年，他抵達南京，想通過太平天國推行西學。他向洪仁玕提出以西方文明引入中國，組織良好軍隊，設立武備學校及海軍學校，建立有效能的政府，頒定教育制度等「治國七策」，但因太平天國「未敢信其必成」而未被採納。太平天國對他的態度似一瓢冰水潑涼了他的熱情，雖然洪秀全授予容閎一枚四等爵位的官印，但他拒絕賜封，並離開了天京。一八六一年，有點心灰意冷的容閎乾脆在九江做起了茶葉生意。

一八六三年三月，容閎來到江西九江，為外商到太平天國區域收購茶葉。當時，曾國藩已率湘軍攻陷安慶，並駐紮安徽省。作為清朝欽差大臣、兩江總督的曾國藩，聽說九江來了一個名叫容閎的人，此人過去曾在美國留學，對西學頗有研究，便急忙想方設法把他請到自己的行營來。曾國藩聽說自己的部下張斯桂曾和容閎有過一面之交，便先讓張斯桂給容閎寫信。

張斯桂在信中說奉兩江總督曾國藩之命，邀請容閎來安慶。接信後容閎既驚又疑——驚的是，清廷封疆大吏曾國藩竟然想見自己這草根平民；疑的是，邀見他是凶還是吉呢？是不是知道了他去天京的事情？思索良久後，容閎覆函張斯桂，以茶葉商務繁忙，婉言謝絕曾國藩的邀請。

過了兩個月，曾國藩不見容閎到來，就又讓張斯桂再次寫信邀請，還特意讓數學家李善蘭也隨寄一信。李善蘭和容閎情誼很深，他也是因為是知名學者而被曾國藩招聘到安慶內軍械所任職的。李善蘭在信中透露，曾國藩將委容閎以重任，並告之以研究機器學著稱的華蘅

**一八六一年**

一月二十日，清政府成立總理衙門，以綜理各國事務。

十二月，曾國藩創設安慶內軍械所。它是洋務派辦的第一個軍工企業。

**一八六二年**

六月十一日，京師同文館成立。

**一八六四年**

十二月，京師同文館教習、美國傳教士丁韙良翻譯的《萬國公法》刊行。

芳、徐壽二人也已接受曾國藩的聘任，住在安慶了。讀了張斯桂、李善蘭的信之後，容閎慢慢打消了疑慮，準備前往。只是當時手頭事務繁雜，一時脫不開身，容閎便回了一封信，答應數月後去安慶。

曾國藩急切地想見到容閎，接到其回信後又趕忙讓張斯桂、李善蘭分別寫信給容閎，催促他盡快前來。一八六三年七月，容閎收到張斯桂的第三封信和李善蘭的第二封信，信中催他速來安慶，並明確轉告曾國藩希望容閎「居其屬下任事」。曾國藩三請容閎，大有當年劉備三顧茅廬的誠意。容閎深受感動，毅然決定前往。

一八六三年九月，容閎到了安慶，與李善蘭、徐壽、華蘅芳等相見歡談。接着，曾國藩親自予以接見，並熱情款待了他。曾國藩問容閎：「你能夠指揮一支軍隊嗎？」容閎立即回答：「不能，我不懂軍事。如果我擔任自己不能勝任的工作，於心有愧。」曾對這樣的答覆很滿意，說道：「如果我向一百個人提出這個問題，將有九十九人回答『能』，因為不管能否勝任，一隻飯碗總是有着落了。」接着問道：「為今日中國計，最有益最重要之事業，應當從何處着手？」容閎提出了自己的想法：中國應建華股之汽船公司，為國家培養科技人才；應派優秀青年學子出洋留學；政府要禁止外國教會干涉民間訴訟，以防外國勢力侵華；國家應大力發展地質礦產事業，提供豐富的礦產資源，來發展民族工業等。容閎的回答讓曾國藩非常滿意，便把創辦軍工廠的計劃告訴了容閎，並問他能不能到外國去做採購機器的工作，容閎很有把握地回答：「能！」於是，曾國藩授給容閎五品軍功，撥銀六萬八千兩，命他去美國採辦機器，聘請外國技術人員，以備創辦軍工廠。

**■ 京師同文館**

簡稱同文館，是洋務運動時期設立的專門培養翻譯人員的新式學堂。一八六二年，奕訢等奏准在北京設立。設有管理大臣、專管大臣、提調、幫提調及總教習、副教習等職。總稅務司英國人赫德曾任監察官，實際操縱館務。先後在館任職的外籍教習有包爾騰、傅蘭雅、歐禮斐、馬士等。中國教習有李善蘭、徐壽等。該館最初只設英文、法文、俄文三班，後陸續增加德文、日文及天文、算學等班。

同文館是中國近代新式學校的發端。前後辦了二十餘年，入館學員約三百人。一九〇二年一月，併入京師大學堂，改名京師譯學館。

容閎看到曾國藩幕府人才濟濟，懷才之士無不畢集，「幾於全國之人才精華，匯集於此」，他便專心投到曾國藩門下。而容閎也不負眾望，到國外購買機器，並幫助曾國藩和李鴻章建成了當時規模最大的近代軍工企業——江南製造總局。同時容閎依靠曾國藩和李鴻章的支持，實施了「幼童留美計劃」，即遣送一百二十名幼童赴美留學，開中國近代公派留學生之先河，在中國近代史上產生了深遠影響。

**知識鏈接**

### 幼童赴美留學

十九世紀七十年代初，早年留學美國的容閎，抱着「教育救國」的志願，向清政府提出了派學生出國留學的計劃。一八七〇年，經曾國藩同意並向清政府奏准，派陳蘭彬、容閎具體辦理出外留學事務。一八七二年八月，第一批三十名幼童乘輪船離開上海赴美，經費一律由清政府支付。一八七三、一八七四、一八七五年，每年又各派三十名。留美幼童在美國成績優良，品行端正，深得美國社會各界人士讚許。但是，留美幼童熱切追求西方新思想和新事物，引起了清廷官僚的恐慌。一八八一年，吳子登請求清廷將幼童們全部撤回，得到

● 首批赴美留學幼童合影

**一八七二年**

八月十二日，中國第一批留美幼童起程。

了清廷的批准。從八月二十一日起，除少數人抗拒不歸外，留美幼童分三批起程回國。

幼童赴美留學培養了中國近代最早的一批造船、鐵路、電報等方面的科技人才，不少人成為近代中國歷史上的佼佼者，如詹天佑、吳仰曾、唐國安等。這些帶着西方新鮮空氣的青年回到中國，促進了西方自然科學和社會科學在中國的傳播，起了開通風氣的作用。

# 國人自造「黃鵠」號

近代以來，由於腐朽的專制制度的束縛，以四大發明聞名世界的中華民族卻鮮有值得驕傲的科學技術成就，然而還是有一批愛國志士不畏艱險，刻苦鑽研，為振興祖國科學文化事業作出了有益的貢獻，近代化學啟蒙學者徐壽、徐建寅父子，近代數學家華蘅芳，就是其中的典型代表。他們同心協力，依靠自己的聰明才智，成功製造火輪船「黃鵠」號。

徐壽，字雪邨，江蘇無錫人，生於一八一八年。五歲時，其父親即棄世，家道中衰。因此，他不能像其他富家子弟那樣學習八股文，順利參加科舉考試。鴉片戰爭以後，隨着西方科學技術的傳入，以及經世致用思潮的影響，徐壽一反科技是「雕蟲小技」、「奇技淫巧」的傳統觀念，而肯定科學技術對社會大有裨益，研讀格致之學。

一八四三年，徐壽與同鄉算學家華蘅芳結伴去上海探求新知，結識了在上海墨海書館做翻譯的數學家李善蘭，兩人經常向李善蘭請教質疑，並購買了一些西學書籍和實驗儀器，刻苦鑽研。一八五六年，徐壽、華蘅芳從墨海書館買回一本叫《博物新編》的科普書籍，書中內容涉及礦物、汽機、醫學、物理等最新西學知識。二人得到此書，如獲至寶，並深為其中內容所吸引。尤其使徐壽感興趣的是關於造船技術和汽機原理的介紹，他還曾依照書裏的一個略圖試製了汽機小樣。經過多年堅持不懈的自學，實踐試驗與理論相結合的學習方法，徐壽終於成為江浙兩省中「通曉製造與格致」的「奇才異能之士」，聞名遐邇。不僅如此，受他的熏陶，其子徐建寅，也是個博學多才、勤奮好學的學者。

二次鴉片戰爭後，以恭親王奕訢、兩江總督曾國藩、閩浙總督左宗棠、江蘇巡撫李鴻章等為代表的洋務派提出「抵禦外侮、興辦洋務、增強國防」的口號。根據咸豐帝的諭旨，一八六一年秋冬之交，曾國藩着手建立中國近代第一座兵工廠——安慶內軍械所，並籌辦造船事宜。曾國藩知道製造槍炮、建造輪船需要科技人才，他聽說了徐壽、華衡芳等人的大名，便千方百計羅致他們入其幕府。就在這一年，徐壽父子和華蘅芳一道被曾國藩請到安慶。徐壽等人雖然沒有功名，但曾國藩並沒有把他們當成普通的匠人看待，始終「以賓師相待」。曾國藩第一次接見徐壽父子和華衡芳時，就仔細詢問了他們的學習經歷和技術專長，對他們的科學新知頗為讚賞。接着曾國藩又問他們：「現在洋人的火輪船在長江上橫衝直撞，幾如無日無天，實為我大清國恥辱。各位都是精通中西格致之學，能不能不請洋師洋匠，完全由中國人造出輪船？」曾國藩的話音剛落，初生之犢的徐建寅便大聲説道：「國不強，受人欺。我們自己造火輪船，讓洋人看看。」徐壽、華衡芳也相視點頭，答應曾國藩試造火輪船。

接受任務後，他們決定首先試製一個船用汽機模型，以解決動力問題。他們除了參考墨海書館出版的《博物新編》中的略圖及片斷資料，還跑到安慶江邊，實地觀察外國小輪船的運轉情況。三人緊密配合，經過幾個月的苦心研究，克服重重困難，終於在一八六二年八月製成中國第一部蒸汽機。蒸汽機試驗時，曾國藩饒有興趣地前來觀看，並詳細了解其工作原理。他在日記中記載道：「華衡芳、徐壽所作火輪船之機來此試演。其法以火蒸水，氣貫入筒，筒中三竅，閉前二竅，則氣入前竅，其機自退，而輪行上弦；閉後二竅，則氣入後竅，其機自進，而輪行下弦。火愈大，則氣愈盛，機之進退似飛，輪行亦如飛。」他極為高興，感慨道：「竊喜洋人之智巧，我中國人亦能為之，彼不能傲我以其所不知矣。」一位高權重的曾國藩記得如此詳細，可見他對徐壽父子和華衡芳工作的讚賞。

蒸汽機模型試造成功後，徐壽等人立即着手試造一艘小型木質輪船。華蘅芳主要負責測算，徐壽主要負責製機，徐建寅則「屢出奇思以佐之」。徐壽對工作可以說到了癡迷的程度，全身心地投入其中。據記載，徐壽「潛心研究，造器製機，一切事宜，皆由手造，不假外人」，很多零部件都是徐壽親手製造的。在大家的共同努力下，從一八六二年四月起，用了四個月時間即造成了輪船模型，到這年年底試造成一艘長約二丈八九尺的小火輪，並正式在安慶江面試航，由輪船委員蔡國祥親自駕駛，曾國藩則坐在船頭督看，航行約八九里。曾國藩十分得意地說：「約計一個時辰，可行二十五六里。試造此船，將以次放大，續造矣。」

一八六四年，徐壽等在此基礎上進行放大試製火輪船的工作。一八六五年火輪船放大試製成功，曾國藩將其取名為「黃鵠」，把它比作一隻健翮凌空的黃鵠，希望中國的造船工業能快速健康發展。一八六六年四月，「黃鵠」號在南京下關江面試航。試航之日，江岸人山人海。這艘木質火輪船，載重二十五噸，長五十五尺，由曾國藩之子、近代著名外交家曾紀澤題寫的「黃鵠」二字，以金色描繪在船身上。徐壽親自掌舵，華蘅芳擔任機長。汽笛聲中，輪船起航，駛向大江，岸上人群歡呼雀躍。試航時速，順流二十八里，逆流十六里。當時在上海出版的著名英文報紙《字林西報》對中國自行建造的這艘機械動力船也非常好奇，專門派出記者前來看個究竟，確認船上機器直至螺帽螺釘均由徐壽父子率領工人手工製作，以〈中國人的機器技能〉為題報道了這一盛事，他們稱讚「黃鵠」號的製造成功是「顯示中國人具

---

**一八六五年**

曾國藩、李鴻章在上海設立江南製造總局，這是當時規模最大的兵工廠。

**一八六六年**

左宗棠設立福州船政局，這是當時最大的船舶修造廠。

**一八六七年**

三口通商大臣崇厚設立天津機械局。

**一八六九年**

上海發昌機器廠創辦人方舉贊開始添設機牀，進行機器生產，開近代中國民族工業之先河。

**一八七二年**

輪船招商局成立。

華僑商人陳啟沅在廣東南海設立繼昌隆機器絲廠。

有機器天才的驚人的一例」。徐壽因此被曾國藩譽為「江南第一巧人」。

「黃鵠」號是中國人自行研製，並以手工勞動為主建造成功的第一艘機動輪船，它的試製成功足以讓國人自豪，同時也揭開了中國近代船舶工業發展的帷幕。

知識鏈接

**洋務派**

十九世紀六十年代到九十年代，在清政府內部出現的一部分標榜「自強求富」、倡導洋務事業的官僚集團，被稱為「洋務派」。這些人在清政府中央以奕訢、文祥等人為代表，地方上則以曾國藩、李鴻章、左宗棠等人為代表。後者多為漢族封疆大吏，在鎮壓太平天國運動過程中，逐漸掌握了實權。

洋務派分為不同的派別，開始主要有以奕訢等為代表的滿族洋務勢力集團、以曾國藩為首的湘系集團、以左宗棠為首的左系湘軍集團和以李鴻章為首的淮系集團。中日甲午戰爭前後，又形成以張之洞為代表的勢力集團。其中以李鴻章系和張之洞系為前後最大的洋務派別。李鴻章曾擔任江蘇巡撫和兩江總督，後任直隸總督兼北洋大臣長達二十多年，所辦洋務企業最多，遍及北洋南洋，成為全國洋務活動的實際主持者。甲午戰爭中，北洋海軍全軍覆沒，李鴻章集團勢力削弱，而湖廣總督張之洞集團勢力開始成為洋務派的後勁。義和團運動以後，清政府舉辦「新政」，洋務派作為一種政治勢力逐漸解體。

■ **輪船招商局**

簡稱招商局，是洋務派創辦的第一個民用企業。一八七二年成立。總局設在上海，並在天津、煙台、漢口、福州、廣州、香港以及橫濱、神戶、呂宋、新加坡等地設分局，承運漕糧和其他商貨。輪船招商局成立之初，只有三艘輪船，後來發展到三十多艘。起初，外商旗昌、太古和怡和公司妄圖扼殺招商局，以傾價競爭，由於招商局的堅持，最後迫使三家簽訂了齊價合同，從而打破了外資輪船公司對中國內河航運的壟斷。除經營沿海和內河航運外，還開拓了海外航運業務。

# 王韜講學牛津

近代中國面臨着三千年未有之變局，中西猛烈碰撞，新舊激烈衝突，湧現出很多溝通中西、承舊啟新的獨特人物，王韜就是其中的一位。王韜生性特立獨行，年近五十時，膝下仍無子。友人勸他納妾生子，以延後嗣，他卻慨然回答：「人為什麼非得兒孫傳代！我假如能把寫的文章留給後世，使五百年後，姓名還掛在讀者嘴上，則勝一碗祭供的麵飯多多矣。」這位獨特的思想家學貫中西，對洋務運動乃至近代中國產生很大影響。王韜曾遊歷西洋諸國，在英國還登上最高學府牛津大學的講台，成為中西文化交流的美談。

一八二八年，王韜出生於蘇州的一個書香門第，自幼畢讀群經，博學多識。一八四九年，王韜來到上海，受英國傳教士麥都思邀請，進入墨海書館從事編譯西學書籍工作，一幹

● 王韜《漫遊隨錄・巴黎勝概》圖

一八六一年
馮桂芬撰寫《校邠廬抗議》，提出了「採西學、製洋器、善馭夷」的主張，成為洋務思想的先導者。

一八六四年
上海廣方言館正式開館。

就是十三年。在此期間，王韜的知識結構和價值觀念發生了很大的變化，他放棄了妄自尊大的心態，醒悟到要用西學作為中國富強之策。在翻譯西書的同時，王韜十分關心時事，不斷抨擊清政府政治、軍事、經濟、外交、文化等各種制度中存在的弊端。並多次給上海道和江蘇省的官員上書，提出富強之策。然而，由於觸及當局痛處，王韜的改革思想並未能為世所用。對此，王韜自歎生不逢時，常常「痛哭流涕，扼腕歎息」。一八六二年，王韜化名黃畹上書太平天國，把改良政治的希望寄託在太平天國身上。但該信被清廷搜獲，王韜落了個通敵之嫌。在英國人的庇護下，王韜逃離上海，開始了長達二十三年的流亡生活。

一八六二年十月，王韜抵達香港，到英華書院任職。英華書院院長理雅各正打算翻譯中國名著，向西方介紹中國文化。對於王韜的到來，他感到非常高興，認為其學貫中西，是中國少有的大學者，對他優禮相待。在王韜的幫助下，理雅各把中國的四書五經譯成英文在西方出版，並引起轟動。一八六七年，理雅各回國省親。由於一時無法返回香港，他便邀請王韜「往遊泰西，佐輯群書」，繼續與他合作翻譯中國典籍。而王韜也早存漫遊世界之心，以親身體驗西方的文明。對於理雅各的盛情邀請，王韜欣然應允，於一八六七年十二月動身前往英國。

此次遊歷西方，不僅是王韜人生中的一個重要轉折點，也是中國人走向世界的重要一步。在他之前，雖然有主張開眼看世界的林則徐和魏源等人，但由於時代局限，他們對西方的認識，還只是「隔着紗窗看曉霧」，得到的僅是朦朧的、零碎的西學知識。王韜本人雖然曾大張旗鼓地宣傳過西學，但僅限於近代西方的自然科學。這次，他毅然跨出了國門，實地考察歐洲，直接接受西學的熏陶，了解西學的底蘊。

■ 早期維新派

十九世紀七十年代至九十年代，伴隨着民族資本主義的發展，中國出現了反映新興民族資產階級利益的早期維新思想，代表人物有王韜、鄭觀應、薛福成、馬建忠、湯震、陳熾等人。早期維新派起初大都是洋務運動的積極支持者，後來他們逐漸從洋務派中分化出來，開始批評洋務運動。早期維新派具有反對外國資本主義侵略、維護國家主權和民族獨立的愛國思想，主張大力發展民族資本主義工商業。他們還具有一定的民主思想，主張革新政治，建立君主立憲的政治制度。早期維新思想是後來戊戌維新變法思想的先導。

王韜此次「泰西之旅」，縱橫十萬里，歷經十數國。每至一地，他總喜歡上岸「覽其山川之詭異，察其民俗之醇漓，識其國勢之盛衰，觀其兵力之強弱」，並將所見所聞及其觀感筆錄下來。這極大地開闊了王韜的眼界。

一八六八年二月，王韜到達英國，並前往位於蘇格蘭北部邊境的理雅各家鄉，繼續參與理雅各的翻譯事宜。在工作之餘，王韜到各地去旅遊，擴充見聞，「車轍所至，輒窮其勝」。英國的「機器製造之妙」和「格致之精」給王韜留下了極深的印象，民主政治更讓他不勝羡慕，他深感英國的典章制度「迥異中土」，不時流露出嚮往之情。

當然，王韜在英國的旅居和漫遊是一種雙向的文化交流。由於王韜生性倜儻，雄才好辯，非常喜歡演講。同時，他與理雅各合作翻譯的中國經典也使他在英國名噪一時，為學術界乃至整個英國社會所注目，各大學、教會、民間團體競相邀請他去講學。一天，王韜接到牛津大學校長的邀請書，希望他能到牛津大學作演講。牛津大學極富名望，從世界各國來求學的學生，不下千餘人。學生們文質彬彬，雍容文雅，虛心好學。對於這樣的高等學府，王韜很願意去演講。在理雅各的陪同下，王韜前往牛津大學。這是中國學者第一次在牛津大學作講演。

王韜使用漢語演説，由理雅各翻譯，主題是「中英通商」和「孔子之道」。他談到，英國早在伊麗莎白時代起，即派人到中國廣東等地進行貿易，以後英國人接踵來華，發生了令人不愉快的鴉片戰爭。為此，他呼籲英國當局停止對華的不平等行為，主張中英兩國應該互相尊重，和睦相處。王韜還談到孔子之道與西方天道，孔子之道為人道，西方之道雖是天道，但傳天道還是繫於人。他慷慨激昂地指出：東方、西方心同理同，歷史嬗遞，發展演變，最

---

一八六八年
九月五日，美國傳教士林樂知等人在上海創辦《教會新報》，後改名《萬國公報》。
本年，江南製造總局設立翻譯館，是為中國人創辦的第一個專門翻譯西方書籍的機構。

終將出現一個大同世界。

王韜在牛津大學的演說，獲得了滿堂喝彩，「是時，一堂聽者，無不鼓掌蹈足，同聲稱讚，牆壁為震」。此後，愛丁堡大學、蘇格蘭大學及各種團體紛紛邀請他去講學和參加各種活動，報紙上也進行報道，歡迎這位「東方學者」。在演講過程中，為使英國聽眾能具體把握中國文化，王韜還特意吟誦杜甫等人的古典詩詞，「音調抑揚宛轉，高亢激昂，聽者無不擊節，謂幾如金石和聲風雲變色」，極富感染力，很多英國人為中國文化癡迷。王韜的聲望得到極大提高，他的相片和題詩被懸掛在倫敦畫室。中國文化在西方得到那麼多人的理解和欣賞，也使王韜不禁喜形於色。一八七〇年歸國前，王韜還將所攜至英國的部分中國典籍，贈送給牛津大學和大英博物館，為英國知識界同聲嘉歎，推為盛舉。

作為中國早期維新思想家，王韜的歐洲之行是一項歷史性壯舉。他旅居歐洲翻譯中國經典，並在歐洲大學講壇上宣講儒家文化，這是中外文化交流史上的一件盛事。王韜在歐洲的經歷也提高了他的眼界和思維方式。回國時，王韜與友人集資買下一套英國印刷設備，後在香港創辦了《循環日報》。這是第一份完全由中國人管理和編輯的中文報紙，王韜也因此成為中國報業第一人。王韜在報紙上發表了大量的政論文章，鼓吹變法，為變法強國製造輿論。

一八七二年
四月三十日，《申報》在上海創刊。

一八七三年
鄭觀應《救世揭要》刊行。

一八七四年
二月四日，王韜在香港創辦《循環日報》。

知識鏈接

## 王韜上書太平天國

一八六〇年八月，太平天國忠王李秀成率部圍攻上海，上海危如累卵。此時在墨海書局工作的王韜憂心忡忡，頗有家國離亂之感。王韜滿腹經綸，卻懷才不遇，不免對清朝政府產生怨恨。隨着對太平軍了解的深入，他認識到太平軍也並非面目可憎。「良禽擇木而棲，賢臣擇主而侍。」他認為投身太平天國，獲取建功立業的機會將比站在清王朝一邊更大。於是，一八六二年二月，王韜化名黃畹，上書太平天國蘇福省民政長官劉肇鈞，並請劉肇鈞看後轉呈忠王李秀成。王韜在上書中建議太平軍與洋人媾和，借外力以圖中原，並獻襲取上海之策。但是，此書並沒有得到劉肇鈞的重視，劉也未將其進呈李秀成。對此，王韜深感失望。

一八六二年四月，清軍擊敗劉肇鈞部，在其營中搜查到王韜的上書，交給了江蘇巡撫薛煥。薛煥「閱之大驚失色」，因為王韜長期生活在上海，對上海的民情、地理和夷情了如指掌，也熟知清朝官吏和清軍的弱點，他的上書正切中清軍的要害。薛煥不敢怠慢，星夜將上書呈報清廷。於是，清廷發佈諭旨，指出黃畹為賊策劃，欲與洋人通好，於軍務殊有關係，令李鴻章、薛煥等人傾力捉拿黃畹。李鴻章很快查明黃畹就是王韜，立即四處張網，着手捕拿。在英國人的安排下，王韜躲進上海英國領事館避難。十月，王韜逃離上海，開始了長達二十三年的流亡生活。

# 馬拉火車

俗話說：火車跑得快，全靠車頭帶。人們都知道火車作為現代化的交通工具，由於使用機械動力作為牽引，給運輸業帶來革命性變化。但是，當這個西方工業文明的產物傳入中國時，顢頇愚昧的統治者竟把它當成一個不祥的大怪物予以排斥，結果製造了一齣世界鐵路史上絕無僅有的「馬拉火車」的鬧劇。

一八二五年九月二十七日，世界上第一條鐵路在英國建成通車，雖然只有二十七公里，但是在交通史上是一個劃時代的事件。其後，一個興建鐵路的熱潮從英國開始，然後波及北美，席捲歐洲大陸。鐵路的興建不僅促使交通方式發生巨大變革，也促進了經濟的快速發展。

火車發明四十年後進入中國，但它在中國的命運卻和在西方迥然不同。一八六五年七月，英國商人杜蘭德在北京宣武門外修了一條半公里長的鐵道，試行小火車。清政府上下昏聵無知，他們看到「小汽車駛其上，迅疾如飛，詫為怪物」，以「觀者駭怪」為由，令步軍統領將鐵路拆掉。一八七六年，英國怡和洋行擅自在上海建成了一條十四公里長的淞滬鐵路，但從鐵路通行之始，各種反對聲就不斷，運行僅一個多月，火車又出現軋死人事件，更增加了人們對鐵路的恐懼。於是，在鐵路運行半年之後，清政府以「資敵、擾民、失業、奪民生計」為藉口，出資二十八萬五千兩白銀將鐵路贖回，並全部拆掉，把機車和車廂全部沉

**一八六六年**
十二月，奕訢奏請京師同文館添設天文算學館，招滿漢舉人入學，遭到頑固派的反對，雙方發生激烈爭論。

**一八七五年**
五月，清政府下令由沈葆楨和李鴻章分任南北洋大臣，從速建設南北洋水師。

**一八七六年**
七月三日，中國第一條鐵路——淞滬鐵路正式通車運營。
十二月，郭嵩燾等出使英國。

入江底。

但是，鐵路畢竟方便快捷，在經濟、國防上有重大作用。一八七四年，日本侵略台灣，海疆告急。一八七六年，福建巡撫丁日昌上書建言，指出台灣遠離大陸，只有修鐵路、架設電線才能血脈暢通，才可以防外安內，不然列強總會對台灣垂涎三尺。一八七七年，清廷表示同意丁日昌所請，但絀於經費，此議無果而終。

一八八〇年，署理直隸總督劉銘傳上《籌造鐵路以圖自強摺》，奏請修建北京到清江浦、漢口、盛京等的鐵路，並認為這是自強的關節點。但是，此議一上，被視為駭人之極，立即遭到頑固派的圍攻，他們懷着極大的憤慨，訴説鐵路的不是。御史余聯沅説鐵路害舟車、害田野、害根本、害風俗、害財用，其利不在國不在民，而在洋人。通政使劉錫鴻説修鐵路要逢山開路、遇水架橋，鐵路是驚動山神、龍王的不祥之物，會惹怒神靈，招來巨大災難。內閣學士徐致祥稱修鐵路乃誤國殃民，其害最大。他們對鐵路的詆毀無奇不有，醜態百出，強烈反對在中國修建鐵路。他們大呼鐵路誤國殃民，但真正誤國害國的，正是這些頑固派。

這一年，洋務派興辦的開平煤礦即將投產，但如果

● 晚清北京鐵路局的火車頭

採取傳統運輸方式，勢必成本太高，銷路受阻。於是，開平煤礦總辦唐廷樞建議修建從唐山到胥各莊的鐵路，此議得到李鴻章的支持，加之擬修的鐵路頗短，離京師尚遠，清廷允許修築。當年秋冬間，唐胥鐵路動工。朝中頑固派得知消息後，又是一片反對聲，「群臣阻諫」，懇求最高統治者「恪守祖宗成法」。清廷只好收回成命，唐胥鐵路只修好了路基便被勒令停工。鐵路不讓修築，開平礦務局只好開掘運河運煤。可是運河只能挖到胥各莊，因為胥各莊到礦區那段路地勢高陡，河水上不去。礦務局再次請修鐵路。為避開頑固派的反對，李鴻章在築路奏請中特別聲明只修以騾馬為牽引動力的「快車馬路」。幾經周折，清政府才勉強同意。一八八一年六月，鐵路開始鋪軌；九月，耗銀十一萬兩、全長九點七公里的唐胥鐵路竣工，開始試運行。十一月八日，正式通車。通車儀式頗為隆重，一輛空平車被改造成車廂，由一輛簡易機車牽引，應邀前來觀禮的地方官吏紳商登車試乘，在鞭炮聲裏火車緩緩開動，引起不小轟動。

鐵路通車不久，消息就傳到京師，頑固派立即大鬧起來，說什麼「機車直駛，震動東陵，且噴出黑煙，有傷禾稼」。他們還攻擊李鴻章罔上欺君。清廷下令調查，簡易蒸汽機車「旋被勒令禁駛」。於是，十分滑稽的一幕出現了：幾頭騾馬，力不勝任地拖拽着長長的運煤車在鐵軌上艱難地行駛着。這就是名噪一時的「馬拉火車」的故事。

但是，馬拉火車終究不是辦法，不久之後，胥各莊鐵路修理廠的技術人員自己動手設計，利用廢棄鍋爐大膽進行改造，試製出中國第一台火車蒸汽機。為堵住頑固派之嘴，工人們在機車頭上刻了一條龍，稱之為「龍號」機車。一八八二年六月，唐廷樞等邀請了一批官員試乘「龍號」機車。機車載着這些官員僅用一個小時就走了二十英里的路程，官員們感覺

一八七八年
七月二十四日，開平礦務局正式開局。十月，開工鑿井。

一八八〇年
九月十八日，李鴻章奏設南北洋電報，獲准在天津設立電報總局。
十二月三十一日，李鴻章奏請興建鐵路。

一八八一年
十一月，唐胥鐵路建成。
十二月一日，中國第一條電報線（上海至天津）建成並交付使用，二十四日通報。

到火車舒適、安全、可靠。不久，火車恢復使用機車牽引。

讀史可以明智，讀史亦讓人反思。在晚清，我們可以看到由於頑固派陳舊的觀念作怪，即使修成了鐵路，還是演繹了「馬拉火車」的鬧劇。由此可見，觀念變革和更新何其重要！在許多事情上，如果觀念陳舊，思想僵化，就會使我們與先進和文明失之交臂。

**知識鏈接**

### 洋務派與頑固派的論爭

隨着洋務派的形成，清政府內部在是否應該學習西方先進科技等問題上產生了嚴重分歧，逐漸分裂為洋務派和頑固派兩大派別。兩大派別之間的論爭也日益激烈起來。

洋務派認為，中國的傳統制度是完美的，西方的科學技術則是先進的，在不觸動專制制度的前提下，應該學習西方先進的科學技術，使二者結合，並開展了以學習西方科技、軍事為主要對象的洋務運動。頑固派因循守舊，盲目排外，仇視一切外來事物，認為中國一切都好，西方科學技術不過是「奇技淫巧」，強烈反對西學。隨後，洋務派與頑固派在同文館增設天文算學館、修築鐵路、開礦山、興電報、派遣留學生等許多具體問題上，都曾發生過激烈的論戰。雙方爭論的焦點是要不要向西方學習。

洋務派與頑固派論戰的實質是清政府內部開明與守舊的不同政見之爭，雙方都是為了維護清朝統治。通過論戰，洋務派宣傳了「向西方學習」的思想，開通了社會風氣，洋務運動也衝破重重阻力，艱難曲折地推行起來。

**一八八五年**

七月，在德國購買的「鎮遠」、「定遠」兩艘鐵甲艦來華。

十月十二日，清政府設台灣省，劉銘傳為第一任台灣巡撫。

十月十三日，清政府設立海軍衙門，奕譞總理海軍事務。

**一八八八年**

十二月，北洋海軍建成，以丁汝昌為提督。

**一八八九年**

三月，慈禧太后宣佈歸政，光緒帝正式親政。

# 邊疆危機與中日甲午戰爭

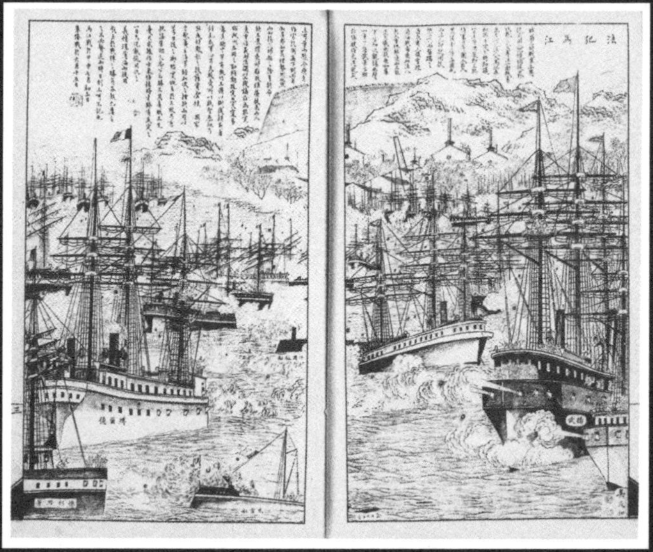

●《法犯馬江》圖冊中的「揚武」號（右圖）軍艦

從十九世紀七十年代開始，中國邊疆地區四處遭到列強的侵略，中國出現了前所未有的邊疆危機。在東南，繼美國侵略台灣未遂後，日本成為侵略台灣最危險的敵人；在西南，英國不斷挑起釁端，加緊對雲南的滲透，對西藏更是虎視眈眈；在西北，沙俄把魔爪伸向新疆，出兵強佔伊犁。一八九四年，日本挑起了中日甲午戰爭。經過一年激戰，中國戰敗，被迫與日本簽訂了喪權辱國的《馬關條約》。《馬關條約》大大加深了中國半殖民地化的程度，也極大地刺激了列強瓜分中國的野心。

# 左宗棠抬棺征西

「身無半文，心憂天下；手釋萬卷，神交古人。」這是左宗棠親自題寫的一副表明心志的對聯，由此可見左宗棠的雄心壯志。左宗棠戎馬一生，征戰南北，戰功卓著，特別是他「抬棺征西」、收復新疆的豪邁壯舉，不僅國人稱快，亦令侵略者震驚。曾國藩曾言：「論兵戰，吾不如左宗棠；為國盡忠，亦以季高（左宗棠的字）為冠。國幸有左宗棠也。」

一八六七年，阿古柏在新疆自封為王，自立國號為哲德沙爾汗國。同年，沙俄乘機佔據了伊犁；英國也虎視眈眈，意圖瓜分西北，中國西北邊疆面臨着嚴重危機。

而此時清王朝的統治者已經失去了入關時指點江山的霸氣與豪情，在內憂外患面前顯得孱弱不堪。屋漏偏逢連夜雨。恰在此時，日本入侵台灣，西北邊疆和東南海疆同時告急，由此引發了清政府內部關於海防與塞防的爭論。

● 左宗棠

**一八七一年**

七月，沙俄武裝強佔伊犁。

**一八七五年**

五月，左宗棠被任命為欽差大臣，督辦新疆軍務。

以直隸總督李鴻章為代表的一派藉口「海防西征，力難兼顧」，主張放棄新疆，「移西餉以助海防」；甚至認為「新疆不復，於肢體之元氣無傷；海疆不防，則心腹之大患愈棘」。而以陝甘總督左宗棠為代表的另一派則提出「東則海防，西則塞防，二者並重」的主張，左宗棠特別強調「重新疆，所以保蒙古；保蒙古，所以保京師」，力主收復新疆。當時，朝廷上下大都支持李鴻章的觀點，只有大學士文祥和湖南巡撫王文韶二人支持左宗棠的主張。左宗棠據理力爭，歷數西北邊防的重要性，最終慈禧太后欽斷裁決時採納了左宗棠的建議。一八七五年五月，清政府任命左宗棠為欽差大臣，督辦新疆軍務。左宗棠從此開始了他「新栽楊柳三千里，引得春風渡玉關」的西征壯舉。

一八七六年，左宗棠指揮數路大軍進兵新疆，一路上勢如破竹，攻無不克，首先打敗了阿古柏手下幹將白彥虎等人，奪取了烏魯木齊及其附近各地。一八七七年開春後，左軍又轉攻南路，迅速攻下阿古柏、白彥虎及其他部將據守的吐魯番、托克遜、達阪城等地。此時阿古柏政權內部四分五裂。阿古柏在逃跑過程中被部下暗殺，他的兩個兒子為爭奪王位繼承權也自相殘殺，最終伯克胡里殺死了弟弟海古拉，於喀什噶爾稱王，企圖在英、俄的庇護下負隅頑抗。

一八七七年秋，左宗棠決心盡復南疆，於是以劉錦棠部為「主戰」之軍，以張曜部為「且戰且防」之軍，相繼長驅西進。南疆各族人民久受阿古柏的荼毒，紛紛拿起武器配合清軍作戰。十月，劉錦棠部馳騁二千餘里，以破竹之勢收復南疆東四城：喀喇沙爾、庫車、阿克蘇、烏什。西四城葉爾羌、英吉沙爾、和闐、喀什噶爾之敵益形孤立，內部也早已分崩離析，已降敵的前喀什噶爾守備何步雲乘機反正。劉錦棠聞訊後，立即揮軍分路圍殲，於十二

---

**一八七六年**

四月，左宗棠坐鎮甘肅酒泉，收復新疆戰役打響。

七月二十日，清軍收復烏魯木齊，戰敗阿古柏，平定天山北路。

**一八七七年**

四月十六日，清軍收復新疆達阪城。

**一八七八年**

一月，清軍收復和闐，南疆平定。除伊犁外，新疆全部收復。

六月，清政府派崇厚為欽差大臣出使沙俄，談判索還伊犁事宜。

**一八七九年**

十月二日，崇厚與沙俄訂立《里瓦幾亞條約》。

月中下旬連克喀什噶爾、葉爾羌、英吉沙爾。白彥虎等率殘部逃入沙俄境內。一八七八年一月二日，清軍攻克和闐。至此，除沙俄侵佔的伊犁地區外，整個新疆全部收復。

在沙俄支持下，伯克胡里和白彥虎多次騷擾南疆，但左宗棠一次次地粉碎了他們的進攻，最終，沙俄不得不同意談判。豈料清政府代表崇厚庸懦無能，被俄國人連嚇帶騙，糊裏糊塗地於一八七九年十月同沙俄簽訂了《里瓦幾亞條約》，不僅割讓霍爾果斯河以西和特克斯河流域大片富饒的領土，而且還出賣了其他大量權益。消息傳來，朝野大嘩，左宗棠更是怒不可遏。他積極籌備戰守，並周密策劃，準備分三路進兵，以武力奪回伊犁。一八八〇年四月，他令部下抬着棺材出關，千里遠征，誓與沙俄決一死戰。這時左宗棠已是六十九歲高齡，而且身患重病，然而「老驥伏櫪，志在千里」，為了國家的領土完整，他不敢稍圖安逸，表現出高度的愛國熱情。同時，清政府改派曾紀澤赴俄進行談判，曾紀澤據理力爭於前，左宗棠抬棺遠征於後，中國最終收回了一些權益。

左宗棠捍衛祖國邊疆之殊功，維護祖國統一大業之奇勳，不僅使他足以與張騫、班超並駕齊驅，而且也為暮氣沉沉的晚清帶來了一點難得的剛烈之氣。

**一八八〇年**
二月十九日，清政府派曾紀澤取代崇厚為欽差大臣出使俄國，繼續對俄談判。並正式照會沙俄政府，不承認《里瓦幾亞條約》。

**一八八一年**
二月二十四日，中俄《伊犁條約》簽訂。

知識鏈接

### 邊疆危機

從十九世紀六十年代開始，英、俄支持浩罕國軍官阿古柏政權加緊對新疆的滲透和控制，意欲把新疆分割出去，給新疆各族人民帶來深重的災難。在西北邊疆發生危機的同時，侵略者又在中國東南海疆和西南邊疆製造了嚴重的危機。一八六七年，美國「羅佛」號船在台灣南部失事，美國藉機侵台，後被擊退。一八七四年，日本藉口「琉球事件」，在美國支持下出兵進犯台灣，清政府被迫與日本簽訂《台事專條》，此後不久日本以武力正式吞併琉球。西南方面，英、法很早就力圖分別從緬甸、越南開闢經雲南至中國內地的捷徑。一八七五年，馬嘉理帶領武裝探路隊擅自進入雲南境內，最終引起「馬嘉理事件」。一八七六年，英國迫使清政府簽訂《煙台條約》。此外，英國早就企圖從印度向西藏擴張。八十年代，英印政府官員多次派武裝闖入西藏，遭到西藏軍民的堅決反擊。與此同時，沙俄多次派「調查團」潛入西藏及其周邊地區活動，煽動達賴和西藏官員投靠沙俄，使俄國在西藏的影響不斷擴大。

# 馮子材鎮南關威震法軍

中法戰爭發生在一八八三年十二月至一八八五年四月，是由法國侵略越南並進而侵略中國而引起的一次戰爭。在戰爭中，中國軍隊雖然敗多勝少，但也取得了多次戰役的勝利，其中以馮子材指揮的鎮南關大捷最為振奮人心。

一八八四年底，劉永福率領的黑旗軍與西線清軍齊心協力，密切配合，將法軍圍困在宣光城中長達三月之久，法軍彈盡糧絕，已成甕中之鼈。然而，清軍前線統帥、廣西巡撫潘鼎新執行李鴻章的妥協退讓政策，採取戰勝不追、戰敗則退的消極作戰方針，先是放火燒了諒山城，退守鎮南關（今友誼關），旋即又潰逃到離鎮南關一百四十里的龍州。法軍於一八八五年二月二十三日乘機佔領中越邊境重鎮鎮南關。不久，由於兵力不足，補給困難，法軍炸毀鎮南關城牆及附近工事後，退回文淵城，並在鎮南關廢墟上立一木

馮子材

牌，上書「廣西的門戶已不再存在了」，以示對中國的羞辱。中國軍民針鋒相對，寫上「我們將用法國人的頭顱，重建我們的門戶！」，以回答法軍的挑釁。

為挽回戰局，剛剛昇任兩廣總督的張之洞，向清政府極力推薦老將馮子材。馮子材，廣東欽州（今屬廣西）人。行伍出身，曾參加反清起事，後接受清政府「招安」，成為清軍中的一員驍將。馮子材曾擔任廣西提督多年，在廣西將士中有很高的威望。一八八二年，由於不滿朝廷中一些佞臣撥弄是非，六十五歲的馮子材藉口有病，解甲歸田。而此時，儘管馮子材已近古稀之年，但當他看到國難當頭，形勢萬分危急，便義不容辭地接受了任命。

馮子材接受清政府的命令後，火速率領所部「萃軍」（馮子材號萃亭，故所部稱萃軍）十八營，離開廣東奔赴廣西前線。他一到前線，立即着手整頓軍隊，並在隘口搶築了一條長長的壁牆，作為屏障。他把部隊分為後、西、東、中四路，形成犄角之勢，以互相策應，自己身先士卒，率主力居中。馮子材從抗法大局出發，置個人安危於不顧，使廣西軍民受到很大鼓舞。

三月十五日，面對馮子材嚴密防守的陣勢，法軍不敢正面進犯，改由側翼攻擊。馮子材早有準備，給來犯法軍以沉重打擊。隨後，馮子材乘勝出擊，夜襲文淵城，搗毀法軍兩個堡壘。受到重創後，法軍惱羞成怒。三月二十三日清晨，法軍傾巢而出，在開花炮的掩護下，兵分三路，以兩路進攻東嶺炮台，一路直奔關前隘口。一時間，黑煙滾滾，炮聲震天。馮子材身着窄袖短衣，腳穿草鞋，手握腰刀，毫不畏懼，沉着應戰，並不時大聲地激勵將士們在各軍合力反擊下，法軍始終未能越過長牆。

二十四日天剛蒙蒙亮，法軍不甘心失敗，乘着霧氣又猛撲過來。馮子材深知敵人來勢兇猛，但他臨危不懼，誓與長牆共存亡，並傳令將士作好「近身搏戰」的準備。法軍憑藉優勢炮火的掩護，黑壓壓一片向長牆撲來，有的甚至越過戰壕，爬上長牆。就在這千鈞一髮之際，馮子材手執長矛，威風凜凜，大呼一聲，衝出牆外。他的兩個兒子相榮、相華也緊隨其後，殺進敵陣。清軍將士見老帥親自衝鋒陷陣，大為振奮，爭先恐後地衝出長牆，與法軍近身肉搏。經過激烈的混戰，法軍終於被趕下了山谷，被法軍搶佔的三座炮台也被奪回。此時，當地壯、瑤、白、漢等族民眾和千餘名越南義軍紛紛前來助戰，法軍陷入重重包圍之中。三月二十五日，馮子材發出了總攻命令，各路軍民奔下山來，奮勇殺敵，共擊斃法軍一千多人。法軍全線崩潰，殘兵敗將狼狽潰逃。這就是轟動中外的鎮南關大捷。然而，馮子材並未就此滿足，他親率主力向諒山正面發動進攻，並擊傷法軍前線司令居格里。在越南軍民的配合下，清軍迅速攻破諒山城門，法軍落荒而逃。

在馮子材的帶領下，中國軍隊接連取得了鎮南關和諒山等大捷，從根本上扭轉了整個戰局，沉重打擊了法國侵略者的囂張氣焰，最終導致法國茹費理內閣倒台。儘管中國在軍事上取得了一定的勝利，但是清政府屈於法國的壓力，最終還是被迫簽訂了喪權辱國的不平等條約。當時人稱：「法國不勝而勝，中國不敗而敗。」

一八八五年

三月二十四日，馮子材率軍取得鎮南關大捷。

六月九日，李鴻章與法國公使巴德諾在天津簽訂《中法新約》，中法戰爭結束。

知識鏈接

## 中法戰爭

一八八三年八月，法國強迫越南簽訂《順化條約》，把越南變成其「保護國」。同年十二月，法軍向駐越的中國軍隊發動進攻，挑起中法戰爭。戰爭初期，清軍連連失利，李鴻章力主妥協。一八八四年五月十一日，與法國簽訂中法《簡明條約》，承認法國對越南的「保護權」，在中越邊境開埠通商，並聲明將駐越清軍撤回邊界。條約簽訂後，法國仍不滿足，繼續向中國境內進犯。一八八四年八月二十三日，法軍司令孤拔率艦隊在馬尾港突襲福建水師，致使福建水師全軍覆滅。三天之後，清政府被迫對法宣戰。一八八五年二月，法軍佔領廣西門戶鎮南關。老將馮子材率軍赴戰，取得鎮南關大捷，並乘勝克復諒山等地。三月三十日，茹費理內閣因法軍失利而倒台。清政府卻「乘勝即收」，詔令前線停戰撤兵。六月九日，中法兩國在天津簽訂《中法新約》，法國打開了中國西南的門戶。中法戰爭以法國不勝而勝、中國不敗而敗告終。

# 鄧世昌怒撞「吉野」艦

「東溝海戰天如墨，炮震煙迷船掀側。致遠鼓楫衝重圍，萬火叢中呼殺賊。勇哉壯節首捐軀，無愧同袍誇膽識。」這首詩是著名愛國思想家鄭觀應寫的《憶大東溝戰事感作》，其中不僅生動地描述了甲午黃海海戰的戰鬥場面，而且熱情歌頌了在海戰中壯烈殉國的海軍名將鄧世昌。詩作中「壯節」二字就是民族英雄鄧世昌的謚號。

鄧世昌，廣東番禺（今廣州市海珠區）人。少年時，考入福州船政學堂，學習航海知識，成績優秀。從福州船政學堂畢業後，鄧世昌被李鴻章看中，調到北洋艦隊任炮艦管帶。甲午海戰前，鄧世昌任「致遠」艦管帶，加總兵銜。他富有愛國精神，早有為國捐軀的大志，曾對人說：「人誰不死，但願死得其所！」

一八九四年九月十六日，北洋艦隊提督丁汝昌率十二艘軍艦護送運兵船赴鴨綠江口大東溝。第二天上午十一時左右，北洋艦隊完成護送任務正準備返航時，突然發現西南海面上黑煙滾滾，一支懸掛美國星條旗的龐大艦隊急駛而來。中午時分，這支艦隊距離北洋艦隊越來越近時，突然扯下美國國旗，換上了日本太陽旗。丁汝昌命令各艦昇火，準備戰鬥。

面對日本十二艘戰艦排成的「一」字尖陣，北洋艦隊十二艘軍艦排成「人」字雁行陣，向日艦迎去。旗艦「定遠」號排在「人」字尖端，率先迎敵。為了先發制人，「定遠」艦大炮

一八八五年
四月八日，李鴻章與伊藤博文簽訂中日《天津會議專條》，日本取得了向朝鮮派兵的權利。

一八九四年
二月八日，朝鮮東學黨起事。
七月二十五日，日本海軍突襲中國運兵船「高陞」號。中日甲午戰爭爆發。
八月一日，中日同時宣戰。
九月十五日，中日陸軍平壤之戰，左寶貴等戰死。
九月十七日，中日海軍在黃海激戰，史稱「黃海大海戰」。
十一月二十二日，日軍攻佔旅順，並製造旅順大屠殺。

第一個向日艦轟去，打響了黃海大戰的第一炮。接着「鎮遠」等各艦大小火炮連環發射，日艦也即時開火，一場海上惡戰就這樣開始了。

自從豐島海戰後，北洋艦隊官兵個個義憤填膺，誓報此仇。鄧世昌更是激憤不已，不僅要求立即進兵，以爭取戰略上的主動，而且曾對部下發誓：「設有不測，誓與日艦同沉！」黃海海戰打響後，鄧世昌指揮「致遠」艦，於「陣雲繚亂中，氣象猛鷙，獨冠全軍」。鄧世昌大聲激勵兵士：「吾輩從軍衞國，早置生死於度外，今日之事，有死而已！」不久，「致遠」艦陷入四艘敵艦的包圍之中，與艦隊失去聯繫。鄧世昌沉着應戰，毫不畏懼，指揮「致遠」艦拚死反擊日軍。激戰數小時後，「致遠」艦所帶炮彈全部打完，多處受傷，水線以下被洞穿漏水，船身傾斜嚴重。隨後，鄧世昌又命令士兵以步槍射擊。恰在這時，日艦「吉野」氣勢洶洶地向「致遠」衝來。

鄧世昌環顧了一下「致遠」艦和艦上的將士，深知「致遠」已船傷彈盡，無力再戰，如果再這樣拖下去，勢必會被敵人擊沉。他怒視着日益逼近的「吉野」，對大副陳金揆說：「日艦專恃『吉野』，苟沉是艦，則我軍可以集事。」於是，鄧世昌決定趁敵不備，撞向「吉

●「致遠」艦奮勇衝向日艦「吉野」

■ 東學黨起事

一八九四年五月，東學黨領袖全琫準在古阜郡率領農民起事。朝鮮李氏王朝假意求和，同意農民提出的平分土地等十二項條件，締結《全州和約》，起事農民受騙回鄉。隨後，朝鮮國王請求清政府出兵協助朝鮮鎮壓東學黨起事，而日本出兵佔領朝鮮的野心蓄謀已久，表面上極力誘使清政府出兵。中國出兵朝鮮後，日本以「保護僑民」為藉口，陸續出兵朝鮮一萬多人。東學黨起事成為甲午戰爭的導火線。

野」，與之同歸於盡。全艦官兵均表示贊同，在甲板上列隊齊聲高呼：「撞沉『吉野』！撞沉『吉野』！」隨後，鄧世昌下令「鼓輪怒駛」，向「吉野」猛衝過去。

日艦發現「致遠」奮力向「吉野」猛衝過去，立刻集中火力，向「致遠」轟擊，「致遠」甲板中彈，燃起熊熊大火。鄧世昌毫不避讓，命令「致遠」艦全速前進。「致遠」像一匹脫韁的野馬，乘風破浪，徑直向「吉野」衝去。吉野艦上日本士兵見此情景，恐慌萬狀，紛紛跳水逃命；艦長也嚇得一時目瞪口呆，手足無措。日軍醒過神來後，一面操縱吉野艦緊急轉向避讓，一面命令所有炮火向致遠艦轟擊，同時連續向「致遠」艦發射魚雷。不幸的是，一枚魚雷擊中了「致遠」水線以下，引起鍋爐爆炸，隨後「致遠」右舷傾斜，很快沉沒在茫茫黃海之中。

鄧世昌落水以後，仍大呼「殺敵」。隨從劉忠把救生圈拋給他，他以「闔船俱沒，義不獨生」，拒絕使用。左邊有一艘魚雷艇也趕來相救，他也沒有回應。這時候他的愛犬亦凫到身邊，奮力拖起他的手臂和頭髮，然而鄧世昌誓與艦共存亡，毅然用力把愛犬按入水中，自己也隨之沒入波濤之中。全艦二百五十多名將士，除七人得救外，其餘全部壯烈犧牲。

鄧世昌的英勇壯舉，大大振奮了中國士兵的愛國熱情。「致遠」號等艦船沉沒後，他們繼續頑強與日軍搏鬥，先後重創敵艦多艘，致使日本侵略者「聚殲中國艦隊於黃海」的狂妄計劃徹底破產。

一八九五年二月十七日，威海衛失守，北洋海軍全軍覆滅。

知識鏈接

## 中日甲午戰爭

一八九四年春，朝鮮爆發了東學黨領導的農民起事，朝鮮政府進行鎮壓屢遭失敗，請求清政府派兵。清政府即派直隸提督葉志超等率兵一千五百人赴朝，駐守漢城以南的牙山。日本決定利用這一事件侵略朝鮮進攻中國，以護送駐朝公使回任和保護本國使館及僑民為藉口，也出兵一萬多人進入朝鮮，並不時進行戰爭挑釁。七月二十五日，日本海軍在牙山口外豐島突然襲擊中國護送運兵赴朝的軍艦，中日戰爭爆發。日本陸軍也從漢城出發，偷襲牙山清軍。八月一日，清政府被迫對日宣戰。因為一八九四年是農曆甲午年，所以稱「甲午戰爭」。

這次戰爭可分為兩個階段。一八九四年七月二十五日至十月中旬為第一階段，戰場在黃海海面和朝鮮境內，主要戰役有豐島海戰，牙山、平壤之戰和黃海海戰。結果，日軍佔領了朝鮮，北洋艦隊躲進威海衛，日軍掌握了黃海

甲午海戰中被清軍擊中的日本旗艦「松島」號

的控制權。一八九四年十月下旬至一八九五年三月為第二個階段，主要戰役為遼東之戰和威海衛之戰。十月二十四日，日軍兵分兩路侵入中國遼東地區。十一月七日，日軍進攻大連，清軍守將不戰而逃；二十二日，日軍攻佔旅順，隨後對當地居民展開了四天野蠻的大屠殺。第二年一月二十日，日軍一面從海上封鎖威海衛，一面從陸地包抄威海衛後路。二月初，日本海陸軍一起炮轟劉公島和港內的北洋艦隊。北洋艦隊提督丁汝昌率領官兵在腹背受敵的情況下奮起抵抗，打退日軍多次進攻。十二日，日軍進入劉公島，北洋艦隊全軍覆沒。三月上旬，日軍接連攻佔牛莊、營口等地，遼東半島失陷。

隨着軍事上的潰敗，清政府向日本完全屈服。一八九五年四月，清政府同日本簽訂了喪權辱國的《馬關條約》，中國半殖民地化進一步加深。

# 李鴻章馬關遇刺

中國在甲午戰爭中遭到慘敗後，清政府任命李鴻章為全權大使，赴日本馬關議和。在一次會談結束後，李鴻章乘轎返回下榻的旅館，途中突遭日本暴徒槍擊，「幾乎釀成國際異變」。

一八九五年三月十四日，李鴻章率其子李經芳、頭等參贊伍廷芳以及顧問科士達（美國前國務卿）等人，乘坐兩艘德國輪船，前往日本馬關（今日本山口縣下關市）談判議和。三月十九日，李鴻章一行到達馬關，住在距離談判地點春帆樓近在咫尺的引接寺裏。第二天午後二時半，李鴻章一行邁着沉重的步伐登上春帆樓。

春帆樓上，一張偌大的方桌四周早已擺放好了十多把椅子，日本方面還特別為年逾七旬的李鴻章擺放了痰盂。在首次談判中，日本談判代表伊藤博文向李鴻章提

中日雙方在春帆樓談判時的情景

**一八九五年**

一月五日，清政府派張蔭桓、邵友濂為全權代表赴日議和。二月一日，被拒。

二月十三日，清政府派李鴻章為頭等全權大臣與日本議和。

三月二十日，李鴻章與伊藤博文在馬關開始談判。

四月十七日，中日《馬關條約》簽訂。

四月二十五日，台北人民鳴鑼罷市，掀起反割台鬥爭。

五月二日，清政府批准中日《馬關條約》。

五月二十九日，日軍在台灣基隆登陸，開始鎮壓台灣人民的反抗。

出了苛刻的停戰條件，聲稱如果中國不接受條件，日本將增兵再戰；而李鴻章則希望日本首先停止軍事行動，並懇求日本減輕勒索。兩國代表唇槍舌劍，僵持不下。就這樣一直持續到三月二十四日，雙方仍未達成一致意見。

恰在此時，一樁突發事件改變了談判的進程。當天的談判結束後，滿懷心事的李鴻章步出春帆樓，乘轎返回引接寺。就在李鴻章的轎子快到驛館時，突然從人群中竄出一個持手槍的日本男子，未等李鴻章的隨行保衛人員反應過來，照準李鴻章就是一槍。李鴻章左頰中彈，頓時血流滿面。隨員趕快將李鴻章抬回引接寺住處。醫生立即對李鴻章的傷情進行了詳細檢查，發現一顆子彈打中了左邊顴骨，傷口在左眼下一寸左右的位置，子彈留在了體內，但沒有傷及眼睛。見過大風大浪的李鴻章，此時表現得異常鎮靜，他囑咐隨行人員將換下來的血衣保存下來，不要洗掉血跡。七十三歲的李鴻章指着血衣大呼：「此血可以報國矣。」

行刺事件發生後，兇手當場被擔任保衛任務的日本警察抓獲。經審訊，兇手名叫小山豐太郎，是日本右翼團體「神刀館」的成員。他在供詞中宣稱：「日本放棄佔領北京是日本的恥辱，目前同中國簽訂和約為時尚早。」他不希望中日停戰，更不願意看到雙方議和，而是希望將戰爭進行下去，所以決定借刺殺李鴻章，挑起中日之間的進一步矛盾衝突。當時，像他這種患有歇斯底裏頑症的人在日本決非少數，尤其在軍隊內部，很多人希望把戰爭繼續打下去，有人甚至狂言非佔領北京不可言和。

李鴻章馬關遇刺的消息傳開後，國際輿論譁然，不少國家發表聲明，譴責日本政府。日本政府陷入外交危機，一度頗為恐慌，首相伊藤博文、外相陸奧宗光等人親自前往引接寺查看李鴻章病情；明治天皇還諭令馬關全境戒嚴，嚴懲兇手。李鴻章下榻的引接寺周圍更是軍警林立，如臨大敵。

日本政府原本想借戰爭威脅逼迫清政府簽訂不平等條約，然後見好就收，而刺殺事件一下子打亂了日本政府的計劃。伊藤博文聞訊後氣急敗壞地發怒道：這一事件的發生比戰場上一兩個師團的潰敗還要嚴重！此時的伊藤博文最擔心的就是李鴻章藉機回國，中斷談判；同時，也十分擔心一直對日本虎視眈眈的西方國家藉此出面干涉，坐收漁翁之利。

按理說，清政府和李鴻章應充分利用這一事件，爭取國際輿論的支持和西方國家對日施壓，特別是為下一步的談判創造有利條件，但是由於清政府害怕戰爭繼續打下去，迫切希望早日停戰，因此對刺殺事件採取了容忍和讓步的態度。

二十八日，伊藤博文再次來到李鴻章的住處，告之日本天皇已下令停戰時，「繃帶外面僅露一眼」的李鴻章，「露出十分高興的神情」。他沒有想到，談判竟然會因為自己的遇刺而峰迴路轉。三十日，中日終於簽署了停戰協定。

經過治療，李鴻章漸漸傷癒，隨後談判繼續進行。受李鴻章遇刺事件的影響，日本在和談條件上稍有收斂，但對中國向日本賠款白銀二億兩，割遼東半島、台灣、澎湖列島等條件表示不再讓步。伊藤博文在談判桌上極其囂張，僅限李鴻章對和約草案做「允」與「不允」的答覆，並不時以增兵再戰進行恫嚇。一八九五年四月十七日，李鴻章被迫與日本簽訂了《馬關條約》。

就在中日停戰協定簽訂的同一天，山口縣地方法院以預謀未遂罪判處小山豐太郎無期徒刑。然而，一九〇七年八月，日本當局便以小山豐太郎「在監獄表現好」為由，將其釋放，前後僅服刑十二年。

## 知識鏈接

### 《馬關條約》的簽訂

一八九四年七月，中日甲午戰爭爆發。清政府在戰爭中連遭慘敗，被迫求和。一八九五年四月，清政府以李鴻章為頭等全權大臣，與日本全權代表伊藤博文等談判，最後在日本的壓力下被迫同意簽訂《馬關條約》。《馬關條約》共十一款，並附有「另約」和「議訂專條」。主要內容有：中國承認朝鮮的獨立自主，廢絕中朝宗藩關係；中國割讓遼東半島、台灣及澎湖列島給日本；賠償日本軍費銀二億兩；開放重慶、沙市、蘇州和杭州為商埠；日本可以在中國通商口岸開設工廠，產品運銷內地只按進口貨納稅，並准在內地設棧寄存。

《馬關條約》是日本在西方列強的支持下強加於中國的不平等條約，也是《南京條約》以來外國侵略者強加給中國的最嚴重的不平等條約，它不僅使日本得到巨大的利益，助長了列強分割中國的野心，而且加深了中國的民族危機，嚴重阻礙了中國民族資本主義的發展。《馬關條約》簽訂後，中國的半殖民地化程度大大加深。

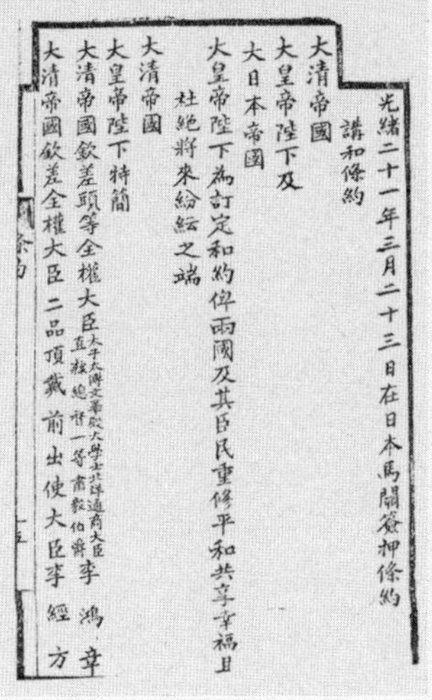

光緒二十一年三月二十三日在日本馬關簽押條約
講和條約
大清帝國
大皇帝陛下及
大日本帝國
大皇帝陛下為訂定和約俾兩國及其臣民重修平和共享幸福且
杜絕將來紛紜之端
大清帝國
大皇帝陛下特簡
大清帝國欽差頭等全權大臣太子太傅文華殿大學士北洋通商大臣直隸總督一等肅毅伯爵李鴻章
大清帝國欽差全權大臣二品頂戴前出使大臣李經方

●《馬關條約》（局部）

# 戊戌變法與義和團運動

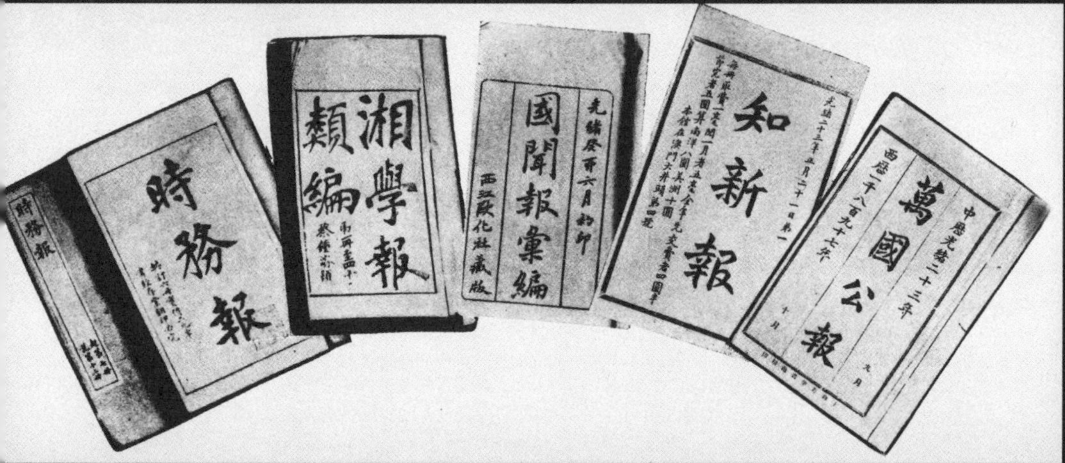


戊戌變法期間維新派創辦的主要報刊

一八九五年四月，日本逼簽《馬關條約》的消息傳到北京，在京應試的康有為組織千餘名舉人聯名上書清政府，痛陳民族危亡的嚴峻形勢，提出「拒和、遷都、練兵、變法」的主張。這就是「公車上書」。「公車上書」揭開了維新變法運動的序幕。變法遭到以慈禧太后為首的守舊派的強烈反對。同年九月慈禧太后發動政變，囚禁光緒皇帝，譚嗣同等「戊戌六君子」被殺害，康有為、梁啟超逃亡，歷時僅一百零三天的變法最終失敗，史稱「百日維新」。

隨着列強對中國的侵略、剝削進一步加深，中國民眾反抗列強壓迫的情緒也不斷高漲，十九世紀末終於爆發了「扶清滅洋」的義和團運動。義和團運動帶有濃厚的神秘主義色彩和盲目排外的特點。

# 康有為講學萬木草堂

在廣州中山四路的鬧市裏，有一個冷落多年的古舊書院，書院與這座繁華的城市顯得有些格格不入。從二〇〇四年至二〇〇六年，廣州市投入巨資對書院進行全面修繕，使其基本恢復原貌。後來，又加大力度清遷了有礙觀瞻的周邊建築，使這一被遺忘百年之久的書院得以「重見天日」。這是一座怎樣的書院？它究竟有何魅力能在這片寸土寸金的繁華地段得以「重新崛起」呢？

原來，這就是維新派領袖康有為講學的地方——萬木草堂。當年，康有為在這裏聚徒講學，宣傳他的學術觀點和主張，培養了許多維新人才，其中梁啟超、麥孟華、徐勤等後來都成為戊戌變法的骨幹。因此在某種意義上說，萬木草堂實際上是戊戌變法的策源地。

康有為，廣東南海人，出生於書香門第，自幼飽讀經書。曾到上海、香港遊歷考察，目睹了資本主義的先

● 萬木草堂

進文明。面對深重的民族危機，他逐漸萌發了向西方學習、挽救民族危亡的維新變革思想。一八八八年冬，康有為以布衣身份毅然進京上書光緒皇帝請求變法。由於頑固派的阻撓，上書沒有到達光緒帝手中，但在一些維新人士中間產生了一定影響。

一八九〇年春，康有為舉家遷往廣州，當時正在學海堂書院讀書的陳千秋、梁啟超等青年才俊們早就聞其大名，仰慕不已，紛紛前來請教，並願意拜在他的門下。第二年，康有為租賃長興里邱氏書屋，正式開辦學舍，創辦萬木草堂。後來，學舍雖兩次搬遷，但習慣上，人們將康有為在這三處地方所辦的學堂都統稱為「萬木草堂」。

康有為先後兩次親自在萬木草堂講學，歷時共計七年之久。第一次是一八九一年，康有為創立萬木草堂，並自任總教授和總監。一八九五年甲午戰爭結束後，康有為在京聯合舉人「公車上書」，沒有成功，於是在一八九六年返回廣州，再次來到萬木草堂從事講學和著述。在這裏，康有為寫了《孔子改制考》、《孟子大義考》、《春秋學》、《新學偽經考》、《日本變政考》等十餘種著作，進一步闡述了他的變法思想。

康有為講學內容以孔學、佛學、宋明理學為體，以史學、西學為用，上下古今、中西兼顧、文理兼有。他主張「脱前人之窠臼，開獨得之新理」，對學生施以德、智、體教育。在德育方面，康有為提倡厲節、慎獨、養心等傳統道德修養，仍然沒有脱離傳統教育窠臼，但他的目的則專在激勵氣節，發揚精神，從而發憤圖強。在智育方面，萬木草堂開設四種課程，包括義理之學、經世之學、考據之學和詞章之學。這些課程，雖然還是以傳統的學術為主幹，但與當時專學八股、帖括詞章的學堂相比有很大進步。體育方面，萬木草堂以兵式體操為主，隔天進行一次，開創「尚武」教育的先河。

---

**一八八八年**

十月，康有為第一次上書光緒帝，請求進行變法。

**一八九四年**

九月二十九日，慈禧重新起用恭親王奕訢主持總理衙門。

十二月二十八日，御史安維峻彈劾李鴻章誤國賣國，反被慈禧革職充軍。

**一八九五年**

四月二十二日，李鴻章奏請早日批准《馬關條約》，翁同龢力陳批准宜緩。

五月二日，康有為發動「公車上書」。

八月，康有為在北京創辦《萬國公報》。（後改為《中外紀聞》）。同時，組織強學會。

在教學方法上，康有為喜歡用比較法，「每論一學，論一事，必上下古今，以究其沿革得失，又引歐美以比較證明之」。康有為經常鼓勵弟子們展開辯論和演講，自由爭鳴、問難、質疑的學風甚濃。在萬木草堂，師生關係非常融洽，同學之間也親密無間，「書籍、用具、衣着都是彼此不分的」，學生們稱康有為為父兄，康有為則視學生為摯友。康有為每天在講堂一講就是四五個小時，有趣的是，康有為講學不設書本，而且要擊鼓三通才開始授課。在傳授給學生們文化知識的同時，他十分注重啟發學生們同自己一道探求救國之法，把求知和救國救民、改造社會緊密地聯繫起來。

由於萬木草堂明確提出以中體西用為辦學宗旨，而且採用中西並重的教育內容，對當時的書院教學影響很大。更重要的是，康有為在萬木草堂的講學活動，培養了一批維新人士，這些人後來大都成為維新變法運動的骨幹，不僅對近代中國的政治產生了很大的影響，而且對近代中國的文化、教育、學術的發展也起了巨大的推進作用。著名文化人張元濟寫詩稱譽道：「南洲講學新開派，萬木森森一草堂。誰識書生能報國，晚清人物數康梁。」

---

一八九六年

一月二十一日，御史楊崇伊參奏強學會「植黨營私」，北京、上海兩地強學會相繼被封閉。

三月三十日，帝黨官僚文廷式被革職，永不敘用，驅逐回籍。

四月十四日，慈禧偕光緒到圓明園。慈禧擬重修圓明園。

八月九日，《時務報》在上海創刊。梁啟超的《變法通議》陸續發表。

知識鏈接

## 帝黨與后黨之爭

一八七四年，同治帝死，皇位由其堂弟兼姨表弟載湉繼承，是為光緒帝。光緒帝年幼，名義上由慈安、慈禧兩宮太后「垂簾聽政」，實權則操於西太后慈禧手中。一八八七年，按照清宮成例，十六歲的光緒帝開始親政。慈禧名義上宣佈歸政，退居頤和園，但仍把持着國家政務：一方面處處限制光緒帝的權力，行政、用人等國家大政要務仍需向她請允，才能施行；另一方面又通過自己的侄女隆裕皇后及親信太監李蓮英等人，暗中監視光緒帝的行蹤。這樣，由於慈禧的弄權，光緒只有皇帝的虛名。在清廷內部，光緒帝和慈禧太后之間就發生了權力之爭。

面對日本加緊侵略朝鮮，並積極準備發動侵略中國的戰爭，光緒帝和慈禧太后形成兩種意見。慈禧懼怕日本武力，一意苟安，所以支持李鴻章等人避戰求和的主張。同時，榮祿等人揣摩、迎合慈禧的心思，集聚在她周圍，形成「后黨」集團。但光緒帝要立志圖強，不甘做亡國之君，堅決主張向日本開戰。同時也希望戰爭取勝，為自己贏得一些實權和威望，改變受制於人的處境。光緒帝的主張，得到了他的師傅、戶部尚書翁同龢等人的支持，形成「帝黨」集團，與慈禧等抗衡。

甲午戰爭以後，「帝黨」和「后黨」的鬥爭一直延續到戊戌變法時期。「帝黨」希望利用變法掌握實權；「后黨」為了保持統治大權，則嫉視變法。變法期間，帝、后黨爭達到高潮。一八九八年，慈禧太后發動宮廷政變，將光緒帝囚禁在瀛台，戊戌變法失敗。從此，「帝黨」的奪權願望就告破滅。光緒帝在慈禧的控制下，無所作為，直到一九〇八年死去。

# 畢永年「圍園捕后」密謀

一八九八年九月，慈禧太后發動政變，大力捕殺維新派人士。二十八日，清廷將譚嗣同、楊深秀等六人處決。次日，清廷以光緒帝的口氣發佈上諭，指責康有為等「謀圍頤和園，劫制皇太后」，以此作為維新派大逆不道的罪狀。清政府之所以在「上諭」中特別提出「圍園捕后」，並不是無中生有，為政變尋找藉口。實際上，「圍園捕后」確有其事。為了使維新變法順利進行，康有為不僅曾準備「劫制」慈禧太后，而且打算乘機捕殺。而當時被委以「圍園捕后」重任的就是來自湖南的會黨首領畢永年。

畢永年，湖南長沙人，生於一八六九年，「性豪宕，喜結納」，一八九七年捐得舉人資格。維新運動興起後，畢永年與譚嗣同、唐才常交往甚密，逐漸成為維新派中的激進分子。他利用自己的特殊身份，暗中結交會黨。

一八九八年六月十一日，光緒帝頒佈「明定國是」詔，實行變法。變法措施觸及了以慈禧太后為首的守舊勢力的利益，引起了他們的強烈反對。當時，維新派領袖康有為最大的願望是依靠光緒帝，通過自上而下的、和平合法的方式，使中國逐漸走上西方國家的發展道路，以實現國家強盛，挽救民族危亡。但是後來，康有為逐漸認識到，清政府的大權掌握在慈禧太后手裏，皇帝並無多大權力，而慈禧是維新運動的最大障礙。他曾聲稱，如果要「尊

一八九七年

九月，譚嗣同、熊希齡等在陳寶箴、黃遵憲支持下，在長沙籌設時務學堂。十月二十六日，嚴復主辦的《國聞報》在天津創刊。

君權」，「非去太后不可」。康有為等認為，只要慈禧一死，變法的阻力就消失了。因此，康有為等人私下多次密謀，要是變法遭到慈禧太后的破壞，實在無法推行，必須「另圖良策」。

隨着維新變法運動的深入，光緒帝和慈禧太后的矛盾日益加劇，甚至有白熱化和公開化的趨勢。六月十五日，慈禧迫使光緒帝罷免翁同龢，驅逐回籍。同時，又迫使光緒帝下令，授任新職的二品以上官員必須到她面前謝恩。同日，又強迫光緒帝任命她的親信榮祿署直隸總督（不久改為實授），控制京城和畿輔軍隊。毫無實權的維新派人士見狀，驚恐萬分，慌作一團。缺乏政治鬥爭經驗的康有為等人對當時的局勢和危險程度估計得過於嚴重，認為慈禧太后和榮祿串通一氣，隨時準備對維新派下手，於是決定鋌而走險，加緊佈置武力奪權計劃，同時秘密命畢永年火速赴京。

一八九八年八月，畢永年應康有為邀請，馬不停蹄，連夜赴京。同時，康有為還急催唐才常入京，共同商討應對策略。

畢永年到達北京後，康有為首先向他詳細分析了當時的危急形勢，特別強調了皇上所面臨的危險，希望他從大局出發，以國家利益為重，幹一番驚天動地的大事業。然後，康有為向他透露了一個大膽的計劃，即命畢永年領一支精兵，圍住頤和園，乘機捕殺西太后。畢永年聽後，大吃一驚。他沒想到一向表情溫和、行為儒雅的康有為，竟然想出這樣一個「破天荒」的辦法。康有為告訴畢永年，此計劃實屬「萬不得已之舉」。他還説，已派譚嗣同前往袁世凱住處離間袁世凱與榮祿之間的關係，希望能打消畢永年的顧慮。在康有為的激勵和推動下，畢永年當即表示，只要能保護皇上不受其辱，促進變法成功，當「萬死不辭」。

一八九八年九月，當新舊兩派鬥爭日益尖鋭的時候，康有為還曾動員王照遊説聶士成率

---

**一八九八年**

一月二十九日，康有為上《應詔統籌全局摺》，籲請光緒帝厲行變法。

四月，康有為在北京成立保國會。

六月十一日，光緒帝頒佈「明定國是」詔書，宣佈變法，「百日維新」開始。

六月十五日，翁同龢被開缺回籍。

六月十六日，光緒帝召見康有為，命康有為在總理衙門章京上行走，並許其專摺奏事。

六月二十三日，慈禧迫使光緒任命榮祿為直隸總督兼北洋大臣。

九月四日，禮部尚書懷塔布、許應騤等保守派六人被革職。

軍保衛光緒帝。譚嗣同夜訪袁世凱之際，康有為又曾和王照一起商議，「令請調袁軍入京勤王」。可見，康有為的確密謀通過武力手段，為變法掃除障礙。不幸的是，慈禧太后在佈置停當後，先下手為強，於九月二十一日發動政變。康有為的武力奪權計劃未來得及付諸實施就宣告破產。

政變前夕，慈禧太后盛怒還宮時，曾質問光緒皇帝說：「康有為叛逆，圖謀於我，汝不知乎？」又大罵道：「汝以旁支，吾特授以大統，自四歲入宮，調護教誨，耗盡心力，爾始得成婚親政。試問何負爾，爾竟欲囚我頤和園，爾真禽獸不若矣！」還說：「癡兒，今日無我，明日安有汝乎？」可見，慈禧當時即確認，光緒皇帝和康有為互相串通，準備將她囚禁於頤和園。

維新變法失敗後，康有為、梁啟超對「圍園捕后」一事諱莫如深，一而再、再而三地予以否認。實際上，康有為、譚嗣同等人為了促進維新變法事業走向成功，並不單單依靠循序漸進的、和平改良的手段。他們的確曾密謀包圍頤和園，劫持慈禧，以掃清變法道路上的障礙。後來，畢永年在《詭謀直紀》中比較詳細地記述了康有為勸說他帶兵圍園的經過和細節。

知識鏈接

## 百日維新

甲午戰爭後，民族危機日益嚴重。康有為、梁啟超、譚嗣同、嚴復等維新派希望按照西方國家的模式，推行政治、經濟改革，以實現國家富強，挽救民族危亡。他們在各地組織學會，創辦報刊，設立學堂，宣傳變法主張，維新運動日益高漲。一八九八年六月十一日，光緒帝頒佈「明定國是」詔，宣佈變法。至九月二十一日，光緒帝先後頒佈數十道維新詔令。新政主要內容有：倡辦新式企業，獎勵發明創造；設鐵路、礦務總局，修築鐵路、開採礦產；廢除八股，改試策論，開設學校，提倡西學；裁汰冗員，削減舊軍，重練海陸軍等等。新政歷時共一百零三天，史稱「百日維新」。

光緒帝頒佈的一系列變法法令觸及了頑固勢力的利益，遭到他們的強烈抵制和反對。慈禧太后發動政變，囚禁光緒帝，捕殺維新派。政變之後，除京師大學堂被保留之外，其他各項新政措施都被廢除。「百日維新」以失敗而告終。

光緒帝「明定國是」詔

# 譚嗣同夜訪袁世凱

在維新派知識分子群體中，譚嗣同是最堅定和最激進的變革者。在頑固勢力積蓄力量、密謀撲滅變法的關鍵時刻，為了爭取變法的最後成功，他挺身而出，不顧個人安危，夜訪袁世凱，百年來一直受到人們的尊敬和欽佩。

維新變法開始後，由於頑固派的阻撓和破壞，新政無法實行，諭旨成了一紙空文，而帝、后兩黨形同水火。慈禧太后陰謀策劃廢黜光緒帝，光緒帝也感到自己處境危急。一八九八年九月十五日，光緒帝召見楊銳，授以一道密詔，密詔中說：「朕位且不能保，何況其他？」要康有為、楊銳、林旭、譚嗣同等人「妥速密籌，設法相救」。康有為、梁啟超、林旭、譚嗣同等維新派核心人物見到密詔，先是驚恐萬分，束手無策，然後痛哭失聲，相顧無言。此時，惟有譚嗣同還算鎮靜，他與康有為密商，決定冒險去見負責在天津小站編練新建陸軍的袁世凱，說服他引兵救駕。

袁世凱為人奸詐，處事圓滑，而且在官場摸爬滾打了多年，政治經驗十分豐富。甲午戰後，為增強軍事力量，清政府派袁世凱到天津小站練兵，此時他已掌握了七千餘人的新式陸軍，成為掌握軍隊的實力派人物。維新運動興起以後，袁世凱曾捐資加入強學會，表示贊成變法。康有為等人對他印象很好，稱讚他「講變法」，通外情，是難得的將才。

---

一八九八年

九月五日，光緒帝賞譚嗣同、楊銳、劉光第、林旭四人四品卿銜，在軍機章京上行走，參預新政事宜。

九月十五日，光緒帝賜楊銳等「密詔」，指出變法危機，令籌對策。

九月十六日，光緒帝召見袁世凱，賞以兵部侍郎銜。

九月十八日，御史楊崇伊赴頤和園，奏請慈禧太后臨朝訓政。

九月二十一日，戊戌政變發生，慈禧重新「臨朝訓政」。

九月二十八日，譚嗣同、楊銳、林旭、劉光第、楊深秀、康廣仁在菜市口被殺。

當變法遭到頑固派的堅決反對、處於萬分危急之際，康有為自然首先想到了袁世凱。他認為，「擁兵權，可救上者，只此一人」。康有為自擬摺稿，請翰林院侍讀學士徐致靖奏薦袁世凱，大力讚揚袁「深嫻軍旅」，「智勇兼備」，「請予破格之擢，俾增新練之兵，或畀以疆寄，或改授京堂，使之獨當一面，永鎮畿疆」。

九月十一日，光緒帝頒發上諭，命袁世凱來京陛見。九月十六日，光緒帝召見袁世凱，並破格賞以兵部侍郎銜，專辦練兵事宜。第二天，光緒帝再次召見袁世凱，並暗示他以後不必受榮祿節制，一旦有「意外之變」，即可帶兵入京，聽候調遣。富有政治經驗的袁世凱，一方面對光緒帝的「特恩」表示感激涕零，另一方面又到禮親王世鐸、慶親王奕劻、剛毅、裕祿、王文韶、李鴻章等后黨要員處盡力周旋。正是由於袁世凱玩弄這種討好賣乖的兩面手法，使康有為、譚嗣同等人在無計可施的情況下，把一切希望全都寄託在這位擁有軍事實力的人物身上。

一八九八年九月十八日夜，譚嗣同攜帶光緒帝的「密詔」，坐車到了北京西郊法華寺袁世凱的住所。當時，袁世凱已「探知朝局將變」，正在趕寫奏摺，想提前請訓回天津。此時天色已晚，差役報告有人來

● 瀛台舊照

■ 獄中題壁

慈禧太后發動政變後，譚嗣同臨危不懼，決心為變法而死。他認為：「各國變法，無不從流血而成。今中國未聞有因變法而流血者，此國所以不昌也，有之，請自嗣同始！」在獄中，他意氣自若，在壁上寫下了「望門投止思張儉，忍死須臾待杜根。我自橫刀向天笑，去留肝膽兩昆侖」的豪壯詩篇，充分表現出慷慨赴難、勇於自任的高尚品質和愛國精神。

訪，袁世凱拿過名帖一看，原來是譚嗣同，於是立即「停筆出迎」。袁世凱早就猜透了譚嗣同的來意，同時他注意到譚嗣同情緒激動，腰間「衣襟高起」，好像藏有兵器，料想他必定不達目的決不罷休。譚嗣同以光緒帝密詔示袁，勸袁世凱擁護光緒帝，舉兵勤王。袁世凱假惺惺地保證說：「如果皇上在天津閱兵時騎馬疾馳到我的軍營裏，並下達清除榮祿等人的號令，那麼我一定能跟眾人一起，竭盡全力保護皇上。」並極力表白他和榮祿並非同黨，還信誓旦旦地說：「如果皇上到了我的軍營裏，那麼殺榮祿就像殺一條狗一樣。」袁世凱與譚嗣同約定，等到十月份慈禧太后和光緒帝到天津閱兵時，殺掉榮祿，並派兵包圍慈禧太后居住的頤和園，以保護光緒帝。

年輕幼稚且缺乏政治經驗的譚嗣同輕易地被袁世凱的花言巧語所蒙蔽，完全相信了袁世凱。十九日凌晨，譚嗣同如釋重負，帶着一臉的疲憊離開法華寺，返回了寓所。

此時慈禧太后正在緊鑼密鼓地調兵遣將，準備撲滅「新法」。兩天後，也就是九月二十一日凌晨，慈禧太后經過周密佈置，先將光緒皇帝囚禁在中南海瀛台，重新「訓政」，繼而大肆搜捕維新派。自始至終，譚嗣同等維新派人士沒有等到袁世凱前來救駕，而世人看到的卻是袁世凱的步步高昇，飛黃騰達。顯然，維新派被袁世凱出賣了。

知識鏈接

### 戊戌政變

一八九八年九月二十一日凌晨，慈禧太后突然發動政變，囚禁光緒皇帝，宣佈重新「訓政」，同時下令搜捕維新派。政變的結果是，康有為、梁啟超分別逃往香港和日本。譚嗣同拒絕了友人要他出走日本的勸告，決心一死以殉維新事業，警醒國人。九月二十八日，譚嗣同、康廣仁（康有為之弟）、楊深秀、劉光第、楊銳、林旭被害於北京菜市口，時人稱之為「戊戌六君子」。光緒帝失去了人身自由，被囚禁於中南海瀛台，而以慈禧太后為首的守舊派勢力重新掌權。戊戌變法失敗。

戊戌政變是慈禧太后一生當中發動的第二次宮廷政變，第一次是一八六一年十一月的辛酉政變，兩次政變都以慈禧太后的勝利而告終，也都成就了她垂簾聽政的政治野心。

# 盛宣懷策劃「東南互保」

盛宣懷，字杏蓀，一八四四年生於江蘇常州，是清末「官商一體」的著名實業家，在鐵路、礦務、電報、紡織、銀行等諸多領域均有重大成就，而義和團運動時期由他一手導演的「東南互保」則充分顯示了他在政治上的精明幹練。

一九〇〇年，義和團運動首先在山東爆發，之後迅速發展到北京、天津、保定一帶，北方陷入一片混亂之中。義和團是在義和拳的基礎上發展起來的。義和拳本是一種民間秘密結社，主要分佈在山東、直隸一帶。參加者以演習槍棒為主，並供奉神像，持誦咒語。一八九七年，山東冠縣梨園屯發生教會欺民事件，義和拳首領趙三多帶領數千拳民焚燒附近教堂。趙三多的首次舉義被清政府鎮壓，後改名義和團，一九〇〇年，趙三多等人再度起事，拳民、貧民大量加入，他們攻打教堂，殺死教民，聲勢浩大。此後，義和團反教會、殺洋人的運動便迅速擴散。義和團以「扶清滅洋」為口號，得到了清廷內部一些人士如載漪等的支持，慈禧太后也頗為猶疑。西方列強見清政府無法控制局面，便策劃直接出兵干涉，組織了八國聯軍武裝入侵。六月中旬，八國聯軍大規模入侵，形勢危急，清廷不得不對戰和、剿撫等重大問題作出抉擇。最後，以慈禧太后為首的頑固勢力承認義和團的合法性，同時向列強宣戰，企圖借助義和團抗擊八國聯軍的入侵。在得到清政府的默許後，義和團迅猛發

一九〇〇年

八月十五日，八國聯軍攻陷北京。是日清晨，慈禧太后攜光緒帝倉皇出逃。

八月十六日，八國聯軍控制北京全城，下令公開搶劫三日。

九月十四日，清廷諭令剿殺義和團。

一九〇一年

七月二十四日，清政府改總理衙門為外務部，列六部之前，由奕劻總理事務。

九月七日，《辛丑條約》簽訂。

展，列強在北方的使館、醫院、學校等都受到了嚴重的打擊。

面對着轟轟烈烈的義和團運動，列強一面出兵進攻京津，一面緊鑼密鼓地謀劃着如何保護自己的既得利益不受損害。最先按捺不住的是英國，它深恐義和團運動波及其勢力範圍——長江流域。在英國政府的授意下，英國駐上海代理總領事霍必瀾要求南方各督撫採取必要措施防止義和團運動向長江地區擴展，並表示如果他們「採取了維護秩序的方法」，他們將受到英「帝國海軍的協助」。而此時南方各省督撫亦不想讓戰火燒到身邊。以兩廣總督李鴻章、湖廣總督張之洞、兩江總督劉坤一為代表的地方實力派要求鎮壓義和團運動，保護列強在華利益，維持治下各地的穩定。此時，身為督辦蘆漢鐵路大臣的盛宣懷積極串聯於李鴻章、張之洞、劉坤一這幾個督撫和中外之間，起到了穿針引線的作用。他還同上海道余聯沅一起，與各國駐滬領事頻繁磋商，商議對策。

六月二十一日，清政府正式對列強宣戰。在得到清政府的宣戰詔書後，李鴻章致電盛宣懷表示「亂命不可從之」。盛宣懷深以為然，之後便馳電各地，稱朝廷的這個命令是假的，因為朝廷已經被義和團把持，請大家不要執行。同時又密呈各督撫，一再勸告他們勿聲張、勿執行、勿轉發，否則可能會釀成巨變。劉坤一、張之洞也認為，對列強一旦宣戰，不僅會進一步促使義和團運動空前高漲，也會使列強趁機進攻長江地區。為此，在盛宣懷的串聯下，他們加緊策劃「東南互保」，以防止戰火燒到南方。

盛宣懷多次同劉坤一、張之洞溝通，勸說他們堅定地執行對內鎮壓、對外保護的方針。劉坤一和張之洞對盛宣懷的建議完全表示贊同；同時，盛宣懷又積極謀劃，以爭取快速與各國訂立條約，利用約章形式，明確中外各自的保護職責範圍，防止外國軍隊進入長江內地，引發中外衝突。六月二十六日，盛宣懷和上海道余聯沅與各國駐上海領事在上海正式會談後取得「諒解」，制定了《東南保護約款》九條和《保護上海城廂內外章程》，其中規定：上海租界由各國共同「保護」，長江及蘇杭內地歸各省巡撫保護等等。隨後，各國以「保護」為藉口，紛紛向上海增兵，並將軍艦駛向吳淞口岸。接着，山東巡撫袁世凱、閩浙總督許應騤、浙江巡撫劉樹棠等也參加了「東南互保」。

由盛宣懷策劃的「東南互保」在一定程度上維護了列強在長江流域和華南的利益，使列強可以集中精力在北方進行一系列的軍事行動，不利於北方人民以及東南各省人民的鬥爭。同時，「東南互保」維持了南方社會的穩定，使中國的半壁江山免於戰禍。

**知識鏈接**

### 《辛丑條約》的簽訂

一九〇〇年八月，八國聯軍攻陷北京，慈禧太后在逃往西安的路上，一方面發佈命令，對義和團要「痛加剷除」，「嚴行查辦，務淨根株」，一方面任命奕劻和李鴻章為全權議和大臣，與各國議和。一九〇〇年十二月二十二日，除了參加武裝侵略中國的俄、英、法、美、日、德、意、奧八個國家外，又加上西班牙、荷蘭、比利時共十一國，向中國提出「議和大綱」十二條，並聲稱這些條件「無可更改」。這個「大綱」基本上包括了後來正式和約的主要內容。逃到西安的慈禧太后得到奕劻、李鴻章的報告，見條款上沒有把她列為禍首，如獲大赦，電諭奕劻、李鴻章「應即照允」。

一九〇一年九月七日，清政府全權代表奕劻、李鴻章與十一國代表在北京簽訂和約，即《辛丑條約》（又稱《辛丑議定書》或《辛丑各國和約》），共十二款，另有十九個附件，主要內容有：中國賠款白銀四點五億兩，分三十九年還清，年息四釐，本息共計九點八億兩；將北京東交民巷劃定為使館區，各國可在此駐兵，中國人不得在這個區域內居住，使館區成為「國中之國」；拆除大沽及有礙北京至海通道的所有炮台，從北京到山海關鐵路沿線的十二個重要戰略要地准許各國「留兵駐守」；脅迫清政府承諾鎮壓排外鬥爭，懲治附和過義和團的官員；將總理衙門改為外務部，班列六部之前等。

《辛丑條約》是西方列強聯合起來強加給中國的一個嚴重不平等條約，也是清政府空前的賣身契。《辛丑條約》的簽訂，標誌着中國完全淪為半殖民地半封建社會。從此，清政府成為列強統治中國的工具。

《辛丑條約》簽訂場景

# 辛亥革命

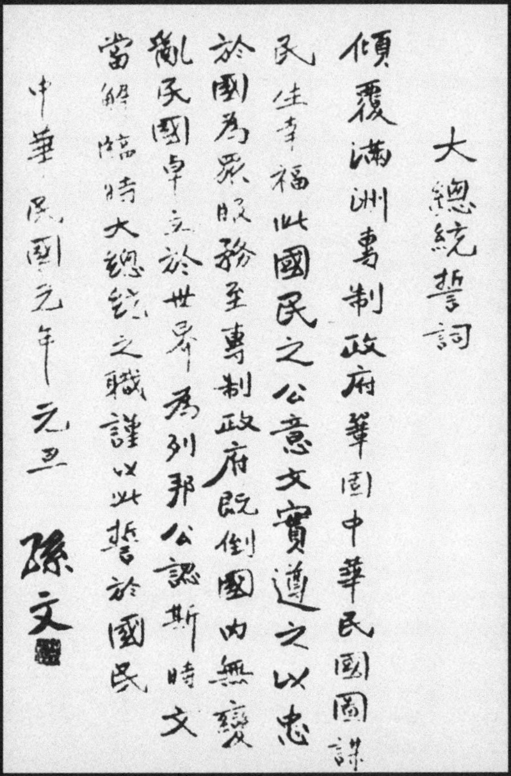

大總統誓詞

傾覆滿洲專制政府鞏固中華民國圖謀民生幸福此國民之公意文實遵之以忠於國為眾服務至專制政府既倒國內無變亂民國卓立於世界為列邦公認斯時文當解臨時大總統之職謹以此誓於國民

中華民國元年元旦 孫文

● 孫中山《大總統誓詞》

二十世紀初，中國社會處於巨大的變動和深刻的危機之中，各種矛盾的發展和深化，孕育着一場驚天動地的大革命。

在社會的大變局中，資產階級民主運動浩浩蕩蕩，成為不可抗拒的歷史潮流。孫中山在一八九四年建立興中會，提出建立共和政體的目標，到武昌起義前，革命黨人前赴後繼地發動十多次武裝起義，雖然都失敗了，但給清政府以沉重打擊。一九一一年，四川等地掀起了保路運動，成為辛亥武昌起義的導火線。一九一一年十月，武昌起義爆發，全國各地革命黨人紛紛起義響應，清朝統治很快土崩瓦解。一九一二年元旦，孫中山宣誓就任中華民國臨時大總統，宣告中華民國成立。

# 孫中山倫敦蒙難

孫中山是偉大的民主革命先行者，他為中國民主革命事業鞠躬盡瘁，死而後已，一直備受後人敬仰。孫中山在其一生的奮鬥生涯中可謂是飽經挫折，備嘗險阻，上演了不少驚心動魄的故事。倫敦蒙難是他投身革命初入風險的第一頁。遠在異國他鄉的孫中山因何蒙難？又是如何化險為夷的呢？這一切還要從頭說起。

一八九五年十月二十六日，孫中山領導興中會發動了第一次武裝起義——廣州起義，但由於機密洩露，不幸失敗。孫中山成為清政府懸賞通緝的「欽犯」，被迫逃出廣州，流亡世界各地宣傳革命。一八九六年下半年，孫中山從美國紐約輾轉到達倫敦，找到了他在香港讀書時的老師康德黎，師生重逢，格外欣喜。孫中山每天都要從自己所住的葛蘭旅館去探望老師。

可是，自孫中山踏上倫敦的那一刻，他的

● 一八九六年孫中山在美國舊金山拍攝的斷髮改裝照

**一八九〇年**
孫中山在香港西醫書院讀書期間，與楊鶴齡、陳少白、尤列抨擊時政，倡言革命，結成「四大寇」。

**一八九四年**
十一月，孫中山在檀香山創立「興中會」。

**一八九五年**
十月二十六日至二十八日，廣州起義事洩，未及發動即失敗。

行蹤就已被清政府的情報人員所掌握。原來，清朝政府一直在到處緝拿孫中山，還曾命令駐英公使館「不惜一切代價捉拿孫中山，死活不論」。十月十一日上午十時半，孫中山像往常一樣準備去老師住處，殊不知，危險正在悄悄來臨。清政府派出的偵探和歹徒早已埋伏在路邊，乘其不備，將他強行挾持到使館，囚禁在三樓一間窗戶有鐵柵的屋子裏。

孫中山被囚後，一方面向使館參贊馬凱尼等人作不屈不撓的鬥爭，另一方面積極尋求他人營救。他曾託使館英國工人給自己老師送信，但他們害怕受牽連都不敢冒險；還曾試圖用信紙裹着銀幣向窗外投擲，但都沒有成功。使館知道此事後，加緊了對孫中山的看守。身陷困境的孫中山，臨危不懼，使館對他千方百計地威逼利誘都無濟於事。

這時，清駐英使館得到清政府將孫中山秘密押解回國處死的密令，於是駐英使館花七千英鎊的高價，租了一艘輪船，準備把孫中山裝入一隻特製的木箱內，偷偷地運出。

就在這危急時刻，孫中山説服了駐英使館中一個叫柯爾的清潔工人，柯爾答應為孫中山傳信給康德黎。當天深夜，柯爾妻子找到了康德黎，並交給他一封書信，信的大意是：「我被禁於中國使館中，使館即準備將我押解回國，處以死刑。……如不急起營救，必將遇難。」

康德黎得到消息後，心急如焚，到處奔走，積極營救，並連夜趕到蘇格蘭場警署報了案。同時又聯絡了孫中山在港相識的英籍朋友孟生醫師同去外交部，報告清政府使館非法綁架、囚禁孫中山一事。但是，康德黎對警署和外交部的態度依然感到不放心，因為如果此事拖延下去，一旦押解孫中山的輪船起航，營救難度將不可想像。於是他們兩人分工，一面由孟生告知清使館：囚禁孫中山已為外人所知，英國政府和倫敦警察署將出面干涉，企圖以此穩住清駐英使館，使其不敢輕舉妄動；一面由康德黎驅車至泰晤士報社，希望借助媒體的力

■ 興中會廣州第一次起義

一八九五年，香港興中會總部成立後，孫中山在陸皓東的協助下開始策劃在廣州發動起義。三月，清政府在中日戰爭中戰敗求和，民情激憤，興中會決定利用這一有利時機，發動起義，襲取廣州作為革命根據地。方針既定，陸皓東等隨同孫中山到達廣州，以「農學會」名義作掩護，決定於十月二十六日（舊曆重陽節）起事。但起義之日軍械未能到達，計劃被打亂。隨後消息洩露，陸皓東被捕遇害，孫中山逃亡日本。孫中山領導的第一次反清武裝起義失敗。

一八九六年

六月，孫中山在美國舊金山等地宣傳革命，並創立興中會舊金山分會。

量將清使館在英國侵犯人權的事件公佈於眾，以引起世人的關注。同時，康德黎還出錢僱了私人偵探監視清使館的一舉一動，防止他們提前行動。

十月十九日中午，英國外交部通過調查，認為情況屬實，於是照會清使館，按照國際公法與國際慣例，必須迅速釋放孫中山。此外，媒體的報道也起了重要作用。英國《地球報》以及其他倫敦報紙均以特大標題相繼報道了清使館的這一醜聞。經過媒體宣傳，孫中山儼然成了一宗「轟動國際的綁架案的主角」，廣大同情中國革命的倫敦市民聚集在清使館，強烈抗議清廷的非法行為。清朝駐英公使館迫於英國政府的照會和輿論的壓力，於十月二十三日釋放了孫中山。當孫中山獲得自由走出使館的那一刻，他的老師康德黎急切地迎上去，熱情的倫敦市民也在歡呼致意。孫中山獲釋後，在倫敦報紙上發表文章，對社會各界給予他的幫助表示深深的感激。

孫中山在倫敦的驚險經歷，引起了世界輿論的注意，同時人們也開始關注這個為中國革命事業不懈奮鬥的先行者，他所領導的中國革命事業也日益得到了各國人民的同情與支持。一八九七年，孫中山用英文撰寫了著名的《倫敦被難記》，記述他在倫敦的曲折經歷。

**一九〇四年**

二月十五日，華興會在長沙成立，黃興為會長。

十月，光復會在上海成立，蔡元培任會長。

**一九〇五年**

七月三十日，孫中山和黃興聯合興中會、華興會、光復會、科學補習所等革命團體領導人，舉行建立全國性革命政黨籌備會，共議政黨名稱、綱領、誓詞、加入儀式和推選章程起草者事宜。會上孫中山闡發了三民主義思想，並經過商討定政黨名稱為中國同盟會，接着，孫中山提議以「驅除韃虜，恢復中華，創立民國，平均地權」為綱領，會議最後推舉黃興、陳天華、宋教仁、馬君武等八人負責起草同盟會章程。

八月，中國同盟會在日本東京成立。

知識鏈接

## 興中會成立

一八九四年夏，心懷改良之志的孫中山上書李鴻章遭到拒絕，隨後他前往美國檀香山。此時中國東北正值中日甲午戰爭激戰，清軍節節敗退，孫中山對此憂憤不已，並逐步認識到清政府的腐朽統治是中國落後捱打的根源，萌發了用暴力推翻清政府的思想，遂在華僑中揭露清王朝的腐朽殘暴，倡議成立革命團體，共謀救國大計。

十一月二十四日，二十多名贊同孫中山主張的進步華僑，在檀香山聚議成立興中會，推舉劉祥、何寬為首任正副主席，並通過了孫中山草擬的《興中會章程》。這個章程雖沒有明確提出武裝反清主旨，但在入會秘密誓詞裏則提出了「驅除韃虜，恢復中華，創立合眾政府」的口號，這是先進的中國人第一次提出推翻清朝君主專制政府、建立像美利堅合眾國那樣的資產階級民主共和國的革命綱領。興中會已完全不同於舊式的反清會黨，而是一個以資產階級、小資產階級及其知識分子為主，以在中國開展資產階級民主革命為目的的政治團體。興中會的成立，對以後各個革命團體的出現起了推動作用，加速了革命高潮的到來。

興中會會員在檀香山秘密宣誓的地方

# 五大臣出洋考察憲政

一九〇五年九月二十四日，是五大臣出國考察憲政的日子。這天上午，北京正陽門車站，車水馬龍，崗哨密佈。朝官貴戚紛紛前來為載澤、戴鴻慈、徐世昌、端方、紹英五大臣送別。當時，載澤、徐世昌、紹英三人坐於前車廂，而戴鴻慈和端方則坐在後面的車廂裏。突然，戲劇性的一幕發生了——「忽聞轟炸之聲發於前車，人聲喧鬧，不知所為」。

原來，革命黨人吳樾得知清政府準備實行預備立憲並派五大臣出洋考察憲政的消息後，他意識到這是一個騙局，是為了挽救清廷的統治危機。他決定刺殺五大臣，以此喚醒民眾，粉碎清廷陰謀。這一天，就在開車前，他趁着人來人往的混亂時機，悄悄地上了火車，懷裏藏着自製的炸彈。可能是由於自製炸彈性能不甚穩定，結果當車廂和機車掛鈎時，車身突然發生了震動，導致炸彈提前爆炸。吳樾當場被炸身亡；五大臣中，紹英傷勢較重，載澤、徐世昌略受輕傷，而戴鴻慈和端方由於坐在後面的車廂中，躲過此劫。

吳樾刺殺五大臣這一意外事件對於清政府派遣五位大臣出洋考察憲政的活動造成了一定的影響，此事不得不緩行。

那麼，清廷為何要實行預備立憲呢？除了社會與歷史背景等因素外，其直接原因則是在一九〇五年的日俄戰爭中，小國日本戰勝大國俄國，給清廷以很大震動。

**一九〇五年**
十月二十六日，清政府改派山東布政使尚其亨、李盛鐸同載澤、端方和戴鴻慈出國考察政治。

**一九〇六年**
九月，清政府宣佈「預備立憲」。

**一九〇七年**
九月二十日，清政府詔設資政院。

日俄戰爭結束後，朝野上下普遍將這場戰爭的勝負與國家政體聯繫在一起，認為日本因立憲而勝，俄國因專制而敗。於是一時間，立憲似乎成為一股全國性的思潮。江浙立憲派首領張謇在日俄談判之際就致信袁世凱，稱不變政體，枝枝節節之補救無益也。朝中重臣袁世凱、周馥、張之洞等人在其他官員和立憲派的推動下，聯名上書，請求清政府實行立憲政體，並提出了派遣官員出國考察別國憲政的請求。七月十六日，清廷下達「考察政治諭」，派員「分赴東西洋各國考求一切政治，以期擇善而從」。

受吳樾刺殺事件影響，清政府改派山東布政使尚其亨、順天府丞李盛鐸接替紹英和徐世昌。為防再生不測，考察團重組人馬，暗中部署，兵分兩路，分期啟程。

一路由載澤、李盛鐸、尚其亨等人組成赴英、法、比利時、日本等國；另一路，則由戴鴻慈、端方等人組成前往美、德、意大利、奧地利等國。

一九〇五年十二月二日，寒風凜冽，戴鴻慈、端方等人一大早就已起身，待命出發。鑒於上次出

● 赴歐洲考察憲政的五大臣及隨員在羅馬合影

■ 立憲派

立憲派是指二十世紀初期隨着「新政」和「預備立憲」而崛起的資產階級上層及其政治代表所組成的政治派別。代表人物在國內為從事實業的大資本家和紳士（如張謇等），在國外為已淪為保皇派的康有為、梁啟超等。立憲派既反對清朝統治的現狀，要求改革，也反對革命，主張實行「君主立憲」。

行的教訓，這次出發時，正陽門火車站採取了嚴密的安保措施，稽查格外嚴密，所有閒雜人等一概不能入內。中午時分，戴鴻慈、端方等人陸陸續續來到北京正陽門車站。他們乘車經天津至秦皇島，再換乘輪船前往上海，搭乘至歐美國家的船隻，開始西行。

由戴鴻慈、端方兩人帶領的這支考察隊伍由四十多人組成，包括三十三位隨行人員、四名各省派往隨同考察人員、二名差官、四名雜役，還有一名剃頭匠。此外還有隨行前往美國留學的十一名學生，日後因在美國宣傳孔教而聲名遠揚的陳煥章就在其中。十二月十九日，美國太平洋郵船公司的巨型郵輪「西伯利亞」號載着幾十名考察人員，也載着清政府的殷切期望，收錨起航。

十二月十一日，載澤、李盛鐸、尚其亨等人也從北京出發，前往上海。次年一月，這批考察團成員搭乘法國輪船公司的「克利刀連」號，先到日本，再轉至歐洲等國家。一路上也是眾人擁簇，浩浩蕩蕩。

儘管為節省時間以多參觀一些國家，出洋考察憲政團已經兵分兩路行進，但是他們的行程仍然很緊張。因此，隨行人員就各施所長，按照自己的專長去觀察他國不同的方面，以期用最短時間取得最大功效。考察內容涉及歐美各國的政體、憲法、財政、兵制等，主要進行了以下活動：

一是參觀考察。主要參觀議院，考察議會制度。考察團參觀了十七處議院，重點是美、英、德、意等國議會。

二是拜訪憲政名家。在美國，他們請議員到寓所演講華盛頓的地方自治章程；在德國，戴鴻慈聆聽了德皇的講話；在俄國，他們拜會了俄國前首相維特。

一九〇八年
八月二十七日，清政府頒佈《欽定憲法大綱》。

一九一〇年
十月三日，資政院成立，行開院禮。
十一月四日，清政府發佈上諭，將準備立憲期限由九年縮短為五年。

一九一一年
五月，「皇族內閣」出台。

三是搜集政治類圖書和資料。考察團帶回了大量憲法、財政、軍政等方面的資料，回京後分門別類編撰了許多書籍。

另外，每當考察、遊歷完一國後，戴鴻慈等都及時向朝廷奏報考察、遊歷經過和感受，以及所得出的考察結論。

一九〇六年七至八月，戴鴻慈、端方等人回國。隨後，他們向清廷提出了變革政治的重大方略，主要包括：一、實行立憲政體；二、改革官制；三、提高民智。

一九〇六年九月一日，清政府發佈了預備立憲的上諭，宣佈「預備仿行憲政」。儘管不同階級、階層對此有不同的態度，但宣告「預備仿行憲政」是中國近代史上的一件大事。而這項國策的最終確立，及其實行的憲政模式和所「仿行」的國家，與五大臣出國考察政治有着密切的關係。仿行立憲上諭的發佈，標誌着清政府的預備立憲工作已經正式展開。

**知識鏈接**

**預備立憲**

二十世紀初，外國勢力進一步加緊侵略中國，同時國內民主革命運動迅速發展，群眾性反抗鬥爭持續高漲，清政府迫於壓力，於一九〇五年派五大臣出洋考察憲政。一九〇六年五大臣回國後向慈禧太后提出了立憲有「皇位永固」、「外患漸輕」、「內亂可弭」的好處，九月一日，慈禧正式下詔宣佈「預備仿行憲政」。隨後，清政府宣佈中央和地方官制改革方案，通過改革，加強了皇族勢力，削弱了漢族官僚的權力。一九〇八年八月二十七日，頒佈了綱領性文件《欽定憲法大綱》，內容共二十三條，規定皇帝權力至高無上，同時規定預備立憲以九年為期。一九一〇年，在立憲派的強烈要求下，清政府被迫將預備立憲期限提前三年。一九一一年五月，清政府成立了新內閣，十三名成員中皇族竟佔了五人，因此這個內閣被稱為「皇族內閣」。皇族內閣的出台，使立憲派放棄了對清廷的幻想，他們紛紛轉向革命。一九一一年十一月，武昌起義爆發後，清政府又公佈了《憲法重大信條十九條》，但已挽救不了其覆滅的命運，預備立憲也最終隨着清王朝的覆滅而付諸東流。

清政府主導的預備立憲是對政治制度的一次重大改革，對推動中國政治的近代化有一定的進步意義，但由於清廷預備立憲的主觀目的是維護其統治，因此實行的措施難以克服諸如滿漢之間、中央與地方之間、新政需求與財政困難之間的矛盾，最終必定走向失敗。

# 「鑒湖女俠」秋瑾之死

在風景秀麗的西湖西泠橋南邊，矗立着「鑒湖女俠」秋瑾的漢白玉雕像。她颯爽的英姿，凜然的浩氣，讓人難以忘懷。站在秋瑾墓前，人們不禁想起一九〇七年七月十五日凌晨，那「秋風秋雨愁煞人」的日子，以及紹興軒亭口悲壯的一幕。那天，秋瑾遇難，年僅三十一歲。「出師未捷身先死，長使英雄淚滿襟」，人們總是如此感歎。但青山有幸埋忠骨，秋瑾葬在這美麗的西湖邊，供後人瞻仰懷念，也算是對英雄的一種慰藉吧。

晚清以來，中華民族危機日趨嚴重，許多有識之士為挽救民族危亡而奮鬥、獻身，秋瑾更是巾幗不讓鬚眉，表示「危局如斯敢惜身？願將生命作犧牲」。一九〇五年，秋瑾先後加入光復會和同盟會，積極反清。一九〇六年冬，秋瑾與光復會領導人徐錫麟等在上海秘密集會，計劃在安徽、浙江兩地同時舉義反清。

一九〇七年四月，清廷委任徐錫麟為安徽巡警處會辦兼安慶巡警學堂會辦、陸軍小學監督，徐錫麟推舉秋瑾接任自己為紹興大通學堂督辦。每天清晨，秋瑾身穿男子體操軍衣，懷藏勃郎寧手槍，腰佩明晃晃的戰刀，騎在馬上，指揮學生進行嚴格的軍事訓練。經過幾個月的艱苦努力和積極部署，秋瑾與浙江各地會黨建立了廣泛的聯繫，組建了光復軍，人數達七千多人。她遙尊徐錫麟為統領，自任協領，並與徐錫麟商定七月十九日浙、皖兩地聯合起

---

**一九〇六年**
十二月四日，由同盟會員劉道一、蔡紹南等策動的萍瀏醴起義爆發。

**一九〇七年**
五月二十二日，革命黨人在廣東發動潮州起義。
七月六日，徐錫麟率巡警學堂學生數十人在安慶舉義，擊殺安徽巡撫恩銘。旋失敗，徐被捕英勇就義。
八月，同盟會員張伯祥、焦達峰、孫武、劉公等在日本東京成立共進會，謀在長江流域策動起義。

義，打算以安慶為重點，以紹興為中樞，佔領兩省的重要城鎮後，再分路攻取南京。

不料，起事機密不慎洩漏。七月六日，徐錫麟利用安徽巡撫恩銘來安慶巡警學堂參加畢業典禮的日子提前倉促起義。徐錫麟開槍打死了恩銘，並帶領學生與清軍激戰了五個多小時，終因寡不敵眾，徐錫麟被捕就義。秋瑾從報紙上得知安慶起義失敗、徐錫麟被害的消息，悲痛欲絕。有人勸秋瑾暫往別處避禍，但被她斷然拒絕。就在這時，紹興士紳胡道南等揭發秋瑾與徐錫麟交往甚密。紹興知府貴福得知此情報後，驚恐萬狀，星夜趕往杭州向浙江巡撫稟告。隨即，浙江巡撫派三百餘名清兵火速趕赴紹興，在知府貴福、山陰知縣李鍾嶽、會稽知縣李瑞年等人的率領下，包圍大通學堂，抓捕秋瑾。

山陰知縣李鍾嶽平素仰慕秋瑾的學問文章，常詠誦其「馳驅戎馬中原夢，破碎山河故國羞」的詩句，因此對武力圍剿大通學堂一事態度消極，並創造時機讓該校師生逃走。貴福得到消息後對李鍾嶽大加訓斥：「府憲命令，汝延不執行，是何居心？限汝立即率兵前往，將該校師生，悉數擊斃，否則我即電告汝與該校通同謀逆，汝自打算可也！」當得知清軍前來抓捕時，秋瑾臨危不懼，指揮大家掩藏槍彈，焚毀名冊，疏散學生。清兵破校門而入時，秋瑾端坐室內，桌上放着兩支手槍，但她鎮靜自若，沒有反抗。隨後，秋瑾被押往紹興知府衙門，當天晚上就受到了嚴厲的審訊。紹興知府貴福平時與大通學堂多有來往，甚至曾認秋瑾為義女。提審時，秋瑾百問不答，反指出貴福常到大通學堂，並送過嵌着她別號「競雄」二字的對聯：「競爭世界，雄冠地球」。貴福不敢再問，慌忙將她交給山陰知縣李鍾嶽審訊。

七月十四日，天氣陰雨，李鍾嶽在花廳審訊秋瑾。李鍾嶽破例為秋瑾設座，兩人對談兩個小時之久。周圍一片寂靜，不知者還以為是在會客。李鍾嶽遞給秋瑾一支筆，令其撰寫筆

---

**一九〇八年**

三月二十七日，黃興親率同盟會員二百多人組成的「中華國民軍南路軍」，在廣西發動欽州馬篤山起義，堅持四十餘日。

十一月十九日，熊成基率馬、炮兩營士兵千餘人發動安慶新軍起義，旋失敗。

**一九一〇年**

二月十二日，倪映典率廣州新軍三千餘人起義，遭鎮壓，失敗。

四月二日，喻培倫、黃復生、汪精衞在北京謀炸攝政王載灃，事洩。十六日，黃復生、汪精衞被捕入獄。

十一月十三日，孫中山、黃興、趙聲、胡漢民等在檳榔嶼召開秘密會議，決定在廣州再次發動新軍起義。

錄。秋瑾提筆只寫一「秋」字。李鍾嶽又令再寫，秋瑾沉思片刻，依次寫出：秋風秋雨愁煞人。而後擱筆，默然無語。李鍾嶽向貴福報告審問情形，貴福怫然不悅，道：「你待她若上賓，當然不招，何不刑訊？」李鍾嶽表示秋瑾是讀書女子，沒有確鑿證據，不宜用大刑逼供。

貴福等人惟恐秋瑾牽連出自己，電稟浙江巡撫張曾敭，懇請將秋瑾「先行正法」。在得到張曾敭的允許後，貴福即於七月十五日凌晨，向李鍾嶽下令處死秋瑾，並派心腹監督執行。李鍾嶽此時仍抗言「供證兩無，安能殺人」，但又不敢抗命。李鍾嶽告訴秋瑾：「我本欲救你一命，但上峰必欲殺你，我已無能為力。我位卑言輕，殺你非我本意，你明白否？」秋瑾答道：「公祖盛情，我深感戴，今生已矣，願圖報於來世，今日我惟求三件事：一、我係一女子，死後萬勿剝我衣服；二、請為我備棺木一口；三、我欲寫家信一封。」李鍾嶽一一答應。隨後，秋瑾從容赴紹興古軒亭口刑場。

秋瑾死後，她的遺體先由善堂草草成殮，後由其好友吳芝瑛遷到西湖岳王墳旁，後又經多次遷移，最終歸葬西湖西泠橋。一九一二年十二月，孫中山致祭秋瑾墓，親筆題寫挽聯：「江戶矢丹忱，重君首贊同盟會；軒亭灑碧血，愧我今招俠女魂。」

一九一一年
四月二十七日，黃花崗起義爆發。

知識鏈接

## 黃花崗起義

在同盟會的領導下，革命黨人發動了一次又一次以推翻清王朝統治，建立共和國為目的的武裝起義。這些起義在不同程度上打擊了清朝統治，為後來武昌起義一舉成功準備了條件。一九一一年四月爆發的黃花崗起義就是其中的一次。

一九一〇年十一月，孫中山在馬來亞檳榔嶼召開秘密會議，會議決定再發動一次廣州起義。他們計劃以廣州新軍為主幹，首先佔領廣州，然後由黃興率領一軍入湖南，趙聲率領一軍出江西，譚人鳳、焦達峰在長江流域舉兵響應，然後會師南京，舉行北伐，直搗北京。

同盟會在起義發動前進行了認真細緻的準備，但是由於種種原因，發難日期不得不推遲。一九一一年四月二十七日下午，在黃興帶領下，革命軍一百二十餘人，臂纏白巾，手執槍械炸彈，吹響海螺，直撲督署。經過激戰，由於寡不敵眾，再加上組織不嚴密，計劃不周全，起義最終失敗，黃興僥倖逃脫。起義失敗後，廣州革命志士潘達微收殮犧牲的革命黨人遺骸七十二具，葬於廣州郊外的紅花崗，並將紅花崗改為黃花崗，史稱「黃花崗七十二烈士」。這次起義因而也稱為黃花崗起義。

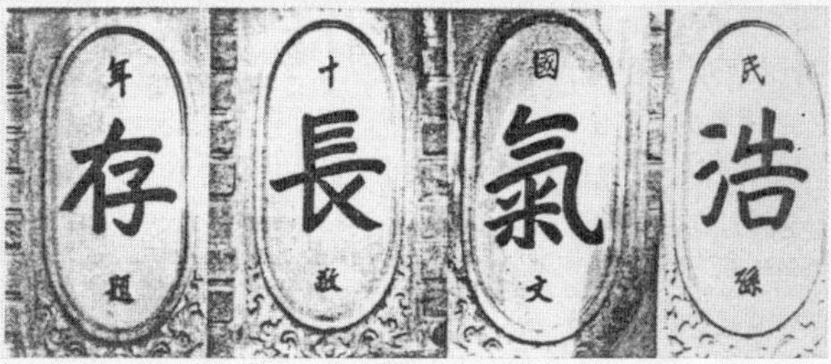


孫中山為黃花崗七十二烈士墓題詞

# 光緒帝死因懸案

一九〇八年十一月十四日傍晚，三十八歲的光緒皇帝載湉在中南海瀛台涵元殿內駕崩。就在他死後的第二天下午，慈禧太后亦病死於中南海儀鸞殿。皇帝與太后在不到二十四小時之內相繼駕崩，消息一經傳出，頓時引起人們的各種猜測。從光緒帝死的那天開始，人們就懷疑他不是正常死亡，而是事出有因。而光緒帝的真正死因，也就成為歷史上的一大懸案。

一八七四年，十九歲的同治帝駕崩，慈禧太后為再度垂簾聽政，把持朝政，立年僅四歲的醇親王之子載湉為帝。光緒帝自幼身體羸弱，成年後更是患上了嚴重的遺精病，整日腰背酸沉。一八九八年，年輕的光緒帝面對內憂外患，滿腔熱忱地接受維新思想，力求富國強兵，振興朝政，大力推行變法。然而這一切，都受到了以慈禧太后為首的頑固派的阻撓。戊戌變法最終在頑固派的鎮壓下宣告失敗，不少「帝黨」朝臣被誅殺，光緒帝也被囚禁瀛台。一九〇八年，在度過了十年孤苦、無趣的被囚生活後，光緒帝終於離開了這個給他帶來無限怨恨和悲哀的世界。

關於光緒皇帝的死因，一直是困擾人們的歷史謎案。光緒皇帝死後不久，民間就流傳開來這樣一個故事：光緒帝食粥而泣。《世載堂雜憶》記載：「皇上安置瀛台，欽派大功臣後裔四人為輔弼大臣，予與左侯孝同等皆入侍。一日，太后賜粥，皇上食而泣。予四人侍立，亦

---

**一九〇七年**

四月至八月，袁世凱勾結奕劻、端方等扳倒軍機大臣瞿鴻禨與郵傳部尚書岑春煊，史稱「丁未政潮」。

**一九〇八年**

十一月十四日，光緒帝崩，溥儀繼位，改元宣統，以載灃為攝政王。

**一九〇九年**

一月，清政府罷斥袁世凱。

含淚，知有變。」另據《診治光緒皇帝秘記》披露：光緒皇帝在臨死前三天，曾在牀上亂滾，大叫肚子疼得不得了。他的臉頰發暗，舌頭又黃又黑，這不應是他所得之病的症狀。這些記載多來自民間傳聞，或者道聽途説，並不可靠，但卻給人們留下諸多聯想和猜測的餘地。光緒帝被毒害致死一説，隨即在民間廣為流傳。

長期以來，有許多學者認為光緒是病死的。光緒帝身體孱弱，一直有脾胃虛弱的毛病。成年後又有滑精症狀，而且一天比一天厲害。此外，據相關記載，光緒帝長期咳嗽，與肺結核的症狀很相似。自光緒帝親政開始，國家貧弱，邊疆不寧，幾乎使他心力交瘁，而政治上的失意，長期的精神抑鬱，更使他患有嚴重的神經官能症，心悸、失眠、食慾不振等症狀相繼出現。在去世前一年，光緒帝實際上已經病入膏肓，而導致其死亡的直接原因，可能是心肺功能的慢性衰竭，併發急性感染。這一説法為多數學者所接受。

為了解開光緒帝的真正死因，二〇〇三年，科學家們運用先進的技術和精密的儀器，對光緒帝的頭髮進行檢測，同時也對其遺骨、衣服以及陵墓內外環境進行反覆的檢驗和縝密的分析。經檢測發現，光緒帝頭髮裏含有大量的砷元素。檢測結果表明，大量的砷化合物曾存留於光緒帝屍體的胃腹內。至此，光緒帝死因終於破解，即死於砒霜中毒。

需要特別指出的是，即便通過現代化的手段可以證明光緒帝死於砒霜中毒，但依然難以得出光緒帝是被毒害身亡的結論。據現存文獻記載，光緒帝在宮中和瀛台被囚禁期間曾服用過中藥，其中的雄黃、雌黃、朱砂等會導致砷、汞毒物使用過量，從理論上講，這種原因也可能引起慢性中毒，直至病變死亡。

然而，現在仍然有不少人傾向於光緒皇帝被毒害致死的觀點。其中最主要的説法有兩

## ■ 袁世凱與北洋新軍

早在一八九五年，清政府就派長蘆鹽運使胡燏棻在天津小站訓練新軍，號「定武軍」。十二月，袁世凱到小站督練新建陸軍，將「定武軍」擴編，湊足七千人。這支新軍完全按照德國營制、操典進行訓練，用新式武器裝備，擁有步、騎、炮、工程、輜重等兵種。

一九〇三年，袁世凱調任練兵處會辦大臣。日俄戰爭爆發後，他建議在全國編練常備軍三十六鎮，每鎮官兵一萬二千五百人。隨後，袁世凱先將北洋「左」、「右」兩鎮募足兵員，正式成立北洋軍第一鎮、第二鎮，不久又將巡警營擴編為第三鎮；原來的武衛右軍、南洋自強軍分別編成北洋第四鎮、第五鎮。五月十四日，「京旗常備軍」也擴編成鎮。至此，北洋共練成六鎮新

種，分別認為慈禧太后和袁世凱有重大嫌疑。據記載，光緒帝駕崩的前一天，自知時日不多的慈禧做出這樣的安排：命人將年僅三歲的溥儀，從醇親王府接進宮裏；同時，封溥儀的父親、同時也是光緒帝的弟弟醇親王載灃為攝政王。第二天傍晚，光緒帝即突然去世。光緒帝死後的第二天下午，慈禧太后也歸天了。這一切似乎都是在有意安排之中發生的，無怪乎會引起人們的眾多猜疑。而且以當時的條件、環境而論，如果沒有慈禧太后的主使和授意，誰也不敢、也不能下手毒殺光緒帝。這樣，慈禧太后就有了很大的嫌疑。

另有人分析認為，袁世凱既有殺害光緒帝的動機，也有這種機會。光緒帝主持的戊戌維新，由於袁世凱的告密而最終失敗。光緒帝不僅沒有實現變法圖強的宏偉大志，還落得個被囚瀛台的結局。因此，袁世凱是光緒帝生前最忌恨的人。袁世凱自己也知道光緒帝特別恨他，他非常害怕慈禧去世之後光緒重新執政，早晚會與他算賬，所以他想先下手，害死光緒。《世載堂雜憶》中說，袁世凱身邊有個智囊名叫楊士琦，給袁世凱出主意：商之李蓮英，毒死光緒皇帝。當時，袁世凱身為軍機大臣，主掌北洋，若真想謀害皇帝，也不是完全沒有這個條件。

至此，光緒帝死亡的直接原因已經明確，那就是死於「砒霜中毒」。但是光緒帝之死還有許多未解之謎。光緒帝到底是被人毒害致死，抑或是由於長期服藥造成的？依然不能下定論。

軍，計兵額近七萬人，而其他省份限於人力、財力沒有完成計劃。北洋新軍掌握在袁世凱之手，成為其以後發跡的重要支柱。

知識鏈接

## 袁世凱回籍「養痾」

北洋集團勢力的擴張，對掌握中央政柄的滿族親貴集團的地位構成嚴重威脅，雙方權力之爭日趨激化。一九〇八年十一月，光緒帝和慈禧太后相繼死去，年幼的溥儀繼位，改元「宣統」，其父載灃為攝政王。載灃反對袁世凱的很多新政措施，更因為戊戌政變一事，對袁世凱非常痛恨，於一九〇九年初免去袁世凱一切職務，令其回籍「養痾」。袁世凱知道形勢對他不利，遂稱疾返回河南，最初隱居於輝縣，後轉至安陽。他的許多部屬依然位居要津，實權在握。

一九一一年十月十日武昌起義爆發，南方各省紛紛宣佈獨立。北洋新軍是清室唯一可以抵抗革命的力量，而北洋軍是袁世凱一手操練出來的，許多將領是袁的心腹，內閣總理大臣奕劻和協理大臣徐世昌感到形勢危急，一再上奏朝廷要求立即起用袁世凱；列強各國在宣佈中立的同時，也催促清廷起用袁世凱。十月十四日，攝政王載灃頒發諭旨，任命袁世凱為湖廣總督，負責指揮湖北全省的軍隊和各路援軍，鎮壓起義。但袁世凱卻以足疾未癒為由拒絕出山，其實他是想讓清廷給他更大的權力。最後清廷沒有辦法，被迫解散皇族內閣，任命袁世凱為內閣總理大臣，組織責任內閣，這樣袁世凱就實際上掌握了清政府的軍政大權。

袁世凱（立者）垂釣洹上

# 四川保路風潮

正當民主革命風聲激蕩，清王朝統治搖搖欲墜的時刻，湖南、湖北、廣東、四川等地發生了轟轟烈烈的保路運動，其中以「天府之國」四川的運動最為壯闊。四川人民的保路愛國運動，成為辛亥革命的導火線。

二十世紀初，四川人民為反抗外國勢力掠奪中國鐵路主權，由四川省留日學生首倡，經四川總督錫良奏請，於一九〇四年在成都設立「川漢鐵路公司」。第二年改為官商合辦，一九〇七年改為商辦有限公司，採取「田畝加賦」，抽收「租股」為主的集股方式，自辦川漢鐵路。

一九一一年五月，清政府宣佈「鐵路幹線國有政策」，強收川漢、粵漢鐵路為「國有」，並與美、英、法、德四國銀行團訂立借款合同，總額為六百萬英鎊，公開出賣川漢、粵漢鐵路修築權。「鐵路國有」的消息傳到四川，群情激昂，強烈抵制。六月十三日，「四國借款合同」寄到成都，原來贊成「國有」的立憲派們，紛紛轉向「保路」的立場。他們發起成立「保路同志會」，推舉立憲派人士蒲殿俊、羅綸為正副會長，提出了「破約保路」的宗旨，發佈《保路同志會宣言書》等文告，四處張貼，宣傳保路。並派會員分路講演，推舉代表赴京請願。全川各地聞風響應，四川女子保路同志會、重慶保路同志協會和各府、州、縣、各團體保路同志分會相繼成立，會員至數十萬。四川各族人民、各階層人士也紛紛加入保路鬥爭的行列。他們以各種形式集會演説，呼號奔走，一方面戳穿外國勢力掠奪中國鐵路的醜惡嘴臉，揭露清政府出賣國權的罪惡行徑；另一方面號召群眾，發動愛國之士活動起來，共同捍衛國家主權。

隨後，在成都召開川漢鐵路股東特別大會，鬥爭日趨激烈。就在這時，以濫殺無辜著稱的「趙屠戶」——署理四川總督趙爾豐帶着「從嚴干涉」的命令來到成都，橫加阻擋，壓制保路活動，破壞保路組織，打擊保路積極分子。這一切使得四川群眾更加怒不可遏，由此導致了從成都開始的罷市、罷課、抗糧、抗捐鬥爭。風潮所播，遍及全川，使清廷陷於窘困境地。九月五日，在鐵路公司特別股東大會上，出現《川人自保商榷書》的傳單，號召川人共圖自保。

與此同時，清政府一方面命端方率領鄂軍入川「認真查辦」，一方面令趙爾豐「切實鎮壓」。趙爾豐以有人散佈宣傳君主立憲、地方自治主張的小冊子《川人自保商榷書》為口實，硬把「隱含獨立」的罪名扣在立憲派首要人物的頭上。九月七日，他詐稱路事有所轉圜，邀請蒲殿俊、羅綸等保路同志會的負責人去總督衙門商議事情。蒲殿俊、羅綸

揭露清政府出賣鐵路主權的宣傳畫

等人不知是計，一同前往，但他們剛進入衙門，便有數十清兵圍上來，每個人都被一名手持砍刀、兩名手持手槍和數名手端長槍的士兵圍住，同時，衙署周圍也都佈滿了荷槍實彈的清軍，殺氣騰騰。蒲殿俊、羅綸等人立即被五花大綁起來，大有不是立即槍決就是刀劈之勢。這樣，一群在百姓中間極具聲望的縉紳個個束手就擒，變成了岌岌可危的階下囚。蒲、羅等人異常憤怒，高呼趙爾豐名字，要與其當面理論，但沒人理會他們的呼叫。接着，趙爾豐派兵搜查、封閉鐵路公司和同志會，搜查蒲、羅家中信件。同一天，趙爾豐還張貼告示，宣稱捉拿蒲、羅等人乃是朝廷旨意，他們都是鬧事的禍首，不涉及平民。他威脅群眾說，趕緊恢復秩序，安分守己地營業，如果膽敢去署衙鬧事，格殺勿論。

這下趙爾豐可捅了馬蜂窩。得知蒲、羅等人被誘捕，成都群眾義憤填膺，怒火中燒，潮水般地從四面八方湧向督署，他們抱着慈禧太后和光緒帝的靈牌痛哭流涕，因為在此「二聖」統治時期，群眾集資辦鐵路是被中央政府明文允許的。請願群眾很快將總督府包圍起來，要求釋放蒲、羅等人。當遭到拒絕後，群眾想衝進署衙。嗜血成性的趙爾豐命令衛隊向手無寸鐵的請願者開槍，並用馬隊來回馳逐。一時，署衙門前槍聲大作，馬鳴蕭蕭。當場被槍殺的群眾達三十二人，被馬隊踐踏受傷的不計其數，其狀慘不忍睹。趙爾豐還宣佈：「三日不准收屍。」這就是駭人聽聞的成都血案。

趙爾豐的暴行激怒了大眾，消息不脛而走。全川各地都知道省城出事，紛紛揭竿而起，開始了轟轟烈烈的保路同志軍起義。起義隊伍發展很快，七八天就達到了一二十萬之眾。他們從四面圍攻省城，與清軍激戰。川西、川北的藏族、彝族群眾也投身加入。全川各族人民浴血奮戰，反清鬥爭勢如燎原。九月二十五日，同盟會員吳永珊（吳玉章）、王天傑於榮縣宣

---

**一九一一年**

五月九日，清政府宣佈將粵漢、川漢鐵路收歸國有。

五至七月，湘、鄂、川、粵四省紳商學界和工農群眾反對清政府鐵路國有政策。保路運動迅速興起。

六月十七日，川漢鐵路股東在成都開會，決定成立四川保路同志會。

八月初，同盟會會員龍鳴劍、王天傑等邀請哥老會首領在四川資州密議，決定建立四川保路同志軍，發動武裝起義。

八月下旬，四川保路同志會號召罷市、罷課、抗糧、抗捐。

十月十日，武昌起義爆發。

佈獨立，建立了辛亥革命時期第一個縣級革命政權。

趙爾豐內外受敵，顧此失彼，狼狽不堪，急切通電請求支援。清政府派湖北、江西等六省援軍趕赴四川，同時令端方迅速起程西上，並起用曾任四川總督的岑春煊入川會同辦理剿撫事宜。湖北軍隊進入四川，削弱了湖北當地的兵力，在一定程度上為武昌起義創造了有利的外部環境。

**知識鏈接**

**武昌起義**

一九一一年八月，為撲滅四川的保路風潮，清廷派端方率領部分湖北新軍入川鎮壓，致使清軍在湖北防禦力量減弱，革命黨人決定在武昌發動起義。一九一一年九月十四日，文學社和共進會在同盟會的推動下，建立了統一的起義領導機關，聯合反清。九月二十四日，兩個革命團體召開聯席會議，決定於十月六日發動起義。革命黨人的活動被湖北當局察覺，處處提防，再加上同盟會的重要領導人黃興、宋教仁等未能趕到武漢，起義延期。

十月九日，孫武等人在漢口俄租界配製炸彈時不慎引起爆炸。俄國巡捕聞聲而至，搜去革命黨人名冊、起義文告等，起義計劃洩露。湖廣總督瑞澂下令關閉城門，四處搜捕革命黨人。情急之下，革命黨決定立即發動起義。十月十日晚，新軍工程第八營的革命黨人打響了武昌起義的第一槍，奪取位於中和門附近的楚望台軍械所，吳兆麟被推舉為臨時總指揮。此時，駐守武昌城外的輜重隊、炮兵營、工程隊的革命黨人亦以舉火為號，發動了起義，並向楚望台齊集。十月十日晚十點三十分，起義軍分三路進攻總督署和旁邊的第八鎮司令部。湖廣總督瑞澂打破督署後牆，從長江坐船逃走，第八鎮統制張彪仍舊在司令部頑抗。起義軍經過反覆進攻，終於在天亮前佔領了督署和鎮司令部，起義軍控制了武昌。十一日晚和十二日晨，駐漢陽、漢口的新軍先後起義，武漢三鎮完全被革命黨人控制。武昌起義取得勝利。

# 袁世凱「逼宮」

中國末代皇帝溥儀的一生充滿了曲折離奇的色彩。他在回憶幼年生活時，有一情景在他腦海中久久不能忘卻。他回憶說：「有一天在養心殿的東暖閣裏，隆裕太后坐在靠南窗的炕上，用手絹擦眼，面前地上的紅氈子墊上跪着一個粗胖的老頭子，滿臉淚痕……胖老頭很響地一邊抽縮着鼻子一邊說話，說的什麼我全不懂。後來我才知道，這個胖老頭就是袁世凱。」袁世凱是中國近代史上老奸巨猾的風雲人物，他這般痛哭流涕，究竟是為了什麼？貓哭耗子假慈悲，袁世凱其實是在用計實施自己的「逼宮」計劃。

中華民國臨時政府成立後，孫中山深切感到通過軍事手段沒有絕對的把握實現民主共和。革命派包括孫中山和黃興，尤其是立憲派，認為推翻帝制，「驅除韃虜，建立民國」，非有袁世凱參加不可。於是孫中山發表聲明：只要清帝退位，袁世凱公開宣佈實行共和，他將立即辭職，並推薦袁世凱為臨時大總統。袁世凱得此保證後，立即緊鑼密鼓地開始策劃、部署他的「逼宮」計劃。

袁世凱授意部下印製假報紙送進宮中，上面大造要求清帝退位的輿論，並刊登多條「新聞」，說美國送了三艘軍艦給孫文，華僑集資製造軍艦十多艘；官兵都是華僑子弟，由美國訓練而成，聘請美國軍人在艦上指揮；孫文回國後，這些軍艦已部署在威海衞，如皇帝再不

---

一九一一年

十一月一日，清政府任命袁世凱為內閣總理大臣。

十二月十八日，南北議和開始，南北代表伍廷芳、唐紹儀在上海英租界舉行首次會議。

一九一二年

一月一日，孫中山在南京就任中華民國臨時大總統。

二月十二日，宣統皇帝溥儀宣告退位。

三月十日，袁世凱在北京就任臨時大總統。

三月十一日，《中華民國臨時約法》公佈。

退位，就要進攻天津、北京……袁世凱還親自面見隆裕太后分析利害：如今的形勢是共和潮流，現在是革命黨不要君主，民心不要君主，洋人不要君主，如果再執迷不悟，恐怕會像法蘭西大革命那樣，連皇室子孫都會被斬盡殺絕。如果太后能順從民心，免去干戈，和平移交權力，仍能保其尊號，享受歲費，這是古往今來絕無僅有的一大創舉。若再遲疑不決，錯過時機，等人家打進北京城，再提什麼條件怕人家也不會答應了。隆裕太后聽後十分絕望，無奈地嗚咽道：「我母子二人，全靠卿了，總教我們母子得全，皇族無恙，我一個婦人家再也不能顧及列祖列宗了。」

袁世凱還花重金買通了慶親王奕劻和太后最為寵信的太監小德張，他們不斷在太后耳邊敲敲打打，使其深信退位是唯一的選擇。奕劻不僅對袁世凱言聽計從，更是從自己的億萬家財考慮，根本不顧皇室宗親的身份，居然也加入了「逼宮」的行列。

在隆裕單獨召見時，他故意大肆渲染革命軍的實力，勸其趕緊退位自保。小德張是太后身邊最寵信的人，袁在小德張勢微時即刻意拉攏，稱兄道弟，據說曾一次送他白銀十萬兩，此後更加以重金收買。基於此，他便俯首帖耳，惟命是從，完全遵照袁的指示，整日在太后面前渲染誇大革命氣氛，稱：「各省紛紛獨立，前線軍隊損失慘重，外債無望，軍餉難籌，若不答應革命黨的要求，則革命軍萬一兵臨城下，太后性命難保……倘若能依從讓位，則有優待條件，袁世凱可以擔保，仍然可以安享富貴……」等等。隆裕太后聽後，更是心力交瘁，絕望之至。

為了確保「逼宮」計劃成功，袁世凱命嫡系部隊進駐北京城郊，向清廷的王公大臣們展示武力。一九一二年一月三日，駐俄國公使陸徵祥依照袁的授意，聯合駐外使臣電請清帝

■《臨時約法》

孫中山在辭去臨時大總統職務時，為了防範袁世凱專制獨裁，以便把中國納入民主政治的軌道，提出奠都南京、遵守《中華民國臨時約法》等三個條件。一九一二年三月八日，南京臨時政府臨時參議院頒佈了具有「憲法」性質的文件——《中華民國臨時約法》，簡稱《臨時約法》，共七章。三月十一日公佈實施。《臨時約法》確定中華民國為資產階級共和國，採用三權分立原則，實行責任內閣制；確立了人民的民主權利和義務以及保護私有制原則等。

遜位。一月二十六日，袁世凱指使北洋軍將領段祺瑞等四十多人聯名向內閣軍諮府、陸軍部和各王公大臣發出通電。袁還暗中佈置楊度等掀起「請願共和」風潮，對阻撓共和的親貴王公進行猛烈抨擊，段祺瑞更是欲「謹率全軍將士入京，與王公剖陳利害」，大有攻打北京城的架勢。

面對袁世凱的軟硬兼施、多管齊下，焦頭爛額的隆裕太后萬般絕望，只得於二月三日授予袁世凱全權，與南京臨時政府磋商退位條件。一九一二年二月十二日，清廷在窮途末路、萬般無奈的情況下接受南京臨時政府給予的優待條件，下詔退位。袁世凱的「逼宮」計劃最終取得成功，統治中國二百六十多年的清王朝宣告垮台。

**知識鏈接**

**南北議和**

武昌起義後，袁世凱出任清廷內閣總理，一面陳兵長江北岸，以武力威脅革命勢力；一面利用革命黨人急於完成統一的願望，誘使其進行和平談判。在此期間，諸列強為誘脅革命軍向袁世凱妥協，向湖北軍政府多次試探。一九一〇年十一月二十六日，由英國駐漢口總領事葛福出面「調停」，向湖北軍政府提出議和條件。湖北都督黎元洪等以軍事失利為由，竭力主張妥協。十二月初，南北雙方達成停戰協議。從十二月十八日起，南方軍政府所派代表伍廷芳與袁世凱所派代表唐紹儀在上海英租界市政廳開始進行南北和談。

伍廷芳代表革命派提出清帝退位、選舉總統、建立共和政府等條件；唐紹儀則代表袁世凱進行要挾。在此期間，英、美、德、日、法、俄等列強對議和施加壓力，敦促革命派盡快向袁世凱妥協，並採取政治上拒不承認、經濟上封鎖扼殺、軍事上武力恫嚇、輿論上惡毒攻擊革命政府的手段，極力迫使革命派做出讓步。與此同時，立憲派和舊官僚乘機拆牆腳，極力散佈對袁世凱的幻想，革命派內部對袁妥協的思想也佔了上風。在內外交困和重重壓力之下，孫中山被迫發表聲明：只要清帝退位，袁世凱贊成共和，即推舉袁世凱為臨時大總統。一九一二年二月十二日，清帝溥儀下詔退位。次日，孫中山辭去中華民國臨時大總統職務。十五日，臨時參議院選舉袁世凱為臨時大總統。這次南北和談以袁世凱篡奪最高權力而告終。

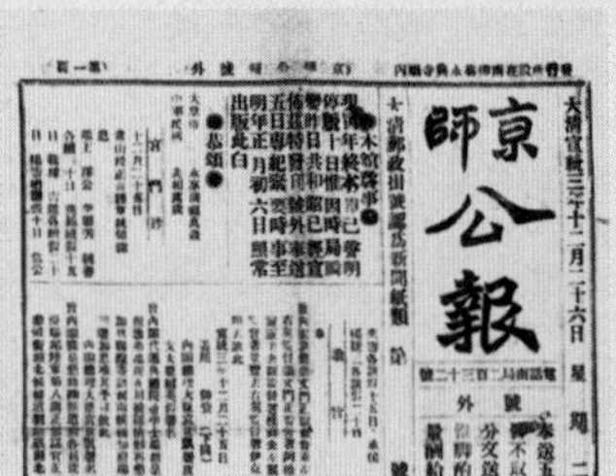
京師公報

《京師公報》清帝退位號外

# 軍閥統治與新思潮興起

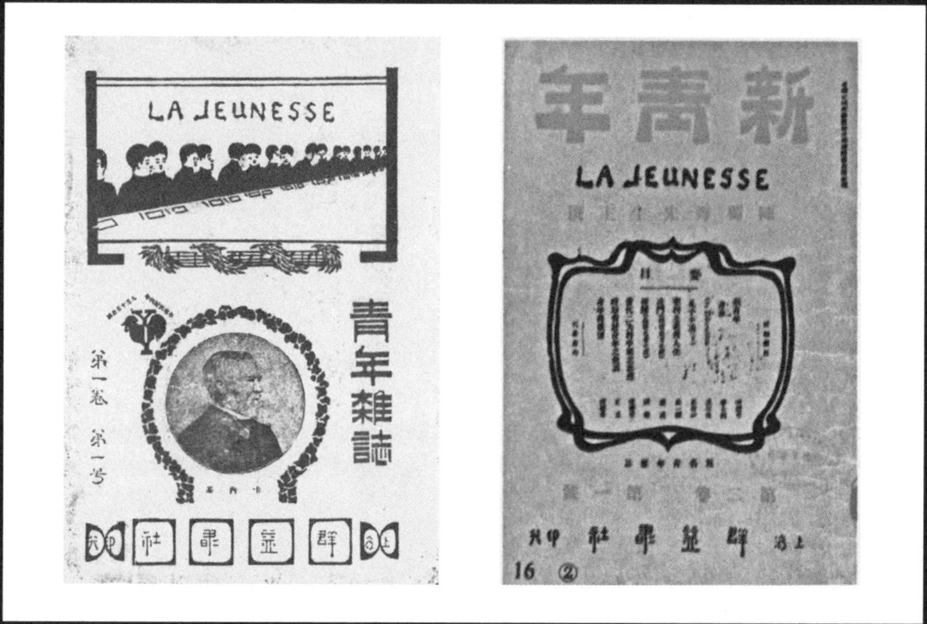


●《青年雜誌》和《新青年》封面

一九一二年元旦，孫中山在南京建立了中華民國臨時中央政府。但是，以孫中山為代表的革命黨實力不濟，無法抵禦各勢力的壓迫，政權很快落入掌握軍政大權的袁世凱手中。袁世凱不久即暴露出專制野心，後來更企圖恢復帝制。一九一六年，袁世凱在民眾的唾罵聲中病死，北洋軍閥分裂為皖、直、奉三大派，先後把持中央政府，各地軍閥也群雄並立。北洋軍閥統治下政治腐敗，但思想與論卻一度極活躍。尤其新文化運動的開展，廓清了大量封建迷霧。這一時期，以孫中山為代表的革命派領導的「二次革命」、「護國運動」、「護法運動」等相繼失敗，革命陷入了低谷。中國該向何處去？這時俄國十月社會主義革命的成功給中國指出了一條「向蘇俄學習」的道路。

# 宋教仁之死

上海閘北公園有一處被荒草淹沒的墓地，顯得異常落寞和孤寂。半拱形狀的墓丘前有一墓主的大理石坐像，底座正面刻着「漁父」兩字，係章太炎篆文手書。漁父，正是清末民初著名政治家宋教仁的號。一九一三年三月二十日，上海閘北火車站的一聲槍響，結束了宋教仁年僅三十二歲的鮮活生命。刺宋案成為民國歷史上第一樁也是最具影響的政治謀殺案。那麼，當時的刺殺場景是怎樣震驚國人的呢？

袁世凱就任臨時大總統後，革命黨人並沒有認清袁世凱專制獨裁的面目，而是醉心於政黨政治，希望通過國會競選，組織責任內閣，推行民主政治。一九一二年七月，宋教仁辭去農林總長之職，打算改組同盟會，通過議會選舉，為國家制定一部良好的正式憲法，為改組後的同盟會贏得中央政府的執政權。八月，宋教仁以同盟會為班底，聯合統一共和黨、國民公黨等四個小黨派，成立國民黨。國民黨推舉孫中山為理事長，黃興、宋教仁、吳景濂等八人為理事。孫中山委託宋教仁為代理理事長實際掌握黨務。

由於吸收各方面人士參加，國民黨一時實力大增，袁世凱所支持的共和黨無法與之匹敵。宋教仁極強的活動能力和豐富的憲政知識為政界人士推崇，但也遭到袁世凱的忌恨。同盟會元老譚人鳳一語道破：「國民黨中人物，袁之最忌者惟宋教仁。」袁世凱深感宋教仁和

一九一二年

八月二十五日，孫中山、宋教仁等以同盟會為基礎，合併其他黨派，成立國民黨。

國民黨對他的威脅，先是試圖拉攏宋教仁，在陸徵祥辭去內閣總理時，就曾請宋擔任內閣總理，條件是放棄政黨內閣的主張，被宋斷然拒絕；繼而用金錢賄賂，也未成功。十月，宋教仁南下省親。沿途，他廣泛宣傳自己的政治主張，表明與專制獨裁勢不兩立的態度。此時，各地選舉越來越有利於國民黨，最終獲勝似成定局，宋教仁當選內閣總理的呼聲也很高。袁世凱一伙更加緊張，袁曾憤憤地對身邊的幕僚說：「噫！宋教仁還想組建政黨內閣嗎？何相逼如此之甚也！」於是，袁世凱身邊的人便揣摩其心思，陰謀除掉宋教仁，以讓袁安心。

國民黨在競選中的勝利，使全黨一片歡騰，也令宋教仁感到十分興奮。在他看來，勝利的曙光已在眼前，組閣的夢想即將實現，但他萬萬沒有想到，危險正悄悄向他逼近。一九一三年二月，宋教仁辭別母親和妻子，在長沙、武漢、南京、上海、杭州等地演說、遊歷一番後回到上海，並準備在三月二十日乘火車前往北京。宋教仁所到之地，往往要發表演說，其中不乏抨擊袁世凱政府的言辭。當時，身邊友人勸其出言謹慎，以免遭到不測。但宋教仁不以為然，說：「我這一生，光明磊落，平生既無夙怨，也無私仇，光天化日的政客競爭，又怎麼會有如此卑劣殘忍的手段？」

三月二十日晚十時，宋教仁與送行的黃興、于右任、廖仲愷等人一一握別，正要上火車時，斜刺裏突然竄出一條黑影，只聽「砰」的一聲槍響，走向火車的宋教仁表情痛苦，他扶着身邊的鐵柵欄，忍着痛叫道：「我中槍了！」緊接着，又是兩聲槍響，人們一片驚慌，兇手乘機逃跑。等到大家鎮定下來後，卻發現宋教仁已經歪倒在地上，手還緊緊地捂着受傷的腰部。當黃興、于右任等人找來汽車送他去醫院的時候，血已經流了一地。很快，宋教仁便被送到附近的鐵道醫院。經醫生檢查，宋教仁的後背中槍，子彈斜穿到腰部，腎臟、大腸均被擊中。雖經醫生極力搶救，但因傷情嚴重，會診的醫生均表示回天乏術。宋教仁也知道自己的生命即將走到盡頭，便呻吟着對陪護的于右任口授遺囑，說：「我痛得很，恐怕活不下去了，現在有三件事奉託：（一）所有在南京、北京和東京存的書，全部捐入南京圖書館；（二）我家很窮，老母尚在，我死後請各位替我照料；（三）請各位繼續奮鬥救國，勿以我為念放棄責任。」

在痛苦中，宋教仁捱到了二十二日凌晨。此時，宋教仁傷情惡化，滿頭大汗，大口喘氣。他用微弱的聲音對前來探視的黃興、廖仲愷、陳其美等人說：「我要死了。但我死後，諸君一定要繼續往前做去！」黃興等連忙點頭應允。他又忍着疼痛，讓黃興拿出紙筆，口述了一份給袁世凱的電報，希望袁世凱「開誠心，佈公道，竭力保障民權，俾國家得確定不拔之憲法，則雖死之日，猶生之年」。見此情景，在場人員無不為之感動得泣不成聲。臨終前，他痛苦地感歎：「我調和南北之苦心，世人不諒，死不瞑目矣！」凌晨四時，在黃興、廖仲愷等人的圍侍下，宋教仁終於在輾轉苦痛中氣絕而亡，年僅三十二歲。臨終前，宋教仁雙目直視不瞑，雙拳緊握不張，眼眶中尚有淚珠。

宋教仁被刺後，國內外輿論大嘩。通過調查，殺害宋教仁的幕後黑手竟是袁世凱。宋教仁的鮮血，終於洗亮了孫中山等人的眼睛，使他們徹底丟棄了對袁世凱的幻想，發動了「二次革命」，武力討袁。但因起事倉促，「二次革命」很快失敗。

一九一三年

三月二十日，袁世凱派人暗殺宋教仁。二十二日，宋因傷重身死。

三月二十七日，孫中山從日本返回上海，主張興師討袁，黃興則主張用法律手段解決。

四月二十六日，袁世凱與英、法、日、俄、德五國銀行團簽訂「善後大借款」合同。

七月十二日，李烈鈞宣佈江西獨立，「二次革命」爆發。

九月一日，袁軍攻佔南京，「二次革命」失敗。

知識鏈接

## 二次革命

宋案發生後，一九一三年三月二十七日，孫中山從日本回到上海，與黃興等商討對策。孫中山認為，宋案證據確鑿，極力主張武力討袁。黃興、陳其美等人則認為，革命黨方面「武力不足恃，苟或發難必致大局糜爛」，所以堅持聽候法律解決。雙方爭論激烈，只有江西都督李烈鈞等少數人支持孫中山。

正當國民黨內部爭論不休之際，袁世凱一方面阻撓宋案的司法審判，一方面與英、法、德、日、俄五國銀行團達成了二千五百萬英鎊的「善後大借款」合同，以充實軍費，決定與國民黨兵戎相見。有了列強的支持，袁世凱的膽子更大了。六月九日，袁世凱罷免皆為國民黨黨員的江西都督李烈鈞、廣東都督胡漢民、安徽都督柏文蔚的職務。同時命令事先已集結在九江、南京附近的軍隊發起進攻。國民黨人在強兵壓境的情況下倉促應戰。七月十二日，李烈鈞在江西湖口宣佈獨立，組織討袁軍，發佈討袁檄文，「二次革命」正式爆發。七月十五日，黃興趕到南京響應。隨後，上海、安徽、廣東、福建、湖南和重慶等省區，也相繼宣佈獨立。

但是，倉促上陣的討袁軍，缺乏戰略計劃和統一指揮，他們孤軍奮戰，既沒有廣大人民群眾參加，甚至連多數國民黨議員都還在北京留戀議席。在這種情況下，袁世凱靠西方列強的支持，以優勢武力，很快把討袁軍打敗。八月十八日，南昌落入袁手。接着，宣佈獨立的各省紛紛取消獨立。九月一日，南京被攻佔。「二次革命」在不到兩個月的時間內便失敗了。孫中山只好又一次流亡日本，重新組織力量，準備發動新的革命。

# 中日交涉「二十一條」

一九一四年，第一次世界大戰爆發。一時間歐洲大地刀光劍影，狼煙四起，幾乎所有的歐洲列強都捲入了這場戰爭。日本趁此機會，力圖擴大對中國的侵略，並確立在中國的霸權。為此，一九一四年八月，日本破壞中國的「中立」，向德國宣戰，佔據了德國在中國的租借地膠州灣和膠濟鐵路。但日本的侵略野心並不會就此滿足，果然，一九一五年一月，日本突然拋出「二十一條」，強迫袁世凱接受，雙方的交涉就此展開。

眾所周知，在近代史上，日本和沙俄是中國最兇險的敵人，對中國侵略造成的危害最大。其中，日本對中國的狂妄侵略是有計劃、有步驟的。日本在甲午戰爭中攫取了台灣，在日俄戰爭中獲得東北（南滿）的侵略權益，在「一戰」中對德宣戰當然也不局限於青島一隅，而是藉此機會為根本解決所謂中國問題開闢道路。所以，日、德在山東的戰事甫經解決，日本即向袁世凱提出「二十一條」。

一九一五年一月十八日下午三時，天氣異常寒冷，日本駐華公使日置益在中南海懷仁堂拜見袁世凱，當面將「二十一條」交給他。「二十一條」內容涉及：中國政府承認日本繼承德國原來在山東的一切權利，延長旅順、大連的租借期限，承認日本在「南滿」及內蒙東部的特權，中國政府聘用日本人充當政治、財政、軍事等項顧問等等。日置益要求袁世凱「迅速

一九一四年
七月八日，孫中山在日本東京舉行中華革命黨成立大會。
九月二日，日本對德宣戰，派兵在中國山東半島龍口登陸。
十一月七日，日軍侵佔青島。

商議解決，並守秘密」。對於日本狂妄的侵華要求，袁世凱內心異常憤怒，但他深知國際局勢與中日實力差距，又不敢斷然拒絕，於是不動聲色地說：「中日兩國親善為我之夙望，但關於交涉事宜應由外交部主管辦理。」日置益走後，袁世凱知道事態嚴重，連夜召集外交總長孫寶琦、次長曹汝霖，以及徐世昌、段祺瑞、梁士詒開會。接着又討論了三天，制定交涉步驟和方針。

袁世凱採取的第一個措施便是利用各種渠道摸清日方的底牌，他先派日籍顧問有賀長雄返回日本，訪問日本政界元老探查其中的內幕；隨後又花重金收買日本間諜，調查日方的有關情況，以在談判中爭取主動。為配合摸底活動，袁世凱重新起用了面臨危局善於談判的前外交總長陸徵祥，指示他在同日本談判中逐條商議，務必拖延時間，以尋求轉機，不可被日本人牽着鼻子走。陸徵祥心領神會，採取多種措施與日置益展開周旋。在談判時間上，日置益要求天天談，全天談，以盡快結束，免得引起國際干預。陸徵祥則以事務繁忙、身體不好為由，堅持變為每週會議三次，每次三個小時。並在每次會議的開場白後，即命上茶獻煙，侍從們穩步慢走，又是點煙又是鞠躬，等到一一完畢，三個小時的談判時間已變成了兩小時了。在談判中，陸徵祥容顏和氣，時常發些模棱兩可的長篇議論，使日本代表既抓不到把柄，又不便發作。這樣，從二月二日中日正式開始談判，到四月二十六日日本提出最後修正案止，前後會議二十五次，歷時八十四天。

日本在提出「二十一條」時曾要求中國政府嚴格保密，但是為了能取得英、美等國援助，袁世凱還是決定把「二十一條」的內容洩露出去。陸徵祥剛上任就走訪沙俄駐華公使，將日本提出「二十一條」要求的消息洩露給俄國。一月三十日，中國外交部密電駐英公使施肇基，

---

一九一五年

一月十八日，日本提出「二十一條」，陰謀滅亡中國。

三月十八日，上海四萬人召開反對「二十一條」大會，並發起抵制日貨運動。

五月九日，袁世凱政府接受「二十一條」。全國教育聯合會規定每年的五月九日為國恥日，全國掀起反日浪潮。

讓他「以個人名義，作為緊要風聞，向英國外交部密探」。袁世凱的英文秘書顧維鈞「每天在外交部開完會後，如不是當天下午，至晚在第二天便去見美國公使芮恩施和英國公使朱爾典」。二月初，袁世凱還通過專辦秘密外交的蔡廷幹，將此事透露給西方記者莫理循和端納，兩人將有關內容披露給《泰晤士報》發表。很快，各國紛紛對日本提出質詢，日本處於十分被動難堪的境地，不得不做出一些讓步。

得知日本提出「二十一條」的消息後，國內民眾反日輿論頓時沸騰。上海、北京、天津、杭州等地商民、學生及海外華僑紛紛集會，或投書報刊，或通電全國，一致抗議日本的侵略行徑，要求袁政府拒絕日本無理的要求。同時，各地掀起了抵制日貨的鬥爭。商人拒賣日貨，人人用國貨。上海、天津、廣州等地，出現了以反日愛國為題材的戲劇和歌曲。學生走上街頭，散發傳單，發表演說，進行鼓動。各界反日愛國活動，很快超出了袁世凱所能允許的範圍。這使他如芒刺背，寢食難安。在日本的要挾之下，袁政府只得多次通令禁止抵制日貨。但反日鬥爭如火如荼，聲勢越來越大。

在各方的壓力下，中日談判也陷入了僵局。日方對袁世凱的拖延相當不滿，英、美的關注與介入也使形勢變得複雜，日本遂決定採取「威壓」手段逼迫中國屈服。五月七日，日置益向中國外交部發出最後通牒，限在四十八小時內

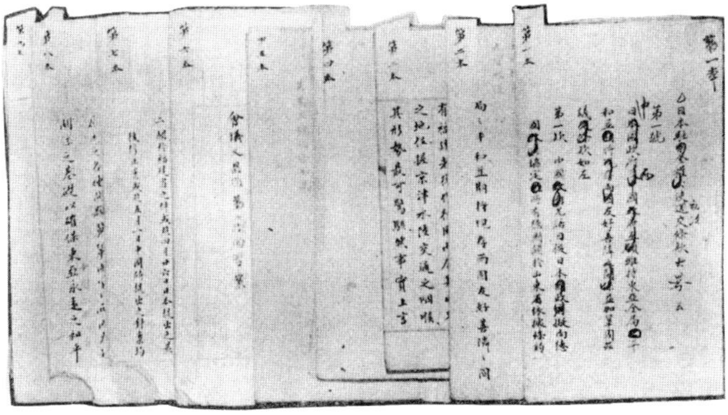

袁世凱手批「二十一條」

接受除第五號部分內容外的經談判修正後的全部內容。

在這種情況下，袁世凱召集政府各機關首長開會，決定妥協。但袁世凱內心也實有不甘，在會上他悲憤陳詞，稱在「國力未充、難以兵戎相見」的時候，「權衡利害，不得已接受日本通牒之要求，何等痛心！何等恥辱！經此大難後，大家務必以此次接受日本要求為奇恥大辱，本着臥薪嚐膽的精神，做奮發有為之事業。不然，十年之後，非但不能與日本一較高下，亡國之危險將更甚今日」。

五月九日，陸徵祥、曹汝霖奉命前往日本使館遞交覆文，「即行允諾」二十一條修正案，最後還表示：「以冀中日所有懸案就此解決，俾兩國親善益加鞏固。」五月九日，成為中國的又一國恥日。

十四日，袁世凱就「二十一條」問題向全國百官職司發出一道密諭，要求大家日以「亡國滅種四字懸諸心目，激發天良，屏除私見，各盡職守，協力程功」，「苛利於國，死生以之」。這些怨憤填胸的話語，讓人聽來是何等的悲憤、何等的激昂，頗給人以臥薪嚐膽、奮發有為的感覺。孰料想，事隔不久，袁世凱即明目張膽地籌劃帝制，這就不能不讓人懷疑他這些言論的真偽了。

知識鏈接

**日本出兵山東**

一九一四年八月，第一次世界大戰爆發，歐洲列強相互廝殺，暫時無暇東顧。日本認為這是它在遠東擴張勢力的大好時機，積極展開參戰活動。大戰爆發前一天，日本駐華公使就情不自禁地歡呼：「怕他不戰，戰則大妙。」大戰爆發後，日本積極同英國談判參戰事宜，並加緊部署對德作戰，制定進攻青島的方案。八月十五日，日本以「維護遠東和平」的名義，向德國發出最後通牒，要求德國將膠州灣租借地無條件交給日本，限二十三日正午前給予答覆。二十三日，德國沒有答覆，於是，日本對德宣戰。九月二日，日軍突然在山東龍口登陸，很快佔領了膠濟鐵路。十月三十日，日軍對青島發動總攻，德軍不敵，於十一月七日投降，日本攫取了德國在中國的勢力範圍。

日本的種種動向，引起了袁世凱及北洋政府的高度警覺。為防止日本發難和戰爭波及中國，八月三日，北洋政府同保持中立的美國接洽，希望其出面勸告交戰各國不要在中國領土和附近水域有軍事行動；八月六日，又正式宣告中立，要求「各交戰國在中國領土領海內不得有佔據及交戰行為」。對於中國的這一提議，日本方面不以為然。九月二日，日軍在山東登陸後，北洋政府曾經表示抗議。但由於袁世凱正醞釀自立為帝，又怯於實力，對日本不敢採取強硬措施。而日本對德宣戰，侵略山東，是醉翁之意不在酒，而是藉此想獨佔中國，進而稱霸亞洲。果然，一九一五年一月，日本就拋出了「二十一條」。

# 袁克定哄騙袁世凱

袁世凱是中國近代史上赫赫有名的一代梟雄，是晚清權勢熏天的重臣、北洋軍閥鼻祖、中華民國大總統，叱吒中國政壇，風雲一時。袁世凱善謀權術，善於抓住時機立於不敗之地。但是，晚年的袁世凱卻利令智昏，冒天下之大不韙，復辟帝制，最終以竊國大盜之罵名鬱鬱而終。傳聞袁世凱在臨死之前，曾吃力地吐出四個字：「他害了我。」這個「他」是誰呢？據袁氏家族的人猜測，這個「他」就是偽造《順天時報》「忽悠」袁世凱的袁克定。

袁世凱有一妻九妾，有十七個兒子、十五個女兒，袁克定是其長子，而且是唯一的嫡子。袁世凱對袁克定十分重視，對其抱有殷切期望，袁克定從幼年便開始隨袁世凱遊歷各地。時間長了，袁克定的野心也大漲，辛亥革命後，甚至積極慫恿袁世凱稱帝。因為作為嫡出的長子，他是天生的「皇太子」，可以繼承皇位。

一九一三年，袁克定因為腿疾去德國醫治，得到德皇威廉二世的宴請。席間，對東方

● 青年時期的袁克定

一九一五年

八月十日，袁世凱的憲法顧問古德諾發表《共和與君主論》，鼓吹中國宜實行君主制。

八月二十三日，楊度等人發起組織籌安會。

十二月十二日，袁世凱宣佈承受帝位，改國號為「中華帝國」。

有野心的威廉二世大談「中國非帝制不能自強」，並請袁克定轉告袁世凱，德國將在外交上支持袁世凱稱帝，最後還請袁克定帶給袁世凱一封親筆信，信中的意思大概也是中德親善、提攜，並勸告袁世凱稱帝云云。在德國期間，袁克定為德國所取得的成就驚歎不已，由此也對德國帝制之功效深信不疑。於是，他懷揣着皇帝夢回國後極力助袁世凱謀劃復辟帝制。

為了實現其皇帝夢想，袁克定可謂是無所不用其極。為了迎合父親的心思，袁克定專門策劃了一齣好戲。他從老家找來一個看護祖墳的人，向袁世凱報告祖墳上出現的祥瑞。袁克定指使看護人說：袁氏的祖墳邊上長出了一棵紫藤樹，狀如盤龍，而這個盤龍有一丈多長。還在附近挖出了一塊石頭，上面還刻着「天命攸歸」字樣。袁世凱雖然並不太在意這樣的事情，但他對天命所歸的祥瑞還是有所動心的。

袁世凱心中有一塊揮之不去的心病，就是袁世凱父祖輩的男人都沒有活過六十歲，所以袁世凱覺得自己也活不過六十歲。一九一五年的袁世凱，按照舊曆的算法，已經五十七歲了，而且身體每況愈下，這更是讓袁世凱疑神疑鬼。於是有人就給袁世凱出餿主意，說如果稱帝的話，袁世凱就可以躲避袁家男性活不過六十這樣的災難。

據說，有一天袁世凱在書房睡午覺，一個婢女端着一碗參湯進了房間，一不小心把湯碗掉在地上，這下可把小丫鬟給嚇壞了，因為這個用碧玉雕成的湯碗並不是尋常的湯碗，是當年袁世凱在朝鮮時朝鮮國王所贈，最為袁世凱所鍾愛。袁世凱被驚醒之後，發現他最心愛的玉碗被打了個粉碎，便怒氣衝衝地喝問小丫鬟是怎麼回事。小丫鬟急中生智，「撲通」一聲跪下說：「大老爺，我端着參湯進房間時，突然看見大老爺的牀上盤着一條金龍，我一害怕，就把玉碗給摔了！」袁世凱聽了這話立刻轉怒為喜，非但沒有怪罪小丫鬟，反而賞了她十塊大

**■ 籌安會**

為了偽造民意，為復辟帝制製造輿論，一九一五年八月二十三日，由袁世凱的親信楊度出面，拉攏社會名流孫毓筠、嚴復、劉師培、李燮和、胡瑛等在北京成立籌安會。楊度、孫毓筠任正副理事長，其餘四人為理事。他們被稱為籌安會「六君子」。籌安會打着「學術團體」的招牌，宣稱其宗旨是「籌一國之治安」，「研究君主、民主國體何者適於中國」，實則是一個為袁世凱復辟帝制效勞的工具。

洋，並叮囑她不得在外面亂說。

如果說一個小丫鬟的機智影響了袁世凱對形勢的判斷，多少有些誇大其詞，畢竟，自己是不是真命天子，袁世凱心裏最清楚。但是，袁克定偽造《順天時報》無疑在很大程度上影響了袁世凱對時局和稱帝阻力的判斷。

《順天時報》是日本外務省在北京出版的中文報紙，發行量很大，是日本政府在華的主要輿論工具，因而《順天時報》的言論往往體現着日本政府的立場和對華態度。袁世凱很重視這份報紙，每日必看，從不遺漏。但該報經常發表一些對帝制不利的消息，於是，袁克定心生一計，決定瞞天過海，偷樑換柱，偽造一份專門刊登一些鼓吹帝制、擁護袁大總統做皇帝之類消息的假報紙送給父親看。

據袁世凱最寵愛的三女兒袁靜雪回憶：「假版的《順天時報》是大哥（袁克定）糾合一班人搞出來的，不但給父親看的是假版，就是給家裏其他人看的也是假的。大哥使我們一家人和真實的消息隔絕了開來。不料有一天，我的一個丫頭要回家探望她的父親，我當時是最愛吃黑皮的五香酥蠶豆的，於是讓她順便買一些帶回來吃。第二天，這個丫頭買來一大包，是用整張的《順天時報》包着帶回來的。我在吃蠶豆的時候，無意中看到這張前幾天的報紙，竟然和我們平時所看到的《順天時報》的論調不同，就趕忙尋着同一天的報紙來查對，結果發現日期相同，而內容很多都不一樣。我當時覺得非常奇怪，便去找二哥（袁克文）問是怎麼回事。二哥說，他在外邊早已看見和府裏不同的《順天時報》了，只是不敢對我父親說明。他接着問我：『你敢不敢說？』我說：『我敢。』等到當天晚上，我便把真的《順天時報》拿給了父親，我父親看了之後，便問從哪裏弄來的，我便照實說了。我父親當時眉頭緊皺，沒有任何表示，只說了句：『去玩去吧。』第二天清晨，他把大哥找了來，及至問明是他搗的鬼，父親氣憤已極，就在大哥跪着求饒的聲音中，用皮鞭子把大哥痛打了一頓，一邊打，一邊還罵他『欺父誤國』。從這以後，我父親見着他就有氣，無論他說些什麼，我父親總是面孔一板，從鼻子裏發出『哼』的一聲，不再和他多說什麼話，以表示對他的不信任。」

袁世凱死後，袁克定披麻戴孝，在靈前以頭觸棺，放聲大哭：「爸爸！爸爸！我對不起您！」不知道他是真的後悔，還是惋惜他的皇太子美夢破滅了。

**知識鏈接**

### 袁世凱復辟帝制

一九一三年，袁世凱鎮壓了「二次革命」，便加快步伐向民主共和勢力進攻，採取種種卑劣狡猾的手段，建立專制獨裁統治。為達此目的，他首先操縱國會通過了先選總統、後訂憲法的提案。當選總統後，即卸磨殺驢，解散了國民黨和國會。一九一四年五月，約法會議按其意旨草草炮製了一部《中華民國約法》，該約法規定大總統「總攬統治權」，集內政、外交、軍事大權於一身。年底，袁世凱又炮製了一部《修正大總統選舉法》，其中規定總統任期為十年，任期居滿時可連任；總統的繼任人由現任總統推薦。這樣，袁世凱不僅成為終身總統，並可世代相傳，與專制皇帝沒有多大區別。但他並不以此為滿足，夢想名副其實地登上皇帝的寶座。一九一四年十二月二十三日，袁世凱率百官到天壇祭天，穿古衣冠，行大拜禮，這是其復辟帝制的預演。

一九一五年，中日「二十一條」簽訂後，袁世凱以為復辟帝制的條件業已成熟，遂即着手復辟活動。袁世凱的外國顧問古德諾（美）和有賀長雄（日）出面，先後發表《共和與君主論》、《共和憲法持久策》等，鼓吹「中國如用君主制，較共和制為宜」，公開叫嚷讓袁世凱當皇帝。袁世凱又唆使幕僚楊度等人，發起成立「籌安會」，公開鼓吹恢復帝制。為了盜用民意，袁世凱又授意親信梁士詒等成立「全國請願聯合會」。「全國請願聯合會」向參政院請願，以盡快決定國體。隨後，在袁世凱的統一指揮下，各省推選代表，進行國體投票，結果全部擁護君主制，並一致上「推戴書」：「恭戴今大總統袁世凱為中華帝國皇帝」。袁世凱裝腔作勢表示推讓，當天下午參政院再上「推戴書」，袁世凱遂於十二月十二日發表接受帝位申令，正式接受推戴。次日，在居仁堂接受百官朝賀，並對文武百官進行封賞。三十一日，下令以一九一六年為「中華帝國洪憲元年」，並在元旦舉行登極大典。至此，袁世凱復辟帝制的醜劇達到了高潮。

袁世凱祭天時的情景

# 小鳳仙助蔡鍔出逃

在護國運動中，蔡鍔因率先舉旗「為國民爭人格」、推倒袁世凱帝制，而被譽為「再造共和第一人」。蔡鍔從北京潛回雲南發動討袁戰爭，曾得到一位亂世佳人相助，此女子就是小鳳仙。一個是功勳卓著的儒將，一位是流落風塵的女子，但高山流水遇知音，歷史的風雲際會讓二人演繹了一場美人助英雄的歷史劇。

蔡鍔，號松坡，湖南邵陽人。戊戌變法時曾經入長沙時務學堂，師從梁啟超，深受其影響。後來留學日本學軍事，歸國後成為各方爭相羅致的青年才俊，先後在廣西、雲南等地從事軍事工作。一九一一年辛亥革命時，蔡鍔在雲南響應武昌起義，一舉光復昆明而被推舉為雲南都督。蔡鍔是一名儒將，智勇深沉、英華內斂，有着卓越的軍事才能，一時為國內外所矚目。袁世凱一方面忌憚蔡鍔在南方的影響力，另一方面對其軍事才能也頗為賞識，希望能把蔡

小鳳仙

一九一五年

十二月二十五日，蔡鍔、唐繼堯等通電各省宣告雲南獨立，組織討袁的「護國軍」。

鍔籠絡為自己的肱股之臣。一九一三年十月，蔡鍔被調到北京，但由於北洋眾將的反對，加之蔡鍔不願與之同流合污，袁世凱乃封蔡鍔為「始威將軍」，擔任一些有名無實的職務。

一九一五年，袁世凱加快復辟帝制步伐，同時與日本簽訂喪權辱國的「二十一條」，蔡鍔極為憤慨，於是同梁啟超等人密謀，決心「為四萬萬人爭人格」，武力反袁。但這時袁世凱也加緊了對蔡鍔等人的控制。為了迷惑袁世凱，他主動在籌安會的勸進表上簽名，領銜擁護帝制。儘管如此，袁世凱還是心懷戒備，在蔡鍔身邊佈下眾多密探，日夜監視。蔡鍔智慮極深，深知袁世凱老辣高明，稍有不慎便會招來殺身之禍。於是，蔡鍔主動出擊，先是借病修養，隨後去北京的風塵場所八大胡同廝混，以遮人耳目。由此，他結識了小鳳仙。

小鳳仙出身旗人家庭，父親是清季杭州武官，後落職，貧困不堪。後來，小鳳仙淪落風塵，在上海入樂籍，又被送到北京的八大胡同。《民國通俗演義》一書這樣描寫小鳳仙：「相貌不過中姿，性情卻是孤傲，所過人一籌的本領是粗通翰墨，喜綴歌詞，尤生成一雙慧眼，能辨別狎客才華。都中人士，或稱她為俠妓。」她相貌雖一般，但生有一雙慧眼，因而一和蔡鍔接觸就看出他是一位非常人物。

一九一五年夏，三十三歲的蔡鍔，在妓院結識了年方十七歲的小鳳仙。在小鳳仙的眼中，蔡鍔劍眉隆鼻，英姿倜儻，有一種睥視天下的森然氣度。而蔡鍔也看出小鳳仙靈心慧質，雖然沒有超凡脫俗的驚世之美，卻是少有雕飾的清水芙蓉，且顯出一種豪爽的氣質。於是二人慢慢地熟悉，蔡鍔也不時給小鳳仙講一些《三國》、《水滸》故事和革命軼事。小鳳仙越發敬佩蔡鍔。有一天，蔡鍔興致很高，書寫了一副對聯送給小鳳仙：

---

一九一六年

三月二十二日，袁世凱宣佈取消帝制，復稱總統。五月九日，孫中山發表第二次《討袁宣言》。六月六日，袁世凱憂懼而死。次日，黎元洪繼任大總統。

自古佳人多穎悟，
從來俠女出風塵。

蔡鍔與小鳳仙如膠似漆的感情傳到袁世凱的耳中，精明老到的袁世凱雖然不怎麼相信一向克己嚴肅的蔡鍔會如此縱情酒色，但他也看得出蔡鍔的意思，那就是：帝制你要辦便辦，我不干預，我自尋快活。

蔡鍔與小鳳仙的交往本是為尋求金蟬脱殼之機，並沒有隱瞞家人。但為了進一步迷惑袁世凱，他利用和小鳳仙的關係，有意製造家庭不和的輿論，甚至請袁世凱的親信為自己找房子，聲稱要「金屋藏嬌」。同時，他還經常公開和妻子吵架，此事還驚動了袁世凱，袁世凱命王揖唐、朱其鈐前往勸架。袁世凱説：「松坡簡直和小孩子一般，怎麼同女眷鬧出這種事來，你們二人前往勸説排解。」王、朱二人愈排解，蔡鍔鬧得愈兇，蔡夫人藉此帶着母親和孩子回湖南老家去了，先行離開虎狼之地。

家人走後，蔡鍔更是日日醉飲美人肩，而且竟然與小鳳仙大談起嫁娶之事來了。這等事情，北京城裏的大小報紙自然都不會放過。一時，蔡鍔成為大街小

護國軍部分將領合影（左二為李烈鈞，左三為蔡鍔）

巷談論的「風流將軍」，袁世凱的戒備之心大為鬆弛。

其實，蔡鍔正在醞釀一個出逃的計劃。一九一五年十一月十一日，蔡鍔在小鳳仙處大擺酒席，客人通宵喝酒、打牌，大家玩得很開心。小鳳仙把窗簾高高挑起，讓外面的密探可以看見屋裏的情況，殊不知這是小鳳仙故意所為。密探看到屋裏人都沉浸於推杯換盞的歡樂之中，戒備心逐漸消失。瞅準機會，蔡鍔裝作去廁所，衣服、懷錶都沒拿，使監視的人以為他不會走遠。此時小鳳仙讓人把捲簾放下，外面的人無法判斷蔡鍔是否還在屋裏。蔡鍔就此逃脫，直到次日密探才發覺蔡鍔已經無影無蹤了。

成功出逃的蔡鍔，輾轉回到昆明，與唐繼堯組織「護國軍」。不久，蔡鍔、唐繼堯通電全國，宣佈討袁，出兵四川。護國軍節節勝利。一九一六年六月六日，袁世凱在眾叛親離、舉國痛罵中死去。然而，天妒英才，戎馬倥傯、盡瘁國事的蔡鍔舊疾復發，於一九一六年十一月八日病歿，年僅三十四歲。蔡鍔去世後，北京政府追贈他為上將軍，並舉行國葬典禮，同時在北京中山公園設靈堂弔唁。據傳，小鳳仙曾白馬素車，到靈堂致祭，並送來兩副挽聯：

其一為：

不幸周郎竟短命，
早知李靖是英雄。

其二為：

萬里南天鵬翼，直上扶搖，那堪憂患餘生，萍水姻緣終一夢；
幾年北地胭脂，自愁淪落，贏得英雄知己，桃花顏色亦千秋。

蔡鍔以病軀為共和拚死一戰，終於以再造民主共和之功勳的美名，彪炳史冊。而小鳳仙風塵中不忘大義，巧助蔡鍔出逃，也以俠女之美譽，長留青史。

**知識鏈接**

**護國運動**

袁世凱復辟帝制，倒行逆施，引起全國各界人士的強烈反對。「二次革命」失敗後，孫中山在日本組織中華革命黨，堅持反袁鬥爭。一九一五年，他發表《討袁宣言》，在沿海發動反袁武裝暴動，但影響不大。護國運動的領導權掌握在梁啟超所領導的進步黨和南方地方勢力手中。梁啟超領導的進步黨本來是和袁世凱合作的，但由於袁世凱堅持獨裁，與進步黨產生了矛盾。袁世凱帝制自為公開後，進步黨搶先揭出「護國」旗號，公開反袁。一九一五年八月二十日，梁啟超發表《異哉所謂國體問題者》長文，反對袁世凱稱帝，並與羈留在京的學生蔡鍔多次密謀舉兵討袁。一九一五年十一月，蔡鍔躲過袁世凱的監視，逃離北京，於十二月十九日輾轉抵達昆明，聯合雲南的反袁力量，興師討袁。

一九一五年十二月二十五日，蔡鍔、唐繼堯、李烈鈞等聯合宣佈雲南獨立，發佈討袁檄文，組織護國軍政府，以唐繼堯為都督。隨即組織討袁護國軍，共分三軍。其中，蔡鍔為第一軍總司令，攻四川；李烈鈞為第二軍總司令，出桂入粵；唐繼堯兼第三軍總司令，留守雲南。護國戰爭遂全面爆發。一九一六年一月至三月間，護國軍在四川、貴州、廣西等地與袁世凱的北洋軍迭相激戰，連連取勝。貴州和廣西相繼響應，宣佈獨立，其他各地民眾自發的反帝制鬥爭也如火如荼。袁世凱惶惶不可終日。三月二十二日，袁世凱被迫宣佈取消帝制，但仍想保持大總統的職位。四、五月間，反袁鬥爭繼續發展，盤踞在廣東、浙江、福建、陝西、四川、湖南等省的袁世凱的心腹爪牙，也相繼獨立。眾叛親離，內外交困，袁世凱憂疾交加，在全國人民的唾罵聲中於六月六日死去。六月七日，黎元洪依法就任正式大總統。護國運動結束。

# 張勳復辟

在清朝，人們腦後留着一條長長的辮子，表示對滿洲貴族統治的臣服。民國之後，人們紛紛剪去辮子。但有少數人為了表示忠於清朝，仍不剪辮子。當時，有一個人，雖然身為民國官員，但內心忠於大清，他不僅自己不剪辮子，也禁止所部將士剪辮子。這個人就是張勳。他所部軍隊被人們稱為「辮子軍」，本人也被稱為「辮帥」。一九一七年，張勳率「辮子軍」進京復辟滿清帝制，步袁世凱復辟的後塵，又上演了一幕歷史鬧劇。

張勳，字少軒，江西奉新人。他出身貧寒，幼年父母雙亡。十五歲入富家做牧童、書童。一八七九年，張勳投軍。曾參加過中法戰爭、中日甲午戰爭等，官職不斷昇遷，一九一一年擢江南提督。民國成立後，張勳部歸順袁世凱，駐兗州。「二次革命」中率軍攻下南京，縱兵殺掠。旋被袁世凱任為江蘇督軍，繼轉任長江巡閱使，移駐徐州。張勳個性憨直、頑固，清朝滅亡後，他雖然做着民國的官，但仍忠於清朝，堅決不肯剪辮子，也禁止手下士兵剪。對勸他剪辮子的人，他勃然大怒：「誰敢碰我的辮子，我就和他同歸於盡！」後來，袁世凱覺得一個民國軍隊將領還拖着辮子，實在說不過去，就親自勸他。面對袁世凱的勸告，張勳也置之不理，依然我行我素。

一九一六年，袁世凱死後，原副總統黎元洪繼任大總統，而實權掌握在北洋頭號人物、

**一九一六年**

八月一日，國會在北京恢復，段祺瑞出任總理。

**一九一七年**

三月初，段祺瑞出走天津，「府院之爭」愈演愈烈。

五月二十三日，黎元洪免去段祺瑞的國務總理兼陸軍總長職務。

六月十二日，黎元洪被迫解散參眾兩院。

七月一日，張勳等擁清廢帝溥儀復辟。

國務總理段祺瑞手裏。兩人都想掌權，於是黎元洪的總統府和段祺瑞的國務院鬥得不可開交，史稱「府院之爭」。「府院之爭」給了張勳趁虛而入的絕好機會。一九一七年，因中國是否參加「一戰」問題，黎元洪與段祺瑞之間的矛盾更加尖銳。別有用心的張勳向黎元洪提出願進京調停，黎邀張進京。段祺瑞也想借張勳之力解散國會，打倒黎元洪，也同意由張出面調停。於是，張勳以「調停」為名，帶兵向北京開去。

其實，張勳在徐州即緊盯着「府院之爭」的事態發展。在他心目中，總統府、國務院都不算什麼，只有大清、皇上、朝廷這些才是神聖的，黎、段鬥爭得越激烈越好，兩敗俱傷，他復辟「理想」實現的可能性越大。

一九一七年六月九日，張勳率六千辮子軍，以奉大總統黎元洪徵召的合法名義，開到北京城外。張勳抵京，第一天休息；第二天去見黎元洪，要求立即解散國會，否則他不負調停之責；第三天，拖着大辮子，進宮參拜溥儀。黎元洪看到張勳進京另有企圖，如雷轟頂，知道自己一紙徵召令惹下了滔天大禍。但自己無兵，只好在張勳的「勒令」下，解散了國會。

張勳進京，前清遺老興奮不已，頻繁活動，策劃請溥儀重登大位。六月二十八日，康有為也進京入張勳公館。得到了「康聖人」的支持，張勳更感胸有成竹。六月三十日，經過一番密謀之後，一場復辟鬧劇緊鑼密鼓地開張了。為了迷惑世人，張勳先是裝作無事的樣子去江西會館聽了一天戲，一直聽到子夜十二點鐘。張勳寓所，士兵荷槍實彈，嚴陣以待；參謀人員進進出出，頻繁部署。他讓人半夜把京津臨時警備總司令王士珍、副司令江朝宗和陳光遠，以及京師警察廳總監吳炳湖「請」來，向他們聲稱：「本帥此次率兵入京，並非為某人調解而來，而是為了聖上復位，光復大清江山。」王士珍等人被這突如其來的事件弄得心驚肉跳，不知如何應對。張勳又説：「我志在必行。你們同意，則立開城門，放我兵馬進來。否則請各歸佈置，決一死戰！」王士珍等面面相覷，不敢再説什麼。張勳遂下令打開城門，辮子兵全部進城。

七月一日凌晨，張勳穿戴上清代的朝服朝冠，率領康有為等人，來到養心殿擁溥儀登極。張勳自任議政大臣、直隸總督兼北洋大臣，掌握軍政大權。當天，就以溥儀的名義發佈八道上諭，把民國六年改為宣統九年，易五色旗為黃龍旗，恢復清末官制，封官授爵。張勳還派清室舊臣梁鼎芬等人帶着小皇帝賜封黎元洪一等公的詔書和康有為預先代寫的《黎元洪奏請歸還國政》的奏摺，叩開總統府的門，要黎元洪在奏摺上簽字。黎哪敢簽字。第二天，黎元洪通電馮國璋以副總統代行總統職務，並重新任命段祺瑞為國務總理，他自己則逃到東交民巷日本使館避難去了。

這天早晨，北京街頭警察挨家挨戶命令懸掛黃龍旗。黃龍旗一時供不應求，許多人家只好用紙糊一面龍旗應付。而那些早就盼望清室復辟的王公貴族、遺老遺少則彈冠相慶，他們穿上長袍馬褂，晃着真真假假的大辮子招搖過市，把個北京城搞得烏煙瘴氣。

張勳復辟集團的倒行逆施立即遭到全國人民的強烈反對。孫中山聞訊後極為憤慨，立即發表《討逆宣言》，準備組織武力討伐張勳。全國各地尤其是南方各省會召開萬人大會，各家報紙發表大量文章，一致聲討張勳。七月三日，段祺瑞看到驅逐黎元洪、解散國會的目的已經達到，也在天津發表討張的通電和檄文，組織起討逆軍，自任討逆軍總司令。十二日拂曉，討逆軍攻進北京城內，辮子兵一觸即潰。張勳倉皇逃到荷蘭使館躲藏起來。當日，溥儀再次宣佈退位。復辟醜劇僅僅上演了十二天，就在萬人唾罵聲中收場了。

■ 黃龍旗

晚清，李鴻章在同西方列強進行外交活動時，看到西方列國懸掛國旗，而中國卻無旗可掛，深感有失「天朝威儀」。於是上奏慈禧太后，提出在外交場合中需要有代表大清國的旗幟，請求頒製國旗。慈禧就命李鴻章負責設計圖案。一八八八年決定使用黃龍旗為大清國國旗。黃色及龍都是大清皇帝的象徵。一九一二年一月十日，五色旗取代了黃龍旗，但張勳復辟時黃龍旗又曾短暫出現。

知識鏈接

## 府院之爭

一九一六年六月袁世凱死後，原副總統黎元洪依法繼任大總統，段祺瑞任國務總理，段以北洋正統派首領自居，依附日本，掌握軍政大權，與黎元洪分庭抗禮。因二人分居總統府與國務院，故稱「府院之爭」。

黎元洪以國會中的國民黨和南方的地方勢力為依託，段祺瑞則以國會中的研究系、進步黨和北洋督軍為基礎。雙方在國會制憲等問題上都存在嚴重分歧。黎元洪一派主張擴大國會權限，以抵制段祺瑞的專斷獨行；研究系則主張縮小國會權力，改兩院為一院，以迎合皖系軍閥專制的私利。兩派在國會中鬧鬧哄哄，吵得不可開交。

一九一七年，雙方在要不要參加「一戰」、對德國宣戰問題上，鬥爭更趨激烈。段祺瑞主張參戰，黎元洪則反對參戰。為了達到主戰的目的，段祺瑞將其手下的十幾個督軍叫到北京，組成「督軍團」，對黎元洪施加壓力，但未獲成功；後來段祺瑞又叫人寫了對德宣戰書要總統蓋印。二人矛盾越來越激化。一九一七年五月，黎元洪瞅準時機下令撤銷了段祺瑞總理職務，段憤然離京去津，並且指出根據《臨時約法》，總統無權撤銷總理職務，不承認黎的免職令，並唆使安徽、奉天、山東、福建等八省軍閥宣告「獨立」，組成各省總參謀部，打出反黎旗幟，威脅出兵討伐。黎元洪沒有辦法，請張勳入京調解。張勳入京後，擁立宣統復辟。張勳復辟帝制失敗後，黎元洪辭去總統職務，而由馮國璋代理；段祺瑞重任國務總理。「府院之爭」告一段落。

# 錢玄同與劉半農的「雙簧戲」

雙簧表演是人們非常喜愛的一種曲藝形式。演員表演時，一人表演動作，一人藏在身後說或唱，配合得天衣無縫、妙趣橫生。由此，人們也常用演雙簧戲比喻做一件事情時，兩人事前商量好，一方出面，另一方在背後操作，一唱一和，唱者認真，和者儼然，以假亂真。在新文化運動時，新文化的健將錢玄同與劉半農就演出了一場「雙簧」，把鬥爭矛頭指向封建舊文化。

辛亥革命後，民國雖然建立了，但政權很快落入北洋軍閥手中，他們在政治上獨裁專制，文化上尊孔復古，中國大地依然滿佈封建的陰霾。於是，一批先進的知識分子開始尋求救國的新出路。一九一五年，陳獨秀創辦《青年雜誌》，倡導民主和科學，揭開新文化運動的序幕。一九一七年二月，陳獨秀又在《新青年》上發表《文學革命論》，舉起文學革命大旗。然而，在當時的中國，思想還是被禁錮得很深，文學革命並沒有引起多大的反響，反對派不屑於和他們對陣，只有幾位新文化闖將在自說自話。光陰荏苒，轉眼間到了一九一八年，發難者不免感到有點寂寞。為了改變這種狀況，陳獨秀決定請劉半農、錢玄同出來，為新文化運動造勢。

錢玄同和劉半農都是陳獨秀的北大同仁，也是《新青年》雜誌的編輯，性格豪爽，三人

**一九一五年**

九月十五日，陳獨秀在上海創辦《青年雜誌》。次年九月，《青年雜誌》改名《新青年》。

**一九一七年**

一月一日，胡適在《新青年》上發表《文學改良芻議》，發起文學改良運動。

二月一日，陳獨秀在《新青年》上發表《文學革命論》，正式提出「文學革命」三大主義。

**一九一八年**

五月，魯迅在《新青年》上發表了第一篇白話小說《狂人日記》。

過從甚密，經常在一起探討白話文改革事宜。二月初的一個黃昏，陳獨秀邀請錢玄同和劉半農吃飯。席間，陳獨秀說：「想必二位都知道，自從吾等倡導新文化革命以來，可謂是產生了非凡效果。但文學革命依然反響寂寥。現在需要二位先生站出來說話了。若二位不站出來說話，我們倡導的新文化革命將無果而終，中國也將衰亡矣！」劉半農曾經在上海做過劇團編劇，提議演一齣「雙簧戲」：一個扮演頑固的復古分子，發表守舊的言論；一個扮演新文化的革命者，以記者身份對其進行駁斥。雖然搞把戲哄人並不是君子所為，但為了新文化運動，三人還是一拍即合，由錢玄同和劉半農演一齣「雙簧」。他們期望用這種形式把正反兩個陣營的觀點都亮出來，從而引起全社會對文學革命的關注。

經過充分醞釀，三月十五日，《新青年》第四卷第三號「通信」專欄刊發了一篇四千多字的讀者來信（即《文學革命之反響》），信是寫給編輯部的，署名「王敬軒」（其實就是錢玄同）。同期的編輯回信也刊發了劉半農的《覆王敬軒書》。

王敬軒的信滿篇之乎者也，酸腐沖天，通篇無標點。信中羅列了對新文化運動各類荒唐無知的攻擊和種種引人發噱的無理責難，信中道：「貴報大倡文學革命之論，權輿於二卷之末，三卷乃大放厥詞，幾於無冊無之。四卷一號更以白話行文，且用種種奇形怪狀之鉤挑以代圈點……」攻擊主張新文化的人不要祖宗。由於錢玄同深諳舊學，所寫信在內容和風格上都足以亂真。他不但忠實地模仿了守舊派對新文學的種種誤解與歪曲，而且使之顯得十分荒謬可笑。

劉半農的《覆王敬軒書》，洋洋萬餘言，對王敬軒的觀點逐一批駁。他針對王敬軒反對使用西式句讀符號的觀點，認為其是在說「閒話」，他說：句讀之學，中國自古就有；採用西方

### ■ 白話文運動

白話文運動是新文化運動中的一項重要內容。一九一七年一月，胡適發表《文學改良芻議》，倡議改革文體，並提出八個方面的意見，包括不用典，不用陳套語，不講對仗，不避俗語，須講求文法之結構，不模仿古人，須言之有物，不作無病呻吟。陳獨秀隨即寫了《文學革命論》，高舉「文學革命」的大旗，主張推倒雕琢的阿諛的貴族文學，建設平易的抒情的國民文學；推倒陳腐的鋪張的古典文學，建設新鮮的立誠的寫實文學；推倒迂晦的艱澀的山林文學，建設明了的通俗的社會文學。魯迅用小說的形式率先把新文學的形式和內容作了完美的結合；錢玄同、劉半農等人則在批判舊文學、提倡新文學，特別是宣傳白話文方面，各有建樹。

的句讀符號，只是因為中國原有的符號不夠用，正好把人家已經造成的借來用用。他建議王先去讀三年外國書，再來同他對話，否則王到死也不會明白這個道理。他還譏諷舊學者故步自封，目光短淺，指出就算舊學研究得再透徹，也不過是造就幾個因循守舊的老學究，就像鄉下老媽子，死抱了一件大紅布的嫁時棉襖，說它是世界間最美的衣服，卻沒有見過綾羅錦緞。在信中，劉半農還毫不留情對守舊派大師林紓進行了指名道姓的批評。劉半農文字詼諧活潑，辛辣老到，活畫出了當時一般遺老遺少、國粹古家們昏瞶酸朽的醜態。

錢玄同、劉半農一個唱白臉，一個唱紅臉，聯袂表演的「雙簧」十分成功。文章一經發表，即在社會上引起廣泛關注，同時，也在思想文化界引起不小的震動。隨即有人寫信給《新青年》向作者表示敬意。也有對劉半農的回信表示不滿的，而且要求《新青年》雜誌開闢專欄，討論學理之自由權。

信件剛一發表的時候，還引起新文化運動同仁的不同意見。胡適覺得這種做法未免過於遊戲，不是正人君子所為。但錢玄同、劉半農的行為卻得到了陳獨秀的堅定支持，陳認為：「這樣製造一點氣氛，也無不可。」魯迅也認為唱唱「雙簧戲」，無傷大雅，矯枉不忌過正；只要能打倒敵人，嬉笑怒罵，皆成文章。

新知識分子這種主動出擊的態度顯示了他們充分的自信，引發了讀者濃厚的興趣，同時也激起舊派文人的惱怒，辜鴻銘、劉師培、黃侃等守舊派紛紛跳出來，加強了對新文化運動的反擊。一九一九年春，赫赫有名的林紓也出來應戰，在上海《新申報》發表文言小說《荊生》和《妖夢》，含沙射影，攻擊陳獨秀、錢玄同等人，發洩他維護舊禮教、反對新文化的積怨。但是，無可奈何花落去，歷史潮流不可阻擋。

一九一八年起，新文化界比較普遍地使用白話文，有力地促進了新思想、新文學運動的開展。

正是有了這齣絕妙的「雙簧戲」，新文化運動的戰鼓擂得更緊了，使得新舊文學之間的較量進一步昇級，新文學的先驅們越戰越勇，新文化運動的影響越來越大。魯迅後來在《憶劉半農君》中對這次策劃十分讚賞，稱讚劉半農的確是狠打了次「大仗」。

知識鏈接

**新文化運動**

新文化運動以一九一五年九月陳獨秀在上海創辦《青年雜誌》（一九一六年九月起改名為《新青年》，一九一七年初遷到北京）為起點和中心陣地，以民主和科學（「德先生」和「賽先生」）兩面旗幟，向封建主義展開了猛烈的進攻。運動的代表人物是：陳獨秀、李大釗、魯迅、胡適、易白沙、吳虞、錢玄同等。運動的基本內容是：提倡民主，反對專制和舊倫理道德，要求平等自由，個性解放，主張建立民主政治；提倡科學，反對尊孔復古思想和偶像崇拜，反對迷信鬼神，要求以理性與科學判斷一切；提倡新文學，反對舊文學和文言文，開展文學革命和白話文運動。新文化運動打破了兩千多年來以孔子學說為代表的傳統教條對人們的束縛，極大地解放了人們的思想，為馬克思主義在中國的傳播，為五四運動的爆發，準備了思想條件。

「五四」前的新文化運動，主要是傳播西方自由平等學說和進化論思想。但從一九一八年下半年起，受十月革命的影響，陳獨秀、李大釗等人開始研究和宣傳十月革命與馬克思列寧主義。一九一九年的五四運動，推動了新文化運動的發展，此後馬克思主義開始廣泛傳播，成為新文化運動的主流。

# 顧維鈞雄辯巴黎和會

五四運動是中國近代史的一大轉折點，而中國在巴黎和會上的外交失敗則是它的導火線。顧維鈞在巴黎和會上義正詞嚴的抗爭顯示了中國人的骨氣，喊出了中國人追求民族自立的心聲。

一八八八年，顧維鈞出生於上海。那時的中國正一步步陷入列強的侵略包圍之中，而上海又是一個中外交往非常集中的地方，顧維鈞從小就看到了很多不平等的現象，他立志要通過自己的努力來改變國家積弱的狀況。一九〇四年，十六歲的顧維鈞剪辮易服，遠渡重洋，留學美國。他選擇了在哥倫比亞大學主修國際法和外交。一九一二年，顧維鈞獲得博士學位後回國。他先是擔任袁世凱的英文秘書，後來進入外交部任職，一九一五年任北洋政府駐美國公使。弱國無外交，雖然有着傑出的外交才華，但顧維鈞從事外交工作不久就發現，要為一個災難深重的國家在國際間爭得應有的權益是多麼艱難。

一九一八年，第一次世界大戰以同盟國的失敗宣告結束。「一戰」期間，英、法為鼓動中國參戰，允諾在戰後的和平會議上給予中國五個會議席位，以大國相待。面對即將召開的巴黎和會，中國舉國上下沉浸在巨大的喜悅之中，人們齊呼協約國的勝利是「公理戰勝強權」。在當時人看來，中國從鴉片戰爭開始的漫長寒冬就要過去，巴黎和會必將取消半個多世紀以

**一九一八年**

四月十四日，毛澤東、蔡和森等在長沙組織新民學會。

十月二十日，北京大學《國民》雜誌社成立。

十二月二十二日，陳獨秀、李大釗等主編的《每週評論》創刊。

**一九一九年**

一月一日，《新潮》月刊創刊，由北京大學新潮社主辦。

一月十八日，巴黎和會開幕。

四月，杜威來華講學。

五月四日，北京學生三千多人在天安門前集合，五四運動爆發。

來西方列強強加在中國人民身上的一切不平等條約，還中國一個公道。

一九一八年冬，以外交總長陸徵祥為團長的中國代表團抵達巴黎，剛過而立之年的顧維鈞在駐美公使任上被委派為五個全權代表之一（另外三人分別為駐英公使施基、駐比公使魏宸組和南方軍政府代表王正廷）。在離開美國之前，顧維鈞拜訪了美國總統威爾遜，威爾遜許諾願意支持和幫助中國，這讓顧維鈞對巴黎和會多了一份信心和期待。在回憶錄中，他這樣描述了對和會的期望——「即將召開的和會是一次非同尋常的機會，中國可以藉此謀求某種程度的公平待遇，並對過去半個世紀以來所遭到的慘痛後果加以改正。」

剛到巴黎，代表團就遭遇到了第一個打擊——和會席位問題。為了便於分贓，參加和會的美、英、法、意四國首腦和外長以及日本的兩位代表西園寺公望和牧野，組成了巴黎和會初期的最高決策機構——「十人會」。「十人會」中有四大巨頭，他們分別是英國首相勞合·喬治、法國總理克里孟梭、美國總統威爾遜和意大利總理奧蘭多。

參加和會的各個國家被劃分為三等，五大國——英、美、法、意、日為第一等，有五個席位，其他一些國家三席，一些新成立、新獨立的國家二席，中國被劃為最末一等，只能有二個席位。中國代表們四處奔走，要求增加席位，但無果而終。

一九一九年一月二十七日中午，組委會突然告知中國代表團，要中國代表出席下午的「十人會議」，此次會議主要解決山東問題。日本代表先發制人，已經在上午的會議上闡述了自己要求取得德國在山東的所有權益的觀點。經過一番討論，中國代表團決定由顧維鈞與王正廷出席下午的會議。

下午三時，會議開始。日本代表牧野傲慢地指出：山東租借地早已由德國轉移給日本。

---

六月五日，上海工人開始罷工，要求釋放被捕學生，罷免曹汝霖、章宗祥、陸宗輿。

六月二十八日，中國代表拒絕在《凡爾賽和約》上簽字。

七月一日，少年中國學會成立，此為五四時期最大社團之一，由李大釗、王光祈等發起。

七月十四日，毛澤東在長沙創辦《湘江評論》。

七月二十日，胡適發表《多研究些問題，少談些「主義」》，挑起「問題與主義之爭」。

七月二十五日，蘇俄發佈《第一次對華宣言》，宣佈廢除沙俄與中國簽訂的一切不平等條約。

八月，李大釗發表《再論問題與主義》。

九月十六日，周恩來等在天津成立覺悟社。

日本是戰勝國，有權處理這個問題。而且，日本非常尊重與中國已經簽訂的條約，中國早已承認日本對山東的權益（指「二十一條」）。總之，這一問題已經解決，無須爭議。面對日本的咄咄逼人之勢和英、法的偏袒，為了更好地進行反擊，顧維鈞和王正廷要求在第二天給予日本正式答覆，此議得到美國的支持。

第二天上午，會議準時召開。會議主席克里孟梭請中國代表團發言。這時王正廷起身說：「我要求由我的同僚顧維鈞先生來闡述中國政府的觀點。」經過細緻的準備，顧維鈞充滿了自信和責任感，這是他第一次站在國際政治舞台上，代表擁有四萬萬民眾的中國，闡述自己的見解。他先闡述了山東問題的由來，隨後滿懷深情地說：「膠州和膠濟鐵路所在地的山東省是中華文明的搖籃，孔子和孟子的誕生地，對中國人而言，這是一塊聖地。全中國人的目光都聚焦於山東。」顧維鈞明確指出：「山東就戰略而言，膠州控制華北的門戶，即控制由海岸至北京的捷徑。一條鐵路直達濟南府，與津浦鐵路相接即可通達北京。為中國國防利益而言，中國代表團不能答應任何外國擁有這生死攸關的地段。」顧維鈞也駁斥了日本代表關於中國與日本就山東問題已經達成協議的論斷。他認為所謂的協議即臭名昭著的「二十一條」是在武力逼迫下簽訂的，應該視為無效。

顧維鈞的發言有根有據，說理充分，語言流暢，說服力強，深深打動了與會的各國代表。發言剛結束，代表們就鼓起掌來。威爾遜急步走過來跟他握手表示祝賀，說「這是闡明中國立場的最好演說」。勞合·喬治也不吝惜他的讚美之詞，認為這一發言是對中國觀點的卓越論述。克里孟梭也被打動，用了一句很形象的話來評價顧維鈞的發言，他說：「顧之對付日本，有如貓之弄鼠，盡其擒縱之技能。」更想像不到的是，日本代表西園寺公望也從主席對

■ 巴黎和會

一九一九年一月至六月在巴黎凡爾賽宮召開的國際會議。會議被英、法、美、意、日等國操縱。主要簽訂了處置戰敗國德國的《凡爾賽和約》，同時還分別同奧地利、匈牙利、土耳其等國簽訂了一系列和約。這些和約構成了凡爾賽體系，確立了列強在歐洲、亞洲和非洲統治的新秩序。巴黎和會標榜通過媾和建立世界永久和平，實際上是一次分贓會議。作為戰勝國之一的中國，在和會上也成為被宰割的對象，中國要求收回德國強佔的山東半島的主權，但英、美、法卻將德國的利益轉送給日本。這引起中國人民的強烈抗議，五四運動由此爆發。

面的位置上過來和他握手。後來，顧維鈞回憶道：「整個氣氛與前一天日本代表講話之後出現的冷場對比鮮明。」

知識鏈接

**五四運動**

一九一九年五月一日，巴黎和會上中國外交失敗的消息傳到國內，給期待「公理戰勝強權」的國人當頭棒喝。五月四日，北京大學、北京高師等校的三千多名學生衝破軍警阻撓，雲集天安門，他們打出「誓死奪回青島」、「收回山東權利」、「拒絕在巴黎和會上簽字」、「廢除二十一條」、「外爭國權，內懲國賊」等口號，並且要求懲辦曹汝霖（交通總長，訂「二十一條」時任外交次長）、陸宗輿（幣製局總裁，訂「二十一條」時任駐日公使）、章宗祥（駐日公使）三個賣國賊。學生在使館區受阻後，轉而行至曹汝霖住宅，激憤的學生火燒曹宅，痛打了正在曹宅的章宗祥。隨後，軍警進行鎮壓，並逮捕了學生代表。學生遊行活動受到廣泛關注，各界人士給予支持，抗議逮捕學生。廣州、南京、杭州、武漢、濟南等地的學生和工人也給予支持。

六月五日，上海工人開始大規模罷工，以響應學生，總數前後約有六七萬人。六日，上海各界聯合會成立，舉行罷課、罷工、罷市三罷運動，影響波及全國。北洋政府面對強大壓力，曹汝霖、陸宗輿、章宗祥相繼被免職，總統徐世昌提出辭職。六月二十八日，中國代表拒絕在《凡爾賽和約》上簽字。五四運動取得一定的勝利。

五四運動是中國近代史上具有劃時代意義的事件。

# 「南陳北李」相約建黨

所謂「南陳」，指的是來自安徽的陳獨秀；所謂「北李」，指的是來自河北的李大釗。兩人不僅同是新文化運動的代表性人物，而且是組建中國共產黨的關鍵性人物。正是由於他們早期的積極籌備，才有後來中國共產黨的誕生。因此，早在二十世紀二十年代初期，就有了「南陳北李」之說流傳。有詩為證：

北大紅樓兩巨人，紛傳北李與南陳。
獨秀孤松如椽筆，日月雙懸照古今。
北李南陳，兩大星辰；
漫漫黑夜，吾輩仰承。

一九一九年五四運動中火燒趙家樓的烈火如革命的燎原之火，迅速在中華大地上蔓延。新文化運動領袖陳獨秀和主將李大釗非常關切運動的走向，思索着中國如何進行社會革命。五月四日當天，李大釗親自走上街頭，聲援學生。陳獨秀則在文章中寫道：「我看這兩個分贓會議，與世界永久和平，人類真正幸福，隔得不止十萬八千里，非全世界的人民都站起來直接解決不可。」五月十五日，李大釗將《新青年》第六卷第五號辦成「馬克思主義研究專號」，

一九二〇年
三月，李大釗、鄧中夏、高君宇等在北京成立馬克思學說研究會。
四月，陳望道翻譯的《共產黨宣言》出版。
五月，陳獨秀在上海成立馬克思主義研究會，為建黨作思想和組織上的準備。
九月，陳獨秀發表《談政治》一文，與無政府主義者展開論爭。
十月，羅素來華講學，宣傳基爾特社會主義。
十一月，張東蓀發表《由內地旅行而得之又一教訓》，挑起關於社會主義的論爭。

並發表了《我的馬克思主義觀》，該文較為系統地介紹了馬克思的學說。他們看到群眾運動正澎湃向前發展，日益感受到了勝利的喜悅，決心要趁熱打鐵，再燒一把火，把鬥爭引向深入。

然而，北洋政府早把他們的「異端思想」和行動視為「洪水猛獸」，北京各警察署接到密令：嚴密監視陳獨秀、李大釗等人，罪名是以印刷物品傳播過激主義煽惑工人。六月十一日，陳獨秀在中央公園等處散發傳單，被捕入獄。

陳獨秀被捕後，李大釗、胡適、高一涵、羅家倫等人紛紛活動，設法營救。李大釗還給章士釗拍電報，請他出面和政府代總理龔心湛斡旋。一些報紙也發文批評政府這是在搞文字獄。鑒於陳獨秀的名聲和輿論的壓力，北洋政府也不敢對陳獨秀下黑手。李大釗也上了警察署黑名單並被列為第二號人物，便回老家躲避。七月，李大釗看到胡適在《每週評論》上發表了《多研究些問題，少談些「主義」》，知道胡適針對的是馬克思主義，便發文反駁，引發了「問題與主義之爭」，這成為馬克思主義與非馬克思主義的第一次思想交鋒。

一九一九年秋天，李大釗回到北京。不久，陳獨秀也被保釋出獄。陳獨秀出獄後，李大釗寫了歡迎詩：「你今天出獄了，我們很歡喜！他們的強權和威力，終究戰不勝真理。什麼監獄什麼死，都不能屈服了你；因為你擁護真理，所以真理擁護你。」

陳獨秀雖然出獄，但還是受到警察的監控。一九二〇年一月底，陳獨秀接受湖北學生聯合會邀請，去武漢講學。在武漢，陳獨秀將批評的矛頭再次指向政府，消息經報紙傳開後，北洋政府非常憤怒，限期要警察署交人。警察署忙作一團，派人到火車站和陳宅偵查陳獨秀行蹤，打算一旦陳獨秀回到北京，便立即予以逮捕。

高一涵等人聽到風聲，和李大釗商議，派人到火車站等候陳獨秀，但沒有接到。陳獨秀回到家後，感覺警察加強了戒備，便立即帶上隨身要用的東西，去了胡適家。一看胡適家不是藏身之處，又去了李大釗家。陳獨秀將他看到警察的事對李大釗説了一遍。「仲甫，北京呆不下去了，想法子回南方吧。」李大釗擔心地説。「我也這樣想。現在我已被盯上了，不走也得走了。只是乘火車是萬萬不行了。」陳獨秀説。李大釗決定親自送陳獨秀離開北京，説道：「我們先到天津，再從天津乘船去上海。」經友人幫忙，陳獨秀裝成病人，李大釗扮作生意人，兩人僱了一輛騾車，直奔天津。

出了北京，李大釗和陳獨秀鬆了口氣，因為興奮，兩人一點倦意也沒有。李大釗決定利用這個機會，和陳獨秀交流在中國建立共產黨的看法，他説道：「仲甫，你看我們中國是否也走蘇俄的道路，成立 Bolshevism 式的政黨？」兩個人對中國未來的政治前途作了展望，決定分頭在南北籌劃建黨事宜，相約成立一個政黨，來領導中國革命。他們所要成立的這個政黨，就是一九二一年成立的中國共產黨。

陳獨秀和李大釗相約建黨，是當時中國部分知識分子從思想啟蒙走向革命實踐的標誌。新文化運動陣營就此出現裂痕，那些昔日同一戰壕的朋友，開始各自尋求自己的救國之道。

---

一九二一年
七月二十三日至三十一日，中國共產黨第一次全國代表大會召開。

一九二二年
七月十六日至二十三日，中國共產黨第二次全國代表大會在上海召開，提出了徹底反帝反封建的民主革命綱領，通過了關於民主的聯合戰線、加入第三國際（共產國際）等議案。
九月十四日至十八日，安源路礦工人舉行大罷工。

一九二三年
二月七日，吳佩孚對京漢鐵路罷工工人進行血腥鎮壓，造成震驚中外的「二七慘案」。

知識鏈接

### 中國共產黨成立

一九二〇年夏至一九二一年春，隨着馬克思主義在中國的廣泛傳播，中國工人運動的蓬勃興起，作為兩者結合產物的中國共產黨早期組織，在上海、北京、武漢、長沙、濟南、廣州以及赴日、旅歐留學生中相繼成立，建黨條件基本成熟，召開全國代表大會也在建黨骨幹中開始醞釀。

一九二一年六月初，共產國際代表馬林取道歐洲抵達上海，與另一位國際代表尼克爾斯基會合。他們很快與李達、李漢俊等取得聯繫，並交換了情況，建議及早召開共產黨代表大會，宣告中國共產黨正式成立。李達、李漢俊在徵詢陳獨秀、李大釗的意見並獲得同意後，分別寫信給各地黨組織，要求每個地區派出兩位代表到上海出席共產黨的全國代表大會。

七月二十三日晚，中國共產黨第一次全國代表大會在上海法租界貝勒路樹德里三號（後改稱望志路一百零六號，今興業路七十六號）

中共「一大」會址嘉興南湖遊船

正式開幕。出席大會的代表共十三人，他們是：上海的李漢俊、李達；北京的張國燾、劉仁靜；長沙的毛澤東、何叔衡；武漢的董必武、陳潭秋；濟南的王盡美、鄧恩銘；廣州的陳公博；留日學生周佛海以及陳獨秀委派的包惠僧。共產黨的主要創始人陳獨秀和李大釗因事務繁忙未能出席會議。七月三十日，因遭受法租界巡捕房的侵擾，代表們決定會議由上海轉移到浙江嘉興南湖的一艘遊船上繼續舉行。

中共一大討論了政治形勢、共產黨的基本任務、共產黨的組織原則和組織機構等問題，通過第一個綱領和第一個決議。大會選舉共產黨的領導機構中央局，陳獨秀為中央局書記。這次大會宣告了中國共產黨的誕生。

# 國共兩黨的合作與對抗

● 國民革命軍出征前誓師大會

二十世紀二十年代，中國革命風雲迭起。在共產國際與中國共產黨的幫助下，孫中山決定與中國共產黨進行合作。一九二四年一月，國民黨一大召開，國共合作正式建立。聯俄、聯共、扶助農工的三大政策成為國共合作的基礎。國共合作，力圖掃平軍閥，統一全國。初期，取得了極大戰果，但孫中山逝後，兩黨的分歧也愈加深刻，合作終於破裂。至三十年代中，兩黨各自拓展力量，而日本對中國的侵略日益狂妄，民族危機也不斷加深。

# 孫中山創立黃埔軍校

聞名中外的黃埔軍校，位於珠江中央的長洲島，四面環水，環境幽靜。軍校大門風格非常樸實，中央上方橫匾上「陸軍軍官學校」幾個大字，是國民黨元老譚延闓所書。在二門門口掛着一副對聯：「殺盡敵人方罷手，完成革命始回頭」，二門右側牆壁上掛着校長蔣介石手書的校訓「親愛精誠」。軍校大門彩樓兩旁原掛有一副對聯：「昇官發財，請往他處；貪生怕死，勿入斯門」，橫額為「革命者來」。孫中山逝世後，這裏改為總理遺囑中的「革命尚未成功，同志仍須努力」的標語。從這些對聯和標語中，我們能依稀體會到當年革命浪潮在軍校內洶湧澎湃的場景。

孫中山終生致力於革命事業。最初，他主要依靠會黨，會黨多為烏合之眾，情勢好的時候，還可以指揮，一旦面臨困難，多一哄而散。後來，則依靠發動新軍，雖然在推翻清政府的過程

黃埔軍校舊址

**一九一九年**

十月，孫中山整頓中華革命黨，改稱中國國民黨。

**一九二二年**

九月，孫中山在上海召集改進國民黨會議，商討國民黨改組問題。

中，新軍功不可沒，但孫中山並沒有真正屬於自己的軍隊。民國成立後，他組織過多次武裝鬥爭，但每次都因舊軍隊的反叛而中途夭折。一九二二年六月，一向被孫中山視為親信的陳炯明叛變，陳不僅要將孫中山趕走，而且還炮轟了總統府，差點置其於死地。脱離險境後，孫中山心情沉重地說：「文率同志為民國奮鬥垂三十年，中間出生入死，失敗之數不可僂指，顧失敗之慘酷，未有甚於此役者。」無依無靠的孫中山只能寓居上海，閉門著書。經過冷靜的思考，孫中山意識到，革命「獨一無二的希望，就是創造革命軍，來挽救中國的危亡」。

一九二一年十二月，共產國際代表馬林在廣西桂林會見孫中山，馬林向孫中山提出「創辦軍官學校，建立革命軍」的建議。馬林認為孫中山過於看重個人領導，忽視了黨組織的力量；沒有屬於自己的軍隊，無法有效反抗敵人的攻擊，更無法實施自己的革命理想。

而且，馬林還告訴孫中山，蘇俄可以在這個方面提供援助。孫中山自己的反思及馬林的建議，促使他下定決心，創辦屬於自己的軍校。

●黃埔軍校開學時孫中山檢閱學員隊伍（台上左起：廖仲愷、蔣介石、孫中山、宋慶齡）

一九二三年

一月二十六日，孫中山與蘇俄代表越飛聯名發表《孫文越飛宣言》，孫中山公開確立聯俄政策。

六月，中國共產黨第三次全國代表大會在廣州召開，制定實行國共合作的方針。

十一月，孫中山發表《中國國民黨改組宣言》。

為了籌建軍校和革命軍，一九二三年八月，孫中山派蔣介石、張太雷、沈定一三人組成「孫逸仙博士考察團」，赴蘇聯考察黨務和軍事。蔣介石畢業於日本士官學校，陳炯明叛變時曾侍衛過孫中山，得到孫中山的信任，被委任為考察團團長。代表團在蘇聯考察近三個月，內容涉及軍事、政治、黨務方面，並商洽有關軍事援助和建立軍校等問題。在蘇聯的幫助下，孫中山加快了建立軍校的步伐。

一九二三年十月，國民黨臨時中央委員會在廖仲愷的主持下，依照孫中山的提議，通過提案，決定建立陸軍學堂，定名為「中國國民黨陸軍軍官學校」。一九二四年一月，孫中山指定黃埔長洲島原廣東軍校舊址為校址。長洲島俗稱黃埔島，距廣州約十五公里，遠離城區，地當要衝，歷來是軍事重地，便於興學講武。因軍校建在黃埔島上，故習慣稱「黃埔軍校」。

一九二四年五月，黃埔軍校開學。孫中山自任軍校總理，委任蔣介石為校長，廖仲愷為黨代表。從一千二百名考生中取錄正式學生三百五十名，備取一百二十名，這些學生成為黃埔一期生。六月十六日，中國國民黨陸軍軍官學校舉行了隆重的開學典禮，孫中山身穿白色中山服，頭戴通帽，偕夫人宋慶齡，以及蔣介石和廖仲愷，走上主席台。孫中山給青年學生作了熱情洋溢的講話，要求學生：「要從今天起，立一個志願，一生一世，都不存在昇官發財的心理，只知道做救國救民的事業。」孫中山還宣佈了訓詞：「三民主義，吾黨所宗，以建民國，以進大同。咨爾多士，為民前鋒，夙夜匪懈，主義是從。矢勤矢勇，必信必忠，一心一德，貫徹始終。」此訓詞後來成為國民黨黨歌及軍官學校校歌。

在大禮堂舉行的盛典結束後，軍校學生來到操場舉行閱兵禮。孫中山等人登上觀禮台，等待着學生列隊而過。閱兵開始後，列着方陣的學生身穿黃卡其軍裝，腳蹬黃皮鞋，軍容整

**一九二四年**

一月，中國國民黨第一次全國代表大會在廣州召開，國共合作正式建立。

一月二十七日，從這一天起至八月下旬，孫中山系統講演三民主義。

六月十六日，黃埔軍校第一期學員舉行開學典禮。

九月十五日，第二次直奉戰爭爆發。

十月二十三日，馮玉祥發動北京政變，囚禁曹錕。

二十五日，馮玉祥電邀孫中山北上，共商國是。

十一月五日，溥儀被驅逐出故宮。

十一月十日，孫中山發表《北上宣言》。宣言重申反帝反軍閥的政治立場和國民革命的目的，提出召開國民會議和廢除不平等條約兩大主張。

十一月中旬，馮玉祥、張作霖、段祺瑞在天津商定，由段祺瑞組織北京政府。二十四日，段宣佈就任中華民國臨時執政。

齊，精神抖擻地走過主席台。孫中山望着這支威武雄壯、充滿朝氣的隊伍，感慨萬分。

黃埔軍校是一所國共合作創建的學校。黃埔軍校成立以後，由於國共兩黨的共同努力和蘇聯的大力援助，發展迅速。從建立起一直到一九二七年大革命失敗，黃埔軍校總共招收了六期學員，為中國革命培養了大批軍事人才。無論是國民黨，還是共產黨，都不會忘記黃埔軍校在中國革命史上的光榮地位。

知識鏈接

**中國國民黨第一次全國代表大會**

一九二四年一月二十日至三十日，中國國民黨第一次全國代表大會在廣州召開，與會代表一百六十五人，其中包括共產黨人陳獨秀、李大釗、毛澤東、林伯渠、瞿秋白、譚平山等二十四人。孫中山以總理身份擔任大會主席，指定胡漢民、汪精衞、林森、謝持、李大釗組成大會主席團。蘇聯顧問鮑羅廷也出席了大會。會議主題是對國民黨進行全面改組、實現國共合作。在報告中，孫中山總結了國民黨的歷史經驗，提出改組的組織原則是淘汰不純分子，吸收革命分子，把國民黨改組成為強有力的政黨，以此去改造國家，爭取革命成功。

大會通過了《中國國民黨第一次全國代表大會宣言》、《中國國民黨章程草案》等議案；選出了中央執行委員會和監察委員會。在當選為中央執行委員和候補委員的四十一人中，有共產黨員李大釗、譚平山、于樹德、毛澤東、瞿秋白、林祖涵等十人，約佔總數的四分之一。大會通過了改組國民黨使之革命化的具體辦法，在保留總理的名義下，領導機構採取委員制。大會還通過了接受共產黨員和社會主義青年團員以個人身份加入國民黨的決定。大會通過了國民黨的施政綱領，對三民主義作出了新的解釋，確立了聯俄、聯共、扶助農工的三大政策。

這次大會標誌着第一次國共合作正式形成，成為新的革命高潮的起點。

# 廖仲愷被刺

眾所周知，南京最著名的陵墓當屬中山陵。不過，在中山陵附近還有一些附葬墓並不是人人皆知的。在中山陵東側的林海中，掩映着一座莊重的陵墓，這就是孫中山的忠實追隨者、中國民主革命的先驅廖仲愷及夫人何香凝的墓園。在二十多年的革命生涯中，廖仲愷成為了孫中山最為親密的戰友，而且是「為數不多的同志中」，「最忠誠、最親密、發揮作用最大的一位」。一九二五年三月，孫中山病逝。僅僅五個月後，廖仲愷也被刺身亡。當人們來到南京中山陵拜祭孫中山和廖仲愷時，總想了解一九二五年廖仲愷被刺的真相。

一九二四年國民黨一大召開，國共合作正式建立，推動了國民革命的發展。但是，國民黨內

● 孫中山靈堂

**一九二五年**

一月十一日至二十二日，中國共產黨第四次全國代表大會在上海召開。

三月十二日，孫中山在北京逝世。

五月三十日，英租界當局製造「五卅慘案」。在中國共產黨的組織下，上海各界群眾罷工、罷課、罷市，抗議帝國主義的暴行，史稱「五卅運動」。

六月十九日，省港大罷工開始。

八月二十日，廖仲愷遇刺。

部一部分老右派百般刁難，抗拒三大政策。廖仲愷則堅定支持孫中山改組國民黨。廖仲愷在國民黨改組中的巨大貢獻，除孫中山外，是無人能夠超過的。連蔣介石都認為：「當時如果沒有廖先生，如果沒有他那樣的決心和熱誠來輔助總理，恐怕十三年本黨的改組，難得有那樣徹底的精神和偉大的結果。」

一九二五年孫中山的逝世打破了國民黨內部的權力平衡。隨着國民革命運動的不斷深入，國民黨派別之間的矛盾也逐漸昇級。

一九二五年五月，廖仲愷發表了《革命派與反革命派》一文，毫不遮掩地對國民黨右派進行了辛辣的批判。他說：「現在吾黨所有反革命者，皆自詡為老革命黨，擺出革命的老招牌，以為做過一回革命黨以後，無論如何勾結官僚軍閥與帝國主義者，及極力壓制我國最大多數之工界，也可以稱為革命黨，以為革命的老招牌，可以發生清血的效力。不知革命派不是一個虛名，那個人無論從前於何時何地立過何種功績，苟一時不續行革命，便不是革命派。反而言之，何時有反革命的行為，便立刻變成反革命派。」這篇文章對國民黨右派刺激很大，他們對廖仲愷恨之入骨。

從七月開始，國民黨右派分子就散佈種種謠言，企圖搞垮廖仲愷。其中一部分人更蓄謀用卑鄙的暗殺手段除掉廖仲愷。八月，廣州城已是滿城風雨，刺殺廖仲愷的謠言盛傳開來。然而廖對這些傳聞一笑置之，泰然無懼。

八月十八日，在國民政府的一次會議上，坐在廖仲愷身旁的汪精衛給他寫了一張條子，告訴他有人將對他下手，他當即表示：「為黨為國而犧牲是革命家的夙願，何有顧忌！」十九日，又有人以確切消息告誡他，廖仲愷慨然說道：「值此黨國多難之秋，個人生死早已置之度

■ 孫中山逝世

北京政變後，馮玉祥邀請孫中山北上主持大計，共商國是。孫中山於一九二四年十一月十三日，偕宋慶齡等離開廣州北上。為了進行宣傳，擴大影響，他經香港、上海，取道日本，前往北京。十二月四日，抵天津。三十一日，抱病抵北京，受到數萬各界群眾的盛大歡迎。孫中山因積勞成疾患肝癌於一九二五年三月十二日，在北京逝世，終年五十九歲。孫中山是中國民主革命的先行者，為創建中華民國立下不朽的功績，其三民主義學說是中國人民一份寶貴的精神財富。

外，所終日不能忘懷者，為罷工運動及統一廣東運動兩問題尚未解決！」這一天，他又為黃埔學校籌集經費工作到深夜，很晚才回到家中。

一九二五年八月二十日上午，廖仲愷與妻子何香凝乘坐汽車準備到中央黨部開會，路上遇到國民政府監察委員陳秋霖，陳正要找廖仲愷商量事情，廖便邀他一起上了汽車。車子很快駛到中央黨部，進了門首後，廖仲愷下車，和陳秋霖一起向黨部內走去。平日裏，這裏都有警察站崗，唯獨這天，一個警察也沒有。兩人剛走了幾步，突然間大門內衝出二人，衝着廖仲愷連連開槍，目標十分明確，四十八歲的廖仲愷當即倒於血泊中，抬運至醫院，已經不治。陳秋霖亦中彈倒地，兩天後去世。

為了追查暗殺的幕後策劃者和兇手，國民黨中央成立廖案特別委員會，由汪精衛、許崇智、蔣介石三人組成，同時組織廖案檢察委員會。經查，暗殺者主要成員有胡毅生、林直勉、朱卓文等人。由於胡毅生是胡漢民的堂弟，同案犯中有幾人是粵軍分子，為許崇智的部下，因此胡漢民、許崇智受到牽連。兩人無法在廣州立足，分別去了蘇聯和上海。國民黨右派受到沉重打擊。

處理廖案也導致了另一個結果，即蔣介石的地位和權力上昇。許崇智離粵後，其軍權便落到蔣介石手中。從此，蔣介石以國民革命軍第一軍軍長兼廣州衛戍司令的身份，成為掌握廣東實權的顯要人物之一。

廖仲愷

知識鏈接

## 國民黨的分化

國民黨改組以後，其內部分化為左、中、右三派。左派代表工人、農民和小資產階級；中派代表民族資產階級和上層小資產階級；右派代表地主買辦階級和民族資產階級右翼。同時，三派的成員也是變動的。一些曾被視作左派的人物，後為事實表明他們是假左派；當初中派裏的一些人，後來成為新右派；老右派中的許多人，不久從國民黨中分化出來，成為反動派。左、右派的分歧，主要表現在贊成還是反對反帝反軍閥的政治主張，贊成還是反對孫中山三大政策兩個問題上。在共產黨和國民黨右派之間，除一般左右派分歧之外，還突出地存在着由誰掌握革命領導權的鬥爭。

一九二四年六月，發生關於共產黨在國民黨內的「黨團」問題的爭論，鄧澤如、張繼、謝持三人以國民黨中央監察委員的身份，向孫中山和國民黨中央提出《彈劾共產黨案》。他們認為共產黨加入國民黨是「黨中有黨」，妨害國民黨的發展，要求加入國民黨的共產黨員取下「共產黨招牌」，否則「不如分道揚鑣」。國民黨中央否定了他們的彈劾案。但他們不服中央決議，繼續堅持反共立場，不久就走向公開的分裂。

在共產黨和國民黨左派同國民黨右派的尖銳鬥爭中，一九二五年八月發生廖仲愷被刺事件。刺殺廖仲愷，這是國民黨右派打擊左派、反對國共合作的一個重要舉動。處理廖案的結果，一方面打擊了右派勢力，一方面讓蔣介石奪得了廣東的軍政實權。

# 中山艦事件

中山艦事件，是中國近代史上震驚中外的一件大事。事件波及當時廣東國民政府高層，在事件的處理過程中，政壇人事發生重大沉浮變化，國共合作的良好根基發生嚴重動搖，並最終影響到國民革命的進程甚至整個近代中國的歷史走向。

一九二六年三月二十日，蔣介石不經國民黨中央同意，以謠傳的「共產黨在製造叛亂，陰謀策動海軍局武裝政變」為藉口，擅自宣佈廣州戒嚴，逮捕海軍局代理局長、共產黨員李之龍，佔領中山艦和海軍局，派兵包圍省港罷工委員會以及蘇聯顧問的住宅，還扣押了在黃埔軍校和國民革命軍第一軍中做黨代表和政治工作的共產黨員。這就是大革命時期著名的「中山艦事件」。

事件發生後，汪精衛十分生氣。他對前來報信的陳公博説：「我是國民政府主席，又是軍委主席，介石這樣舉動，事前一點也不通知我，這不是想造反嗎？」儘管事後蔣介石積極向汪精衛及蘇聯方面尋求妥協，可始終無法得到汪精衛的諒解。汪先是稱病不出，後來乾脆出國「治病」，妄圖以退為進，挽回政治顏面。沒想到，汪精衛這一去，恰好給蔣介石謀求國民黨的最高領導權創造了良機。蔣是這次事件最大的受益者，反蔣的人都認為中山艦事件不過是蔣介石設計好的陰謀；而支持蔣的人則聲稱，是共產黨人的挑釁導致了這次事件的發生。

**一九二五年**

十一月二十三日，國民黨老右派在北京西山召開會議，會議的主題是反蘇、反共，破壞國共合作。「西山會議派」由此形成。

**一九二六年**

一月一日至十九日，國民黨在廣州召開「二大」。會議譴責西山會議派，繼續執行孫中山遺囑和聯俄、聯共、扶助農工三大政策。

三月二十日，中山艦事件發生，又稱「三二〇事件」。

五月十五日，國民黨在廣州召開二屆二中全會，蔣介石提出整理黨務案。

實際上，中山艦事件既非共產黨的謀劃，也不是蔣介石的陰謀，而是當時國民黨黨內的右派分子故意設計的一個陷阱，其根本目的就是想通過這個事件，來打擊共產黨。

孫中山逝世後，國民黨內左右派力量的分化日益明顯。一九二六年一月，國民黨第二次全國代表大會召開，左派取得了巨大的勝利。同時共產黨的力量也大為增強，在隨後建立的國民黨中央秘書處、組織部、宣傳部、農民部中都有共產黨員擔任領導職務。與此同時，國民革命軍中大約已有一千餘名共產黨員。一軍、二軍、三軍、四軍、六軍的政治部主任都由共產黨人擔任。當時汪精衛表現為前所未有的左傾，成為國民黨左派和共產黨擁護的領袖，權力達到頂峰，身兼國民政府主席和國民黨中央政治委員會主席，同時還是軍事委員會主席。而此時的國民黨右派卻不能容忍共產黨力量的發展，也不能容忍汪精衛的左傾。蔣介石在當時是雙方爭奪的對象。

當時蔣介石為黃埔軍校校長，同時兼任國民革命軍第一軍軍長、廣州衛戍司令。在打敗陳炯明、統一廣東的過程中，蔣介石的嫡系部隊逐漸壯大起來，於是他的政治野心日益膨脹，與汪精衛發生嚴重衝突，因為汪精衛想大權獨攬，

●中山艦

特別是在人事任用方面，從不徵求蔣的意見。為了同汪對抗，同時排擠共產黨，蔣介石就在黃埔軍校組成了一個所謂的「孫文主義學會」。他們造謠惑眾，挑撥離間，蓄意製造混亂，打擊汪精衛，同時企圖把黃埔軍校和國民革命軍中的共產黨員排擠出去。

一九二六年三月十八日午後，珠江口一帶出現海盜，被劫商船請求保護。黃埔軍校當時無艦可派，就打電話向軍校駐廣州的辦事處求援。在這個過程中，右派分子向海軍代理局長、共產黨員李之龍假傳蔣介石的命令，要求派軍艦去黃埔。第二天一早，李之龍簽發調令，讓中山、寶璧二艦前往。軍艦抵達黃埔，向軍校報到，但無人接應。經請示蔣介石後，中山艦又開回廣州。蔣當時很納悶，他並未調派軍艦，為何軍艦老是跟隨他呢？據蔣介石的日記記載，當時他感覺蘇聯顧問對他不滿，正想方設法除去他。中山艦的異常舉動，在他看來，是蘇聯顧問要強行劫持他出國。當時在蔣介石的親信中也謠言四起：「共產黨陰謀暴動，要推翻政府，唆使中山艦開進黃埔，劫持蔣校長，送往海參崴轉送莫斯科。」他們立刻行動起來，面見蔣介石，讓蔣介石先下手為強。於是，蔣調動部隊，宣佈戒嚴，製造了中山艦事件。

蔣介石的反共舉動和專擅跋扈的做法，激起共產黨人和國民黨左派人士的強烈不滿。但蘇聯顧問和中共中央採取了妥協退讓的方針，不但沒有追究蔣的罪責，反而完全滿足了他的要求，共產黨人退出了國民革命軍第一軍，部分蘇聯顧問被辭退回國。

經過中山艦事件，蔣介石完全控制了第一軍，並因蘇聯顧問和共產黨的妥協、汪精衛的出走，在政治上取得優勢，這就為他進一步進行反共和奪權活動創造了條件。

---

■ 國民黨新右派

一九二五年三月，孫中山逝世後，國民黨內本已存在着的派系鬥爭此消彼長，以蔣介石為首的新右派逐漸形成。新右派重新解釋三民主義，反對聯俄、聯共、扶助農工三大政策。一九二五年六、七月間，戴季陶先後拋出了《孫文主義之哲學的基礎》、《國民革命與中國國民黨》等小冊子，為新右派在理論上造勢。一九二六年，蔣介石先後製造了中山艦事件和整理黨務案，大肆排擠共產黨人，而所留空缺大部分由國民黨右派分子取而代之。

知識鏈接

## 整理黨務案

中山艦事件發生後，由於中共中央和共產國際以及國民黨左派的妥協，蔣介石反共氣焰進一步高漲，隨即策劃把共產黨排擠出國民黨領導機構、全面控制國民黨的黨權。一九二六年五月十五日，國民黨二屆二中全會在廣州召開。會上，蔣介石打着協調國共兩黨關係的幌子，以消除疑慮、杜絕糾紛為藉口，提出了一個「整理黨務案」。其主要內容是：加入國民黨的共產黨員在國民黨中央、省、特別市黨部中擔任執行委員，其數額不得超過各該黨部委員數額的三分之一；共產黨員不得擔任國民黨中央各部部長；共產黨須將加入國民黨的共產黨員名單交國民黨中央保存；共產黨對參加國民黨的共產黨員的指示，須事先提交國共兩黨聯席會議通過方能下達等。

中共中央領導人陳獨秀等和蘇聯顧問鮑羅廷採取妥協退讓的態度，使蔣介石的提案得以順利通過。隨後，原任國民黨中央部長的共產黨員全部離職。蔣介石擔任了國民黨中央組織部長兼軍人部長，隨後又當上國民黨中央常務委員會主席和國民革命軍總司令。至此，蔣在控制國民革命軍第一軍以後，繼而掌握了黨權、政權和軍權。蔣介石後來說，中山艦事件和整理黨務案，是國共力量「消長的分水嶺」。

# 葉挺和「鐵軍」

在北伐戰爭中，葉挺率領的國民革命軍第四軍獨立團可以説是戰無不勝，攻無不克，所向披靡，為第四軍贏得了「鐵軍」的稱號，葉挺因此成為名震中外的「北伐名將」。

葉挺，原名葉洵，字希夷，一八九六年出生於廣東惠陽。愛好軍事的他先後畢業於廣東陸軍小學堂、武昌陸軍第二預備學校和保定陸軍軍官學校，是民國初年少有的受過較長的正規軍事教育的將領。一九一九年初，立志救國的葉挺加入了國民黨，投身革命。一九二一年，擔任孫中山陸海軍大元帥府警衛團營長。一九二二年，陳炯明背叛孫中山，炮轟總統府，葉挺冒着生命危險，帶着孫夫人宋慶齡突出重圍。一九二四年，葉挺到蘇聯學習，其間加入中國共產黨。一九二五年回國，投身於轟轟烈烈的大革命。

一九二六年，廣東國民政府決定北伐。五月，葉挺獨立團被指派為先遣部隊，率先出發。

葉挺獨立團成立於一九二五年十一月，其前身是一九二四年中共廣東區委商得孫中山同意組建的「建國陸海軍大元帥府鐵甲車隊」。葉挺獨立團隸屬第四軍，實際上由中共廣東區委具體領導，其幹部的任免、調動和人員的補充全由共產黨獨立負責，這是中國共產黨直接領導的第一支正規武裝。全團約有官兵二千一百餘人，百分之八十五的士兵是共產黨員、共青團員和擁護共產黨的革命青年。精兵加良將，加上當時愛國青年們高漲的革命熱情，所產生

---

**一九二六年**

五月二十日，葉挺獨立團作為北伐先遣隊北上，揭開北伐戰爭的序幕。

七月九日，國民革命軍在廣州舉行北伐誓師典禮。

九月十七日，馮玉祥在五原誓師，響應北伐。

■ **國民革命軍**

一九二五年七月，廣東革命政府改組為國民政府，將下轄的各地方軍隊名目取消，統一改編為國民革命軍。初編時，有六個軍：即由黃埔軍校學生軍和部分粵軍為第一軍，軍長是蔣介石；譚延闓率領的湘軍為第二軍；朱培德

的戰鬥力遠非軍閥的部隊可比。

五月初，葉挺獨立團在肇慶誓師北伐。五月下旬，獨立團挺進湖南，接到第八軍軍長唐生智的告急電報：在安仁被敵人包圍。獨立團冒雨兼程馳援安仁，經過一天一夜的激烈拚殺，獨立團以一團之眾擊潰四團之敵，並乘勝追擊，佔領攸縣。獨立團初戰告捷，敵人聞風喪膽，紛紛打聽：「這些南蠻子是不是獨立團的人？」此後，獨立團官兵一路凱歌，勢如破竹，佔醴陵、瀏陽，破平江，斷粵漢，八月下旬便直趨武漢。

眼看北伐軍各路人馬兵臨武漢，直系軍閥吳佩孚急忙調遣近三萬人的兵力，準備死守汀泗橋。汀泗橋三面環水、一面高山聳立，易守難攻。當年湘鄂兩軍交戰，吳佩孚就是依靠汀泗橋天險挫敗湖南軍閥趙恆惕的數萬大軍而坐穩湖北的，如今，他想再次做回勝利的美夢。

八月二十六日，第四軍的六個團向汀泗橋發起猛烈攻擊。吳佩孚深知，這場戰役事關重大，他把實力最強的軍官團調往前線，並組織大刀隊督戰，下令「退卻者殺無赦」，大有破釜沉舟之勢。雙方隔橋對峙，爭奪異常激烈，傷亡都很大。二十七日拂曉，葉挺獨立團和第七軍的一部由當地熟悉地形的農民帶路，迂迴到吳佩孚部隊的背後，出其不意發起猛攻，最終突破敵人陣地，佔領了汀泗橋。

吳佩孚心有不甘，他又在地勢同樣險要的賀勝橋建立指揮部，集中四萬多人的兵力，親自坐鎮指揮，準備與北伐軍決一死戰。他口出狂言：「昔以汀泗橋一戰而定鄂，今以賀勝橋一戰而定天下。」他還槍決了從前線潰逃回來的一名旅長，宣稱以後再敢有退卻者，處以極刑，「即使本大帥退卻，也要身首異處」。面對吳佩孚的重兵防守，第四軍副軍長陳可珏找到葉挺：「希夷，是不是由你們再當一次先鋒？」「上級讓我們當，我們就當，我們執行上級的命

率領的滇軍為第三軍；李濟深率領的粵軍為第四軍；李福林率領的粵軍為第五軍；原程潛率領的湘軍改稱第六軍。初期的國民革命軍依照蘇俄建軍體制，在軍、師兩級設黨代表及政治部。一九二六年三月新桂系接受國民政府的領導，將廣西現有軍隊改編為國民革命軍第七軍，李宗仁為軍長。一九二六年四月，原湘軍將領唐生智表示願意加入國民革命軍，隨後國民政府將唐生智所部改編為第八軍。

一九二六年七月，國民革命軍誓師北伐，當時的國民革命軍為八個軍約十萬人。蔣介石任總司令，李濟深為參謀長，白崇禧任參謀次長代理參謀長，鄧演達為總政治部主任。

令。」葉挺爽快地回答。

二十九日晚，進攻命令下達後，葉挺指揮部隊，不顧危險，直插敵人縱深陣地，趁黑暗進到距離敵人數百米的地方。次日凌晨，隨着衝鋒號的嘹亮響聲，獨立團的戰士身繫「紅藍白」色識別帶，箭一般地衝入敵陣，與敵人展開肉搏戰。幾經劇烈廝殺，很快突破敵人的第一道防線。接着又突破野牛都山、鐵路橋等敵軍核心陣地。這種明擺不要命的戰法，從精神上徹底擊潰了吳佩孚的部隊。八月三十一日，吳佩孚丟下設在賀勝橋的鐵甲列車指揮所，倉皇逃跑。不可一世的吳佩孚不僅沒能定天下，反而從此一蹶不振，而那條「即使本大帥退卻，也要身首異處」的軍紀也成了笑話。隨即，獨立團又奉命擔任進攻武漢的先鋒。十月十日，北伐軍一鼓作氣攻佔了武漢。

知識鏈接

**北伐戰爭**

一九二四年一月，中國國民黨第一次全國代表大會召開，第一次國共合作正式建立。隨後，創辦了黃埔軍校，建立了國民革命軍，統一和鞏固了廣東革命根據地，恢復和發展了工農運動，為北伐戰爭作了準備。七月一日，廣東國民政府發表《北伐宣言》，七月九日，國民革命軍從廣東正式出師北伐。共產黨人葉挺領導的以共產黨員為骨幹組成的第四軍獨立團是北伐先鋒。

**一九二七年**

一月一日，國民政府明令遷都武漢。

三月二十一日，上海工人發動第三次武裝起義，翌日佔領上海。

北伐的主要對象是三支北洋軍閥部隊：一是據有河南、湖北、湖南等省的直系吳佩孚，有軍隊約二十萬人；二是由直系分化出來自成一派盤踞江蘇、浙江、安徽、福建、江西五省的孫傳芳，有軍隊約二十萬人；三是據有東北和山東、直隸、熱河等地的奉系張作霖，有軍隊約三十五萬人。當時軍閥的實力遠比國民革命軍的實力強大，為此，北伐軍制定了各個擊破的戰略：先穩住張作霖和孫傳芳，把主要的進攻矛頭指向盤踞在兩湖的吳佩孚，打敗吳之後，再消滅其他軍閥。十月，北伐軍攻佔武漢，全殲吳佩孚部主力。十一月起，北伐軍向孫傳芳部發起攻勢，孫傳芳所部很快被消滅。一九二七年三月，為配合北伐軍進攻上海，中國共產黨領導上海工人發動第三次武裝起義並取得勝利，佔領了上海。

從一九二六年七月到一九二七年三月，北伐軍出師不到十個月，就從廣東打到武漢、南京、上海，使革命區域由珠江流域擴展到長江流域，席捲了半個中國，沉重打擊了外國勢力和軍閥的統治。

# 葉劍英南昌起義密建功

一九二七年八月一日凌晨，中國共產黨人領導的南昌起義揭開了國共兩黨武裝對峙的序幕，這是共產黨獨立領導軍隊的開始。在南昌起義中，群英薈萃，解放軍一九五五年授銜的十大元帥中有八位元帥與南昌起義緊密相連。他們在這次起義中，有的參與了策劃，有的參與了指揮，有的參加了全過程，有的趕上了尾聲。其中，有一人雖然沒有到南昌參加指揮作戰，但在起義前後發揮了重要作用，他就是時任國民革命軍第四軍參謀長的葉劍英。

一九二七年七月中下旬，為了反擊國民黨，中共中央決定在南昌舉行武裝起義，並成立了以周恩來為書記的前敵委員會領導起義。當時，賀龍的第二十軍和葉挺的第十一軍第二十四師革命情緒高漲，引起了國民黨方面的注意。汪精衛便與賀龍、葉挺所在的國民革命軍第二方面軍第四軍軍長張發奎商議怎麼辦，張發奎一揮手說：「這好辦，兩支部隊沒有了賀龍、葉挺，就群龍無首了，自然解散。」於是他們密議，決定以張發奎的名義，邀賀龍、葉挺上廬山開會，屆時予以扣留。同時調動軍事力量包圍賀、葉部隊。然而，他們沒有料到，這個計劃被在他們身邊工作的第四軍參謀長葉劍英察覺了。葉劍英連夜找到賀龍、葉挺，將汪精衛等人的密謀告訴了他們。

七月二十五日，在九江市區南部的甘棠湖，葉劍英、葉挺、賀龍坐在一條小木船上，以

**一九二七年**

八月一日，南昌起義爆發，打響了共產黨武裝反抗國民黨的第一槍。

八月七日，中共中央在湖北漢口召開緊急會議（即八七會議）。

九月九日，毛澤東和湖南省委領導了湘贛邊界秋收起義。

十一月二十一日，第一個工農政權——海陸豐蘇維埃成立。

十二月十一日，張太雷、蘇兆徵、葉挺、葉劍英等在廣州舉行武裝起義。

遊玩為名，開了一個小會。他們分析了當前的情況，最後決定：賀龍、葉挺不去廬山開會，趕緊帶領部隊立即向南昌開進。葉劍英最後對賀龍、葉挺說：「你們有什麼動作請及時通報消息。」這就是著名的「小船會議」。會後，葉挺、賀龍率部隊立即向南昌進發，這支隊伍成為南昌起義的主力。

賀龍、葉挺帶領隊伍走後，汪精衛、張發奎不甘罷休，七月二十八日，他們在廬山開會，密商加緊「清共」行動。由於葉劍英係秘密入黨，其黨員身份外人不知曉，但第二方面軍中的黨員惲代英、廖乾吾、高語罕等人遭到通緝。葉劍英在廬山會議上得悉內情，立即派人下山通報給了廖乾吾。廖乾吾及時轉告惲代英、高語罕等。他們迅速離開九江，趕赴南昌參加起義。

八月一日凌晨，南昌起義爆發了。經過四個多小時的激戰，起義軍全殲城內守軍三千餘人，佔領南昌城。擔任起義總指揮的賀龍當天即將這一重大事件通報給了在九江的葉劍英。葉劍英得到這一消息，心情十分振奮。

南昌起義爆發後，國民黨驚恐萬狀，汪精衛急令張發奎、朱培德等部圍攻南昌。八月三日起，起義軍按照原定計劃分批撤出南昌，南下廣東。由於撤離倉促，加上酷暑，部隊減員較多。張發奎妄圖把起義軍扼殺在搖籃裏，他

南昌起義的指揮部——江西大旅社

在九江召集黃琪翔、朱暉日、葉劍英等高級軍官開會，商討對策。會上，張發奎説葉挺、賀龍公然「叛變」，於公誼私情均不可諒解，主張立即派兵追擊。面對這種形勢，葉劍英心中十分焦急。他想，如果張發奎率部追擊起義軍，起義軍就要面臨前後夾擊的危險，後果將難以設想。經過思考，他決定利用張發奎同廣東軍閥李濟深的矛盾，勸説張發奎不要追擊起義軍，讓他們去廣東東江。葉劍英告訴張發奎，起義軍去東江之後，廣東軍閥李濟深就會調兵去打，這樣張發奎可以趁機向廣東進軍，順利回到廣州。如果跟着葉、賀屁股打，可能兩敗俱傷，而這正是李濟深所希望的。張發奎聽了葉劍英的意見，覺得很有道理。他自知以尚存的一萬餘兵力來對付賀、葉的二萬多起義軍，難操勝券，同時考慮到各方面的關係，遂採納葉劍英的意見，放棄了尾追賀、葉的企圖。

正是由於葉劍英給張發奎獻的「錦囊妙計」，南昌起義軍減少了被追擊的壓力，從而得以迅速打開南下廣東的通道。雖然起義軍在後來的戰鬥中屢受挫折，但餘部在朱德、陳毅的率領下，最終於一九二八年四月到達井岡山，與毛澤東領導的湘贛邊界秋收起義部隊會師。

知識鏈接

### 八七會議

為了總結大革命失敗的教訓，糾正陳獨秀的右傾錯誤，確定共產黨在新時期的鬥爭方針和任務，在共產國際的幫助下，一九二七年八月七日，中共中央在漢口召開了中央緊急會議。會議由瞿秋白、李維漢主持。由於形勢緊迫，會議僅開了一天。毛澤東、鄧中夏、蔡和森、羅亦農、任弼時等先後發言。毛澤東在發言中批評了陳獨秀在農民、軍事等問題上的錯誤，強調軍事工作的極端重要性，指出：「以後要非常注意軍事，須知政權是由槍桿子中取得的。」第一次提出了槍桿子裏面出政權的思想。會議確定以土地革命和武裝反抗國民黨的屠殺政策為共產黨在新時期的總方針，並把發動農民舉行秋收起義作為當時的最主要任務。會議選舉產生了新的臨時中央政治局，瞿秋白、李維漢、蘇兆徵三人當選政治局常委，瞿秋白主持中央領導工作。

# 井岡山會師

井岡山上有一個會師廣場，遊客到此，總要瞻仰「朱毛」會師紀念碑，時光彷彿回到了那個炮火連天的年代。一九二八年四月二十八日，毛澤東與朱德兩人的手第一次握在一起。從此，「朱毛」的名字便緊緊地聯繫在了一起。那麼，朱、毛是怎樣會師井岡山的呢？

一九二七年春夏之交，蔣介石、汪精衛分別在南京和武漢發動了四．一二政變、七．一五政變，轟轟烈烈的大革命以失敗告終。大屠殺的腥風血雨，使得全國的革命形勢發生了巨大的逆轉，中國革命由高潮轉入低谷。共產黨人從戰友的屍體中爬起來，開始了新的戰鬥，先後舉行了南昌起義、秋收起義、廣州起義，但是，由於雙方實力差距太大，三大起義都遭受挫折。生死關頭，如何尋找新的道路呢？毛澤東率先作出選擇，一九二七年十月，他帶領部隊到達羅霄山脈中段即井岡山地區，創建了以寧岡（現已併入井岡山市）為中心的第一個農村根據地——井岡山根據地，開啟了中國革命以農村包圍城市的嘗試。

南昌起義失敗後，朱德、陳毅等率領部分隊伍輾轉征戰，於一九二八年一月進入湘南地區，得到了當地共產黨組織的支持，發動了湘南暴動，一度取得勝利。但在國民黨軍重兵夾擊下，隊伍無法在湘南立足，同年三、四月間，向湘贛邊界地區轉移。此時，朱德得知毛澤東在井岡山打遊擊，便當機立斷，與陳毅商量後決定分頭向井岡山轉移，去找毛澤東，建立

---

一九二七年
九月二十九日，毛澤東領導了著名的「三灣改編」。

一九二八年
四月二十八日，朱德率部與毛澤東在井岡山會師。
五月十六日，劉志丹領導的渭華起義全面爆發。
七月二十二日，彭德懷、滕代遠等發動平江起義。

一九二九年
十二月十一日，鄧小平等領導發動了廣西百色起義。

根據地，實現武裝割據。

同時，毛澤東也得知了朱德、陳毅在湘南面臨困境，馬上派毛澤覃帶人前去聯絡。同時將主力兵分兩路，何長工、袁文才、王佐率領第二團去接應湘南起義的隊伍，自己帶領第一團堵截湘南隊伍的追敵。何長工、袁文才、王佐率領第二團先在資興遇到了陳毅率領的農民軍。四月二十一日，又在酃縣沔渡同朱德率領的湘南起義主力部隊會合。朱德見到何長工便急切地問：「毛委員在哪兒？」何長工說：「他帶領部隊打掩護，再過三四天才能到這裏。」朱德聽後非常高興，說：「終於可以一睹毛委員的風采了。」

二十二日，何長工又接到毛澤東的來信，指示第二團先期回寧岡礱市，籌備兩軍會師事宜。四月二十四日，朱德、陳毅率領湘南起義一部分直屬部隊從沔渡到達寧岡礱市。四月二十八日，毛澤東也率領部隊從湘南的桂東、汝城返回了礱市。

毛澤東得知朱德、陳毅已經到達，便迫不及待地去見二人。何長工後來回憶道：「毛澤東一到礱市，得知朱德、陳毅住在龍江書院，顧不上一路征塵，立即向龍江書院走去。朱德聽說毛澤東來了，趕忙與陳毅、王爾琢等主要領導幹部出門迎接。我們遠遠看見他們，就報

● 龍江書院

■ 三灣改編

一九二七年九月二十九日，毛澤東在江西永新縣三灣村對部隊進行改編。原來的三個團縮編為一個團，稱中國工農革命軍第一軍第一師第一團；部隊中建立各級共產黨的組織，確立黨對軍隊的絕對領導原則；成立士兵委員會，實行政治民主，經濟公開，廢除繁瑣禮節，建立新型的官兵關係。三灣改編是中國共產黨建設軍隊最早的一次成功探索和實踐。

告毛澤東說：『站在前面的那位，就是朱德同志，左邊是陳毅同志，朱德同志身後的那位是王爾琢同志。』毛澤東點點頭，微笑着向他們招手。快走近書院時，朱德搶先幾步迎上去，毛澤東也加快了腳步，早早把手伸出來。不一會，他們的兩隻有力的大手，就緊緊地握在一起了，使勁地搖着對方的手臂，是那麼熱烈，又是那麼深情。」

一九二八年五月四日，「慶祝兩支部隊勝利會師」的大會在礱市舉行。會場設在礱市南邊一個草坪上。用門板和竹竿搭起一個主席台，兩側插滿了紅旗，懸掛着「慶祝兩支部隊勝利會師」和「打倒國民黨反動派」的大幅標語。這天會場上部隊和湘南農民軍以及附近的群眾共來了一萬多人。戰士們扛着大刀、梭鏢、槍支，個個精神抖擻。群眾們也是笑容滿面。

十時許，慶祝大會開始。何長工主持大會。當他宣佈慶祝大會開始時，軍號吹起，鞭炮齊鳴。執行主席陳毅首先講話。他說：今天是五四紀念日，我們在這裏慶祝兩支部隊的會師，意義非常重大。他宣佈：兩支部隊改編為中國工農革命軍第四軍（後來改稱工農紅軍第四軍），朱德任軍長，毛澤東任黨代表。朱德在大會上講話則指出：兩支部隊的匯合，意味着中國革命的新起點，我們有了根據地，我們的力量更大了。我們兩支隊伍要團結起來，爭取更大的勝利。毛澤東也發表了講話，他滿懷信心地指出，現在我們雖然在數量上、裝備上不如敵人，但是我們有馬列主義，有群眾的支持，不怕打不敗敵人。敵人並沒有孫悟空的本事，即使有孫悟空的本事，我們也有辦法對付他們，因為我們有如來佛的本事，他們總逃不出如來佛的手掌！

朱毛會師，壯大了井岡山的共產黨武裝力量，鞏固並擴大了全國第一個農村根據地，進而推動了共產黨力量的發展。

一九三一年

十一月七日，中華蘇維埃第一次全國代表大會在江西瑞金召開，宣佈成立中華蘇維埃共和國。

知識鏈接

## 中共根據地的建立和發展

從一九二七年下半年至一九三〇年上半年，中國共產黨為反抗國民黨的屠殺政策，先後舉行了南昌起義、秋收起義、廣州起義等武裝起義。起義受挫後保存下來的武裝，相繼轉入國民黨統治力量比較薄弱的農村，開展遊擊戰爭，建立根據地。

共產黨創立的第一塊根據地是井岡山根據地。井岡山地區位於湘贛邊界上的羅霄山脈中段，這裏遠離中心城市和交通要道，國民黨統治力量比較薄弱；地勢險要，幅員廣大，有遊擊戰爭的回旋餘地；群眾基礎較好，革命影響仍然存在，還有袁文才、王佐兩支農民自衛軍；在這裏開展遊擊戰爭，可以影響湘贛兩省乃至於湖北。因此，在此建立根據地，既有利於紅軍的生存和發展，又有利於推動全國革命形勢。一九二七年十月，毛澤東率領秋收起義的部隊到達井岡山，發展武裝力量。一九二八年二月，工農革命軍在礱市成立了寧岡縣工農兵政府。至此，井岡山根據地初步建成。一九二八年四月底，朱德、陳毅率領南昌起義保存下來的部隊到達井岡山，和毛澤東領導的工農革命軍會師。十二月，彭德懷、滕代遠率領紅五軍主力來到井岡山。此後，紅軍擊退了國民黨軍隊的多次「圍剿」，根據地不斷擴大。

「星星之火，可以燎原。」到一九三〇年夏，共產黨建立了大小十幾塊農村根據地，主要有贛南、閩西、湘鄂西、鄂豫皖、閩浙贛、湘鄂贛、湘贛、廣西的左右江、廣東的東江和瓊崖等。

# 張學良東北「易幟」

一九二八年六月四日，日本製造了皇姑屯事件，把「東北王」——奉系軍閥首領張作霖炸傷致死。張作霖之子張學良承襲父職，成為東北新的當權人物。

張作霖的慘死，讓張學良背上了國仇家恨，如欲一雪前恥，擺在他面前只有一條路可走——改旗易幟，與南京政府合作。當時，日本關東軍正急於利用「皇姑屯事件」所造成的緊張形勢，在東北製造傀儡政權，遂百般阻撓張學良與南京政府接觸。張學良在地位尚未穩固之時，也只能在日本人、親日派與南京政府之間周旋，尋求有利時機。日本駐東北的顧問土肥原賢二以為有機可乘，鼓動張學良在東北搞獨立。出乎土肥原意料的是，張學良好像對此並不感興趣。張學良不僅當面拒絕了土肥原的計劃，還要求日本當局調走他。遭到日本政府拒絕後，張學良將土肥原給「冷凍」起來，根本不再與其接觸。

此時，奉系參與決策的高層人物，在討論「易幟」問題時出現了分歧。在張學良的說服和堅持下，奉系大多數軍政要人始贊同與南京合作，實行「易幟」。七月一日，張學良發表通電，表示絕不妨礙南北統一。三日，蔣介石在北京對記者發表談話時也表示：東三省問題務要和平解決。於是，張學良、蔣介石兩人的代表在北平六國飯店商妥，東三省定於九月中旬實行「易幟」。應蔣之要求，張令湯玉麟於七月十九日宣佈熱河省先行「易幟」。

**一九二八年**

三月，蔣介石抵達徐州，誓師舉行第二次北伐。

五月三日，日軍製造震驚中外的濟南慘案（又稱「五三慘案」）。

六月四日，張作霖在皇姑屯遇炸身亡。

十月，國民黨中央通過《訓政綱領》。

十二月二十九日，張學良宣佈「改易旗幟」。南京國民政府獲得形式上的統一。

日本政府密切關注着張學良與南京國民政府的來往。七月十日，日本內閣召開會議，討論中國東北局勢。十九日，日本首相田中義一訓令奉天總領事林久治郎警告張學良，不得與南京國民政府妥協。八月四日，日本特使林權助以參加張作霖葬禮為名到瀋陽，帶來一封田中義一給張學良的信，要求張學良實行「東北自治」。九日，林權助再度威脅張學良：如果東三省蔑視日本的警告，率行易幟，危及日本帝國的利益，日本將採取自由行動。對於這種明目張膽的武力威脅語言，張學良也針鋒相對地告訴林權助：我是中國人，我思想和行動的出發點當然要以中國的利益為本位，改旗易幟，實現中國的統一，是東三省的民意。我的決定，以東三省的民意為轉移。林權助見張學良不肯就範，便換了一副嘴臉，以教訓的口吻對張學良說：「我和大帥交誼甚深，大帥在世時，東三省和日本關係也極為親善。我對你有親如愛子的感情，也希望東三省和日本的關係更加親密。如果你一意孤行，那是很危險的。」林權助不僅說謊話，而且還侮辱他，張學良勃然大怒，轉身離去，留給林權助一句話：「我和貴國的天皇是同歲，我想要對閣下說的，只此而已。」回到私邸後，張學良仍憤慨異常，對周圍人說：「日方欺我太甚，誓必易幟，即死於青天白日旗下，吾亦甘心。」

為促使東三省早日歸附中央，蔣介石便加緊了與張學良的秘密聯繫，先派方本仁為特使參加張作霖的喪禮，後又派國民黨大佬李石曾到瀋陽活動。李石曾不僅和張學良相識，而且和張學良的心腹幕僚胡若愚關係甚密。李石曾來到瀋陽後，住進德國人開設的飯店裏，從不公開露面。李石曾和張學良秘密會見時，他一再要求張學良盡早換掛「青天白日旗」，以防節外生枝。張學良誠懇地表示，結束國家分割局面是自己多年的願望，但立即「易幟」尚有困難，主要是擔心日本人會趁機進行干涉，內部也有一定的阻力。為此，張學良決定推遲三個

■ 濟南慘案

國民革命軍的二次北伐，受到日本的無理干涉。一九二八年五月三日，日軍大舉進攻濟南。當晚十一時，日軍藉口在交涉署門前發現兩具日僑屍體，強行收繳交涉署槍支，將國民政府山東特派交涉員蔡公時及署內職員全部捆綁起來。蔡公時用日語抗議，結果被殘暴地割掉耳、鼻，挖去舌頭、眼睛，日軍隨即用機槍掃射，除一人逃脫外，蔡公時等十七人慘遭殺害。到五月十一日濟南落入敵手時止，日本屠殺中國軍民一萬餘人。這就是震驚中外的「濟南慘案」。面對日本的挑釁與高壓，蔣介石屈辱退讓，令部隊撤出濟南，繞道北上。

月再宣佈「易幟」，表示力爭在年底實現這個目標，希望南京方面體諒他的苦衷。

此後蔣介石、張學良兩人函電交馳，信使不斷，關係日漸融洽。一九二八年冬，南京國民政府派特使張群、吳鐵城、宋大章三人到瀋陽，與張學良密議「東北易幟」大業。雙方推心置腹地進行交談，逐漸驅散了張學良心頭的種種疑慮，他終於下定決心，歸順國民政府。而南京政府也答應張學良東北易幟後，除外交、國稅、幣制等由中央處置外，東北的「內政」仍由現職各員負責，概不更動，東北軍政事宜也全部交給張學良管理。重大人事，先由張學良請委，然後由中央任命。更讓張學良感到驚喜的是，蔣介石還許諾，中央每月可撥軍餉一千萬元給奉軍。為了減輕張學良的壓力，蔣介石還充分利用美、英與日本的矛盾，推動兩國向日本施壓。反對日本分割中國的輿論日漸高漲。十一月，日本首相田中義一不得不公開表態，東北易幟是「中國的內政問題」。

一九二八年十二月二十九日，張學良一如所諾，不顧日本的反對，排除楊宇霆的干擾，毅然宣佈「易幟」。當日，易幟典禮在奉天省府禮堂舉行，張學良身着深黃色中山服，率領東北軍政大員先向黨國旗、總理遺像行三鞠躬禮，然後宣誓歸順國民政府。會後，張學良發表易幟通電：宣佈「遵守三民主義，服從國民政府，改易旗幟」。同日，南京國民政府電覆張學良等人：「完成統一，捍衛邊防，併力一心，相與致中國於獨立自由平等之盛，有厚望焉。」三十一日，南京政府任命張學良為東北邊防司令長官。此時，事先秘密製就的幾萬幅青天白日滿地紅旗取代了五色旗，在東北大地上迎風飄揚。

至此，中國結束了北洋軍閥割據的局面，國民政府實現了形式上的統一。

**一九三〇年**

五月十一日，蔣軍向閻錫山、馮玉祥、李宗仁等反蔣聯軍發動總攻擊，中原大戰正式爆發。十月，戰事以蔣軍勝利結束。

**一九三一年**

五月，國民會議在南京召開，通過《訓政時期約法》。

知識鏈接

## 皇姑屯事件

張作霖是日本人一手扶植起來的奉系軍閥首領，日本企圖通過張作霖來達到侵佔中國東北的目的。張作霖雖出身綠林，沒有讀過書，但在國家民族大義上並不糊塗。隨着奉系軍閥集團勢力的不斷擴大，加之英、美勢力的滲透，張作霖和日本之間的矛盾日益激化。特別是一九二七年張作霖不但未能滿足日本要求修建鐵路和自由租借東北土地等要求，反而引進英、美資本修建鐵路和建設葫蘆島港，引起了日本侵略者的極大不滿。不僅如此，瀋陽等地還掀起了反日遊行。關東軍斷定係張作霖煽動所致，對他恨之入骨，決定除掉他，重新扶植代理人。

一九二八年五月中旬，南京政府的「北伐軍」直逼京津，張作霖政權岌岌可危。日本關東軍司令官村岡長太郎和高級參謀河本大作決定乘機謀殺張作霖，企圖製造東北政局混亂局勢，然後藉口「維護治安」，出兵佔領東北。為此，河本制定了殺害張作霖的詳細計劃，準備在張作霖回瀋陽途中實施炸車。一九二八年六月四日清晨，當張作霖的專車行駛至瀋陽西北郊皇姑屯車站南滿鐵路和京奉鐵路交叉處時，日本關東軍預先埋在南滿鐵路吊橋的炸藥爆炸。張作霖身受重傷，不久喪命。這就是皇姑屯事件。

張作霖被炸死後，由於奉系當局秘不發喪，日軍未敢貿然行動。當天，張學良連夜潛回東北。回瀋陽後張學良承襲父職，穩定了東北局勢，至二十一日才向外宣佈其父的死訊。一九二八年十二月二十九日，張學良不顧日本的威脅和阻撓，宣佈「東北易幟」，結束地方割據，服從國民政府。

---

■ 國民黨訓政

訓政思想首先是孫中山提出的。他把建立民國的程序分為軍政、訓政、憲政三個時期。軍政時期是施行軍法，實行軍事統治，以武力統一全國階段；訓政時期是施行約法，籌備地方自治，訓練人民民權素質階段；憲政時期是制定憲法，還政於民階段。民選政府成立，則建國大功告成。張學良東北易幟後，國民黨實現了全國形式上的統一，蔣介石宣稱全國進入「訓政」時期。國民黨制定《訓政綱領》和《國民政府組織法》，蔣介石「總攬中華民國之治權」。所謂「訓政」就是國民黨一黨專政，就是蔣介石獨裁專制。

# 紅軍強渡大渡河

大渡河是岷江的重要支流，以峽多谷深、水流湍急聞名。該地曾是太平天國翼王石達開的傷心地，一八六三年六月，石達開率兵西征被困於此，最終全軍覆沒。當一九三五年五月紅軍到達時，國民黨軍隊希冀憑藉大渡河天險讓紅軍變成第二個石達開，但紅軍卻讓此地變成了勝利場。

一九三五年五月，紅一方面軍渡過金沙江後，順利地通過了涼山彝族地區，隨即日夜兼程向大渡河南岸疾進。眼看被包圍的紅軍衝出重圍，蔣介石震怒，決定親往昆明督戰，對紅軍實行新的圍追堵截。他給防守大渡河的川軍劉文輝部去電強調：「大渡河天險，共軍斷難飛渡。薛岳總指揮率領十萬大軍跟追於後，望兄督勵所部，嚴密防守，務將共軍徹底消滅於大渡河以南。如所部官兵敢有玩忽職守，致使河防失守者，定以軍法從事。」在這片蠻荒的彈丸之地，蔣介石投入總兵力十五萬至二十萬人，要求各軍據險扼守，迎頭攔阻，分兵設伏，企圖憑藉優勢兵力，一舉殲滅紅軍。他得意地電告各軍：「大渡河是太平天國石達開大軍覆滅之地，今共軍入此漢彝雜居處，一線中通，江河阻塞，地形險峻，給養困難的絕地，必步石軍覆轍。」

為了不做「石達開第二」，中共中央軍委確定下一步的作戰指導思想是：必須排除一切困

**一九三〇年**

十月，蔣介石開始集中兵力對紅軍進行「圍剿」。到一九三一年七月，紅一方面軍在毛澤東、朱德指揮下，先後打退國民黨軍隊的三次「圍剿」。

**一九三二年**

十二月，國民黨軍隊對中央蘇區發動第四次「圍剿」。紅一方面軍在周恩來、朱德的指揮下，取得第四次反「圍剿」的勝利。

難，以極迅速、堅決、勇猛、果敢的行動，消滅阻我前進的川敵，迅速渡過大渡河，會合紅四方面軍，以開展蘇維埃革命的新局面，否則就有被圍困的危險。為此，紅軍總司令朱德、總政委周恩來親自部署強渡大渡河行動，電令紅一軍團連夜偷襲安順場守敵，奪取船隻，強渡大渡河。紅一團在紅軍先遣隊司令員劉伯承、政委聶榮臻的帶領下，冒雨一天急行軍一百二十里，於五月二十四日夜，到達安順場，殲敵兩個連，並繳獲木船一隻，控制了南岸渡口。接着，部隊連夜四處尋找船隻和發動船工，並組織奮勇隊準備強渡。

大渡河兩岸都是崇山峻嶺，河面寬三百多米，水深三十米，流速每秒四米。河底亂石參差，形成無數旋渦，可讓鵝毛沉底，水性再好的人也不能泅渡。由於水深流急，不能架橋。唯一可用的就只有奪來的一隻木船，但川軍在對岸渡口有一個營的兵力，修有堅固的工事，可以俯視整個河面。而且，川軍的團部也設在此處，一旦交火，他們可火速調兵遣將。面臨如此兇險的形勢，紅軍強渡大渡河是一次嚴峻的考驗。

二十五日晨，紅一團開始強渡大渡河。劉伯承、聶榮臻親臨前沿陣地指揮。紅一團團長楊得志命令第一營營長孫繼先從士兵中挑選一支精幹的渡河突擊隊。消息一傳開，戰士們一下子圍住了孫繼先，爭先恐後地報名參加。楊得志曾經這樣回憶當時的場面：「一營長問我怎麼辦。我又是高興又是焦急，高興的是我們的戰士個個勇敢，焦急的是這樣下去會拖延時間。因此我決定集中一個單位去。」於是，孫繼先從第二連挑選了十七名戰士組成突擊隊，連長熊尚林任隊長。十七名戰士，每人一把大刀，一支衝鋒槍，一支短槍，五六顆手榴彈，還有作業工具。戰前，劉伯承、聶榮臻親自向楊得志交代任務，強調這次渡河關係全軍成敗，一定要戰勝一切困難，完成任務，為全軍打開一條通向勝利的道路。

---

**一九三三年**

九月，蔣介石調集五十萬大軍，向中央蘇區發動第五次「圍剿」。在博古、李德的錯誤指揮下，紅軍損失慘重。

**一九三四年**

十月中旬，中央紅軍以及中共中央機關共八萬六千人，從福建長汀、寧化和江西瑞金、雩都等地出發，開始長征。

**一九三五年**

一月十五日至十七日，中共中央召開遵義會議，會議集中解決了當時具有重要意義的軍事問題和組織問題。

六月十六日，中央紅軍和紅四方面軍在四川懋功舉行會師大會。

十月五日，張國燾在川康邊境卓木碉自封「主席」，另立「中央」。

七時，楊得志一聲令下，十七勇士上了船，由當地船工帥士高等八名船工擺渡。強渡開始，岸上輕重武器同時開火，掩護突擊隊渡河。為吸引對岸國民黨軍火力，減少渡河人員傷亡，劉伯承和聶榮臻不顧個人安危，故意暴露自己，以分散其火力。劉、聶兩位首長的無畏行動激勵了船上的十七勇士、船工和岸上的紅軍士兵，大家情緒激昂。紅軍六挺重機槍、幾十挺輕機槍從不同角度向對岸守軍密集射擊，壓得他們趴在工事裏抬不起頭來。在岸上紅軍的掩護下，突擊隊冒着川軍的密集槍彈和炮火，在激流中前進。快接近對岸時，川軍向渡口反衝擊，楊得志命令打炮，正中川軍。渡河突擊隊戰勝了驚濤駭浪，衝過了守敵的重重火網，終於登上了對岸。川軍見紅軍衝上岸灘，慌了手腳，急忙往下甩手榴彈，四名勇士受了傷。但他們沉着作戰，利用山崖死角作掩護。川軍無目的地打了一陣亂槍後，看着沒有動靜，以為突擊隊員都犧牲了。突然間，槍聲大作，喊殺聲一片，密集的火力一齊射向守軍，再加上右岸火力的支援，川軍慌忙扔下陣地，向後退卻。紅軍突擊隊控制了渡口，掩護後續部隊繼續渡河。渡船不停地往返南北兩岸，趕渡援兵。紅一營主力渡河後，一舉擊潰川軍一個營，鞏固了渡河點。

強渡大渡河後，中共中央軍委召開會議，為了使紅軍主力迅速渡過大渡河，決定兵分兩路：一師和幹部團在這裏渡河，為右縱隊，由劉伯承、聶榮臻指揮，沿大渡河左岸前進；林彪率一軍團二師和五軍團為左縱隊，沿大渡河右岸前進。兩岸部隊互相策應，溯河而上，奪取瀘定橋。四天後，瀘定橋被紅四團奪取了。紅軍的主力在這裏渡過了天險大渡河。蔣介石企圖把紅軍變為「石達開第二」的夢想未能人馬到齊，就徹底破滅了。

一九三六年
十月，紅四方面軍和紅二方面軍在甘肅會寧與中央紅軍會師。至此，紅軍長征結束。

知識鏈接

## 紅軍長征

紅軍長征是一九三四年十月至一九三六年十月間，中國共產黨領導的中國工農紅軍紅一方面軍（中央紅軍）、紅二方面軍、紅四方面軍和紅二十五軍分別從各蘇區向陝甘蘇區的戰略撤退和轉移。其中紅一方面軍行程在二萬五千華里以上，因此又常被稱作二萬五千里長征。

紅軍長征路上充滿了艱難險阻，碧血染紅了征程。一九三四年十月，中央紅軍開始長征時，有八萬六千人，在突破國民黨軍隊的四道封鎖線、血戰湘江後，銳減至三萬餘人。危急關頭，在毛澤東等人的力爭下，中央紅軍改變了原先的戰略計劃，向國民黨軍隊防禦薄弱的貴州前進。十二月，強渡烏江，佔領遵義。一九三五年一月召開的遵義會議，確立了毛澤東在中共中央和紅軍中的領導地位。其後，紅軍四渡赤水、巧渡金沙江、強渡大渡河、飛奪瀘定橋、翻越夾金山。六月，與紅四方面軍會合，開始與張國燾的分裂主義作鬥爭，走過了人跡罕至的草地。隨後，紅一、三軍團和軍委縱隊繼續北上，攻克天險臘子口，翻越六盤山，到達吳起鎮與

遵義會議會址

陝北紅軍會師，中央紅軍長征結束。其後，紅四方面軍和紅二方面軍也於一九三六年十月在甘肅會寧與中央紅軍會師。至此，紅軍長征勝利結束。

長征保存和鍛煉了中國共產黨和紅軍的骨幹，沿途傳播了共產黨的思想。正如毛澤東所說：「長征是宣言書，長征是宣傳隊，長征是播種機。」

# 眾志成城
# 全民抗戰

● 重慶軍民歡慶抗戰勝利

一九三七年七月，盧溝橋事變爆發，中國開始全面抗戰。國難當頭，國共兩黨成功地實現了第二次合作，並以此為基礎建立了廣泛的抗日民族統一戰線，構成了反侵略戰爭最後勝利的可靠保證。在抗戰中，國民黨政府領導正面戰場，實行了一些有利抗戰的政策，組織了二十幾次重大戰役，傷亡達三百二十餘萬人，在抗日戰場上作出大量犧牲。但是，國民黨統治集團的片面抗戰路線也給抗戰造成嚴重的消極後果。中國共產黨明確提出全面抗戰路線和持久戰的方針，開闢了廣大的敵後戰場，為取得抗戰勝利作出了重大貢獻。

# 蔣介石被捉華清池

華清池位於西安東約三十公里的臨潼驪山北麓，是中國著名的溫泉勝地。據歷史記載，三千年前的西周時期便有達官貴人在此洗溫泉。漢代曾在這裏建造帝王貴族的行宮別墅。唐代建有富麗堂皇的「華清宮」，「華清池」即由此得名。豐厚的歷史文化資源，為華清池平添了許多傳奇。蔣介石在華清池被捉的故事，就是其中之一。

一九三六年，隨着日軍在華北步步緊逼，國內要求停止內戰、一致抗日的呼聲一浪高過一浪。但蔣介石不僅不為所動，反而不斷督促張學良的東北軍和楊虎城的西北軍向陝北的紅軍發動進攻。此時的張學良和楊虎城，在舉國抗日聲中，對蔣介石的內戰政策亦極為不滿，總是虛與委蛇。蔣介石曾親自到西安督師，張、楊不為所動。十二月四日，蔣

● 延安橋兒溝天主教堂。一九三六年四月九日，周恩來與張學良在此就停止內戰、一致抗日等問題舉行秘密會談

一九三六年

四月九日，周恩來與張學良在延安舉行會談。

六月一日，兩廣爆發反蔣事變。

十二月十二日，西安事變爆發，張學良、楊虎城扣押蔣介石。

十二月十三日，中共中央接受張學良、楊虎城邀請，派周恩來率中共代表團赴西安談判。

十二月二十五日，張學良、楊虎城釋放蔣介石，張並親自送蔣回南京。

介石再次抵達西安，要求張、楊進攻紅軍；否則，東北軍和西北軍都將被調離陝西。

一邊是日漸高漲的抗日熱潮，一邊是固執己見的蔣介石，這讓張學良極為頭痛。十二月七日，張學良又去華清池面諫蔣介石，希望他能順民意，停止內戰，聯合共產黨一致抗日，但張學良的一片苦心遭到蔣介石的嚴詞拒絕。離開華清池後，張學良見到楊虎城訴說了自己和蔣介石談話的經過。楊虎城說：「蔣介石是一個死不回頭的人，哪能勸得回。」

十二月九日，一二·九運動一週年紀念日，流亡在此的以及西安的學生舉行紀念活動，遭到軍警的壓制，一名學生被打傷，群情激憤，決定到臨潼直接向蔣介石請願示威。蔣介石強令張學良制止學生運動，並聲稱：「對於那些青年，除了用槍打是沒有辦法的。」張學良接到命令後，極力勸說學生回去。請願學生向張悲憤陳詞，東北大學學生高呼「中國人不打中國人」、「東北軍打回老家去，收復東北失地」等口號。張學良大受感動，向學生表示：「我是不願做亡國奴的人。我與日寇有殺父之仇、失土之恨。我的最後一滴血，一定要流在抗日的戰場上，我決不辜負大家的救國心願。一週之內，用事實作答覆，請大家相信我。」

當晚，張學良和楊虎城再度勸說蔣介石，又被拒絕。苦諫不起作用，也就只有「兵諫」一條路了。為此，張學良和楊虎城作了周密的安排。當時，蔣介石的行轅設在臨潼縣南門外華清池內，只帶了貼身侍衛二三十人，守衛華清池的是張學良的衛隊第一營。營長王玉瓚根據張學良的要求，嚴密監視蔣介石，並派人嚴防各出口。十二月十一日下午四點多鐘，張學良面諫蔣介石再次失敗後，向部下發出了活捉蔣介石的命令，由王玉瓚與張學良的衛士營長孫銘九一起行動。

十二日凌晨四點多時，王玉瓚、孫銘九帶領一百餘人趁夜色摸到了華清池的外院門外，讓蔣介石的侍衛開門，遭到拒絕後，命令士兵開槍射擊，幾名衛士很快被打倒。他們衝進外院。守衛二道門的二三十名蔣介石的貼身侍衛們被槍聲驚醒，憑藉門窗作掩護，拚死抵抗，頓時槍聲大作，子彈橫飛。畢竟寡不敵眾，蔣介石的侍衛傷的傷，死的死，只有且打且退。王玉瓚和孫銘九帶領十幾個人乘勢沿假山小道，直撲華清池內院最後一排蔣介石下榻之處。只見蔣介石住的三號房大門半開着，但屋內空無一人，但蔣介石的衣服、帽子都在，假牙還泡在杯子裏，黑斗篷也掛在衣架上。孫銘九摸了摸蔣介石的被褥，發現還有餘溫，知道他沒有逃遠。「立即搜山！」孫銘九命令衛隊第一營官兵四處尋找。此時，張學良從城內打來電話，聽說蔣介石不見了，焦急萬分，說：「捉不到蔣介石，以叛逆論罪。」

在尋找過程中，一名士兵跑來報告：「三號房後牆下發現蔣介石穿的一隻鞋子。」孫銘九、王玉瓚立即意識到：蔣介石可能越牆逃上後面的驪山了，當即命令士兵上山搜查。士兵首先在後山搜查到了蔣介石的侍從室主任錢大鈞，他已經受了傷，當問及蔣介石的去處，受到驚嚇的錢大鈞結結巴巴地說不知道。此刻，天色已經放亮。士兵在半山腰的草叢中發現了蔣介石的一名侍衛，喝令道：「快說！委員長在哪裏？」膽戰心驚的侍衛不由自主地看了看不遠處的一個山洞。

西北文化日報

全國民衆迫切要求

爭取中華民族生存

張楊昨發動對蔣兵諫

通電全國發表救國主張八項

改組南京政府容納各黨各派

卅萬民衆歡騰鼓舞擁護民族解放運動

救亡領袖

救亡領袖

張楊等通電全國發表救國主張

西安各救亡

《西北文化日報》報道西安事變的消息

幾名衛士迅速上前，對着洞口喊道：「什麼人？出來！要不就開槍了！」一個光禿禿的腦袋從洞口探出來：「你們不要開槍，不要開槍！」原來是蔣介石，他渾身顫抖，不知是凍的，還是嚇的。士兵馬上向孫銘九報告，孫銘九應聲趕來，發現蔣介石已完全沒有了領袖的威嚴，他臉色蒼白，光着腳，上穿一件古銅色綢袍，下穿一條白色睡褲，渾身沾滿了塵土草屑。蔣介石語無倫次地說：「你打死我吧，你打死我吧。」由於沒戴假牙，所說的話含混不清。「我們是請委員長來抗日的，為什麼打死你，」孫銘九解釋並催促蔣介石說，「我們副司令在城裏等着你呢！」一聽這話，蔣介石口氣硬了起來，喊道：「叫你們司令來！我腰疼不能走！」見此情景，孫銘九示意左右衛士把蔣介石從地上挾起來，架着走，隨後連推帶拉地將他塞進了小汽車。此時已是拂曉六時左右。

西安事變爆發的當天，張學良、楊虎城就向全國發出了關於救國八項主張的通電。在各方力量的積極努力下，蔣介石接受了停止剿共、一致抗日的主張。西安事變得以和平解決。

如今，華清池後面驪山的半腰間虎斑石處還有一座「兵諫亭」，亭高四米，寬二點五米，水泥鋼筋結構，兵諫亭匾額是用貴重的藍田玉製成的。這個亭子，就是當年這次重大歷史事件的見證。

知識鏈接

## 西安事變的和平解決

一九三六年十二月十二日西安事變發生後，在如何處理事變的問題上，南京政府當局出現了強硬軍事解決與和平談判解決兩種截然對立的主張。軍政部長何應欽，組織大軍準備進攻西安。蔣介石親屬宋美齡、孔祥熙、宋子文等，則希望和平解決西安事變。西安事變同樣引起了國內國際輿論的密切關注，大多數人希望和平解決，不希望在日本侵略的緊要關頭自相殘殺、自毀長城。這對張學良、楊虎城形成很大的壓力。

事變一發生，張學良立刻致電中共中央，希望聽取中共的意見。中共中央在弄清情況並經過認真研究後認為：如果把南京置於同西安敵對的地位，有可能造成新的大規模內戰，這是日本和親日派所歡迎的；如果能爭取和平解決，則可以為結束內戰、一致抗日創造條件，這符合民族抗日救亡大計，因此堅決主張用和平方式解決西安事變。

十七日，周恩來率中共代表團應邀到達西安。南京政府當局在了解張、楊和共產黨都無意加害蔣介石而希望和平解決事變的態度後，二十二日，宋子文、宋美齡到西安同周恩來和張、楊談判。經過兩天商談，宋美齡等作出了「停止剿共」、「三個月後抗戰發動」等承諾。二十四日晚，周恩來會見蔣介石，闡述中共抗日救國的政策。在各方面的壓力下，蔣介石不得不同意談判條件，答應停止內戰，準備全面抗戰。二十五日，蔣介石在張學良陪同下乘飛機離開西安，然而一到南京，蔣介石立刻扣留張學良。消息傳出後，引起了東北軍的混亂。周恩來又做了艱苦的工作，最終保住了談判成果。

西安事變的和平解決，成為時局轉換的樞紐。從此內戰基本結束，給國共兩黨重新合作建立了必要的前提，對推動全國抗日局面的形成起了極大的作用。

# 盧溝橋畔打響全面抗戰第一槍

在北京西南約十五公里的永定河上，有座橫跨東西兩岸的石拱橋——盧溝橋。盧溝橋建於金代，距今已經有八百多個年頭了。「盧溝曉月」曾是燕京八景之一，橋東的碑亭內，至今仍立有乾隆帝御筆「盧溝曉月」漢白玉碑。盧溝橋欄杆上雕刻的石獅子更是千姿百態，栩栩如生。然而，這樣古老而美好的景致卻在一九三七年七月七日被日本侵略軍無情的炮火打碎。這一天，日本製造了盧溝橋事變，對華發動全面戰爭。駐守盧溝橋畔的第二十九軍二一九團不畏強暴，在團長吉星文的率領下，奮起反擊，打響了全面抗戰的第一槍。

日本侵略者自一九三一年九・一八事變起，不斷侵吞中國領土，貪得無厭，為進一步挑起全面侵華戰爭，從一九三七年六月起，駐北平豐台的日軍連續舉行挑釁性的軍事演習。一九三七年七月七日夜，日軍又到盧溝橋中方

● 守衛盧溝橋的中國士兵

一九三七年

七月七日，日軍發動盧溝橋事變，挑起全面侵華戰爭。

七月八日，中共中央向全國發佈《為日軍進攻盧溝橋通電》，呼籲全民族抗戰。

七月十七日，蔣介石發表「廬山談話」，表示中國準備應戰。

七月二十八日，日軍向北平郊區發動進攻，中國守軍奮起還擊。第二十九軍副軍長佟麟閣、第一三二師師長趙登禹殉國。二十九日，北平淪陷。翌日，天津淪陷。

警戒線內演習，妄圖偷襲宛平城。中國守軍戒備森嚴，日軍無機可乘。於是，日軍又製造「丟失」一名士兵的謊言，要求進入宛平縣城搜查。面對日軍的威脅，二一九團團長吉星文當即拒絕。晚上十時許，日軍突然向二一九團陣地炮擊。吉星文立即打電話向二十九軍馮治安副軍長請示，馮當即表示：「為維護國家主權，寸土不能讓，可採取武力自衞。」吉星文立即命令守橋部隊還擊。日軍遭到反擊後，竟然派兵殺害中方執勤官兵並佔領橋頭堡。吉星文非常痛心，決心與日軍決一死戰。他心中只有一個信念：「盧溝橋決不能丟。」因為盧溝橋一旦失守，將危及整個平津的局勢。

吉星文沉着應對瞬息萬變的形勢，他一方面請專員王冷齋與要進宛平城搜查的日軍周旋，另一方面將宛平城的軍事防務交給副團長負責，自己則帶隨從悄悄出城，直趨前線的第三營營長金振中營部，準備組織敢死隊奪回橋頭堡。在他的號召下，有三百多人自願報名參加敢死隊。吉星文親自挑選出一百五十人，每人配備步槍一支、手榴彈四枚、大刀一把，編成五個組，由副營長郭震威帶領，乘夜色潛行至攻擊位置。同時，吉星文命令重機槍連佔領橋頭堡兩側高地，掩護敢死隊，並準備阻擊日軍的增援部隊。四時三十分，敢死隊員們突然衝進了敵營，霎時間，槍聲大作，刀光閃動，日軍頓時亂作一團。經過二十多分鐘激戰，中方奪回了橋頭堡陣地。

七月九日，吃了虧的日軍瘋狂向二一九團陣地進行炮擊，企圖再次奪回橋頭堡。吉星文率領全團官兵奮勇還擊，他鼓勵部下：「盧溝橋就是我們光榮的墳墓，守土有責，我們要像橋欄杆上的獅子一樣勇猛，決不放棄陣地！」吉星文指揮戰士打退了日軍一次又一次的進攻。

七月十日，吉星文邀請北平報社記者進行戰地採訪，向全國人民公佈盧溝橋的戰況。當

八月十三日，日軍發動八．一三事變，淞滬會戰開始。

八月十四日，國民政府發表《自衞抗戰聲明書》，對日應戰。

八月二十二日至二十五日，中共中央召開洛川會議，制定《抗日救國十大綱領》。

九月二十二日，國民黨發表《中共中央為公佈國共合作宣言》；二十三日，蔣介石發表談話，承認中共的合法地位。至此，抗日民族統一戰線正式形成。

十一月十二日，上海失陷，淞滬會戰結束。

吉星文正準備介紹情況時，一發炮彈突然呼嘯着落在他身旁數十米處爆炸，吉星文頸部被彈片擦傷，血流不止。但他毫不驚慌，一面讓士兵包紮傷口，一面向記者談戰況。第二天，北平、天津各大報紙紛紛用特大號標題刊登了二一九團官兵奮勇殺敵的事跡及吉星文的戎裝照片。從此，吉星文成了名聲大振的抗日英雄。

當時，吉星文還給軍政部長何應欽寫信，表示決心：「星文等只有抱定犧牲到底之決心，荷槍實彈，以待誓與盧城共存亡，決不以寸土讓人。」此後的十餘天，日軍的多次小規模試探性攻擊，均被二一九團官兵擊退。正當吉星文摩拳擦掌，準備給日軍以更大打擊的時候，由於南京中央政府和冀察地方當局的妥協，七月二十六日，吉星文奉命將防務交給地方保安部隊。七月三十日，吉星文率二一九團官兵揮淚告別宛平父老，撤退到長辛店，盧溝橋旋即淪陷。

吉星文和二一九團保衛盧溝橋的壯舉，掀開了全民抗日的序幕，自此，中國開始了艱難的八年全面抗戰。

**知識鏈接**

### 八．一三事變

一九三七年七月七日，日軍製造盧溝橋事變，悍然向中國發動全面進攻。當時，日本大本營很清楚，儘管日軍擁有對中國作戰的軍事優勢和經濟實力，但如果不能速戰速決，日軍將會陷入長期作戰的泥潭而無力自拔。為使國民政府盡快投降，日軍決定在中國最富庶、最繁華的地區——滬寧杭地區開闢侵華第二戰場，矛頭直指國民政府所在地南京。

為了給戰爭找一個理由，日軍故伎重演，把盧溝橋事變搬到了上海。一九三七年八月九日，駐上海日本海軍陸戰隊中尉大山勇夫和水兵齋藤，乘軍車企圖衝入虹橋中國軍用機場。守衛機場的中國保安隊喝令他們停車，他們不但不加理會，而且還擊斃一名保安隊士兵。保安隊忍無可忍，開槍將二人擊斃。事件發生後，上海當局當即與日方交涉，要求以外交方式解決。但日軍無理要求中國軍隊撤離上海、拆除軍事設施，同時，向上海增派軍隊。八月十一日，日軍海軍陸戰隊二千人到達上海，並在上海附近集結了三十多艘軍艦。八月十二日，日本內閣召開秘密軍事會議，確定增派陸軍赴中國參戰，兵犯上海。八月十三日晨，六千餘名日軍海軍陸戰隊突然不宣而戰，對上海發動了大規模進攻。中國駐軍奮起抵抗，在上海和全國人民的支持下，開始了歷時三個月之久的淞滬會戰。十一月十二日，上海失陷，淞滬會戰結束。會戰中，中國軍隊殲敵六萬餘人，給敵人以沉重打擊，粉碎了日軍「速戰速決」的夢想。中國軍隊也遭受重大損失。上海的失陷對整個戰局產生了不利的影響。

● 中國軍隊抵抗進攻上海的日軍

# 八路軍平型關之戰

平型關，古稱「瓶形關」，因關前谷地形狀如「瓶」而得名。此關東連紫荊，西望雁門，歷來是晉、冀北部軍事交通要隘，是兵家必爭之地。七七事變後不久，一支素有「鐵軍」稱號的八路軍雄師與另一支自詡為「鋼軍」的日本侵略軍在此展開一場惡戰，八路軍擊敗不可一世的日軍，取得了全面抗戰以來中國軍民的首捷。

全面抗戰爆發後，中共中央在洛川舉行了具有重要意義的政治局擴大會議。會上，毛澤東為八路軍制定了「獨立自主的山地遊擊戰」的戰略方針。同時，他也採納了彭德懷的建議，指出八路軍還應當抓住戰機，集中優勢兵力，在有利條件下集中消滅敵人的兵團，打幾個大勝仗，揚我軍威，振奮國民抗戰信心。會議召開當日，八路軍不待全部改編就緒，就動身趕赴抗日前線。

● 八路軍第一一五師主力開赴平型關前線

**一九三七年**

八月二十五日，主力紅軍改編為八路軍，朱德任總指揮，彭德懷任副總指揮。

九月二十五日，平型關戰鬥打響。

十月十九日，八路軍第一二九師夜襲日軍陽明堡機場，燒毀敵機二十四架。

**一九三八年**

一月六日，新四軍軍部在南昌成立，葉挺、項英分任正副軍長。

五月二十六日，毛澤東《論持久戰》發表。

當時，日軍業已大舉進攻華北，山西抗戰局勢極為嚴峻。國民黨第二戰區司令長官、「山西王」閻錫山領導晉軍最初嚴格遵守國民政府的政令，不敢主動去抵抗日軍，整個華北國民黨軍隊完全陷於被動捱打的困境中。但是，日軍的進攻讓山西危如累卵，眼看苦心經營的地盤就要落入敵手，再加上中國共產黨統戰工作的有力促動，閻錫山心理上發生了變化。一方面，他很想與日軍打一仗，以挽回自己在山西的面子，說不準還能保住地盤。另一方面，又怕自己實力不濟，便邀請八路軍入晉，雙方配合作戰，共同抗日。

於是，八路軍第一一五師等部陸續東渡黃河，進入山西境內，開赴抗日前線。八路軍副總指揮彭德懷親自與閻錫山接洽，商討聯合作戰事宜。雙方商定在平型關一帶與日軍打一個大仗，以鼓舞全國軍民的士氣。

九月十六日，日軍板垣師團由天鎮縣南下廣靈，關東軍一部也由蔚縣西進。閻錫山擬以晉軍十四個團與敵決戰，並要八路軍第一一五師參戰。中共中央同意了閻錫山的請求，朱德、彭德懷即下達了「一一五師應即向平型關、靈丘間出動，機動側擊向平型關進攻之敵」的命令。於是，八路軍第一一五師在師長林彪、副師長聶榮臻率領下，風雨兼程，向平型關挺進。

為了打好這次戰鬥，九月二十三日，部隊剛到達平型關，林彪就開始偵察地形。據林彪的警衛員楊興桂回憶：「林彪帶着團幹部偵察，他穿着一件破褂子，隨便紮根布腰帶，頭上戴一頂氈帽，活像當地的農民。路上沒飯吃，他和大家一起吃生地瓜。回來大家都很累了，我半夜醒來，看見林彪還盯着地圖。」平型關東側的喬溝是通向靈丘、淶源的土路，僅能通過一輛汽車，兩邊則是高達二十米左右的陡崖，溝內沒有任何可以躲藏之處。林彪決定埋伏在

■ 八路軍和新四軍

八路軍全稱為國民革命軍第八路軍。一九三七年八月二十二日，國共兩黨達成協議，中國共產黨領導的主力紅軍即中國工農紅軍一、二、四方面軍改編為國民革命軍第八路軍，朱德、彭德懷任正、副總指揮。下轄第一一五師、第一二〇師、第一二九師。同年九月改稱國民革命軍第十八集團軍。改名後，除國民政府軍委會正式命令稱第十八集團軍外，傳統習慣上一律稱八路軍。

新四軍全稱為國民革命軍陸軍新編第四軍。根據同國民黨達成的協議，於一九三七年十月，將紅軍北上後留在湘、贛、閩、粵、浙、鄂、豫、皖等地的遊擊隊分別集中，改編為國民革命軍陸軍新編第四軍，葉挺任軍長，項英任副軍長。下轄四個支隊。一九四一年一月，皖

喬溝兩側，來個甕中捉鼈。當林彪徵求聶榮臻的意見時，聶榮臻果斷地說：「這麼好的地形，居高臨下，伏擊氣焰驕縱的日軍，這是很便宜的事嘛。這是我們與日本侵略軍的第一次交鋒，一定要打出八路軍的威風來，給全國人民的抗日情緒來一個振奮！」

九月二十四日晚上，部隊開始進入設伏區域，進行戰鬥準備。但是天公不作美，突然下起了暴雨，氣溫驟降，秋寒襲人。此時戰士們只着單軍裝，經半夜冒雨急行軍，被汗雨濕透。但林彪、聶榮臻的作戰決心毫不動搖，命令部隊不能貽誤戰機，就是天上下刀子也得出擊！當然，對於經歷萬里長征的八路軍指戰員而言，這點冷風冷雨根本不算什麼困難。

二十五日凌晨，部隊經過一夜風雨行軍，按預定時間趕到了目的地。七點多，日軍來了！只見他們慢慢地向前移動。很多輛汽車顛顛簸簸，載滿了各種物資；也有拉山炮的大車；還有騎洋馬的日軍，晃晃蕩蕩的，漫不在意地朝前走來。戰士們屏住了呼吸，眼睛瞪得圓圓的，一動不動地看着鬼子先頭部隊走過去。當日軍全部走進伏擊圈後，只聽林彪大喊

●從平型關戰場歸來的八路軍指戰員

南事變爆發，葉挺被扣押，項英等犧牲。中國共產黨決定重建新四軍軍部，任命陳毅為代理軍長，劉少奇為政治委員，部隊整編為七個師和一個獨立旅。

一聲：「發信號彈！」頓時，沉默的群山怒吼了！機關槍、迫擊炮、手榴彈帶着嘯音飛向敵群，炸得日本侵略軍鬼哭狼嚎，血肉橫飛。日軍汽車撞汽車，人擠人，馬狂奔，指揮系統一下子就被打亂了。好一陣日軍才清醒過來，趴在車下進行頑抗，並且組織兵力搶佔有利地形。聶榮臻看到日軍很頑固，便和林彪商量，分而殲滅。他們果斷命令部隊出擊，八路軍勇士吶喊着向敵人撲去，展開了白刃肉搏戰，日軍單兵作戰的頑強程度大大超出估計，戰鬥進行得異常慘烈，很多戰士同敵人同歸於盡。戰鬥期間，兩架日軍飛機曾經飛抵戰場上空，一看雙方絞在一起，沒法扔炸彈，轉了兩圈悻悻飛走了。經過血戰，下午三時戰鬥才逐漸停下來。在戰鬥中，一一五師指戰員共斃傷日軍一千餘人，擊毀汽車一百餘輛，馬車二百餘輛，我方也傷亡五百餘人。

八路軍首戰平型關，就取得大捷，中外震驚，這也是中國全面抗戰以來的第一個大勝仗。這一仗粉碎了「日本皇軍不可戰勝」的神話，打出了中華民族的志氣，提高了共產黨和八路軍的聲威，增強了全國人民抗戰的決心和信心。九月二十六日，毛澤東致電朱德、彭德懷等，祝賀八路軍開赴抗日前線首戰告捷。就連蔣介石也興奮得一天連發兩封嘉獎電。閻錫山的部隊抬着豬羊來慰問。老百姓更是高興極了，載歌載舞，慶祝這場勝利。

知識鏈接

## 敵後戰場

中國抗日戰爭是在第二次國共合作條件下進行的，在反對日本軍國主義侵略的統一戰略目標下形成正面與敵後兩個戰場，它們各自獨立而又相互依存、相互配合，這一特殊的戰場形態在第二次世界大戰乃至中外戰爭史上都是絕無僅有的。全面抗戰開始後，以毛澤東為代表的中國共產黨人分析了中日戰爭的形勢和各方面的具體情況，認為，由於敵強我弱，日軍裝備精良，訓練有素，中國在軍事上單靠正面防禦是難以取勝的，必須到敵人後方去發動群眾性的遊擊戰爭，創建敵後抗日根據地，開闢與正面戰場相配合的廣闊的敵後戰場。到一九三八年十月，八路軍和新四軍先後創建晉察冀、晉西北和大青山、晉冀豫、晉西南、山東、蘇南、皖中等抗日根據地。以延安為中心的陝甘寧邊區是敵後戰場的總後方。

敵後戰場的開闢，形成了獨當一面的戰略格局，打亂了侵華日軍作戰前線與後方的劃分，變戰略內線為戰略外線，變被動為主動，變戰略被包圍為戰略反包圍，形成敵後與正面兩個戰場夾擊日軍的有利戰略態勢。中國共產黨領導和創建的敵後戰場，從抗戰初期配合正面戰場作戰，到戰略相持階段挑起中國抗日的重擔，逐漸上昇為主戰場，為贏得抗日戰爭的徹底勝利作出了巨大的貢獻。

# 日本軍官的殺人競賽

一九三七年十一月，日軍用了將近三個月的時間，費盡九牛二虎之力，終於攻下了上海。這讓開戰前狂妄叫囂三個月滅亡中國的日本侵略者有些難堪，他們沒料到裝備如此之差的中國軍人能迸發出這麼強勁的戰鬥力。惱羞成怒的日本人決定給中國人製造恐怖氣氛。於是，各種慘絕人寰的屠殺和滅絕人性的暴行在中華大地上不斷發生。其中，日本兩個軍官之間以殺人為樂的比賽成了他們宣揚軍威的榜樣，尤其令人髮指。

當時，舉行殺人比賽的兩個日本軍官是日軍第十六師團步兵十九旅團第九聯隊第三大隊的兩個少尉野田毅和向井敏明。野田毅（又名野田岩），二十五歲，鹿兒島人，當時是富山大隊的副官。向井敏明，二十六歲，山口縣人，任炮兵小隊長。兩人所在的部隊在一九三七年十月投入淞滬戰役，由於在上海戰役中吃了虧，在得到上峰製造恐怖屠殺的指示後，他們的兇殘性更加暴露無遺。

● 嗜血惡魔——野田毅（右）和向井敏明

一九三七年

十二月十三日，日軍侵佔南京，開始南京大屠殺。

一九三七年十一月，日軍從上海向南京進攻，途中大開殺戒，製造了無數慘案。在無錫時，兩人約定，展開殺人競賽，誰先殺到一百人，誰就是勝利者，獎品為一瓶葡萄酒。他們還為這個比賽取了一個名字——百人斬。

《東京日日新聞》（即現在的《每日新聞》）連續刊登該報四名隨軍記者分別從中國江蘇省常州、丹陽、句容、南京等地發回的現場報道，詳細報道了二人在無錫橫林鎮，常州車站，丹陽奔牛鎮、呂城鎮、陵口鎮，句容縣城，南京紫金山等地刀劈百餘人的經過。這些報道不僅時間、地點明確，殺人過程及數字清楚，同時還配發了照片。其中，在常州車站，記者描述了兩個嗜血的暴徒在站台會面的光景。當時向井敏明已經殺害了五十六名中國人，野田毅殺了二十五名。向井少尉得意地對野田毅說：「照這麼下去別說去南京了，到丹陽的時候我就可能斬了一百名左右了，我的刀砍了五十六人只有一個缺口。」野田毅很不服氣地說：「我們兩人都不砍逃跑的人，我又是個副官，所以成績上不去，到丹陽之前一定創下大紀錄給你看。」

十二月二日，向井敏明與野田毅已隨隊攻到丹陽縣城。為了能戰勝對方，他們逢人便殺，老人、兒童皆不放過。他們又砍殺了七十名中國人，其中，野田毅殺死了四十人，向井敏明殺了三十人。十二月十日，日軍向南京城發起總攻擊，第十六師團的主攻方向為中山門。經過激戰，日軍佔領中山門外的制高點紫金山。這兩個日本軍官拿着刀刃殘缺不全的戰刀在紫金山下相遇，隨軍記者又描述了他們見面後的對話——野田毅問向井敏明：「喂，我斬了一百零五個了，你呢？」向井敏明回答：「一百零六個！」兩人約定：「算作平手遊戲吧，再重新砍一百五十人怎麼樣？」兩人達成一致意見，一百五十人斬的競賽又要開始了。

南京大屠殺中死難的三十多萬同胞，大多是在這種毫無人性的屠殺中丟掉了性命。這個觸目驚心的數字，代表的是日本侵略者的累累罪行。他們的行為，不僅是對中國人生命的侵犯，更是對人類文明的挑戰。

一九四五年日本投降後，參加東京遠東國際軍事法庭對日戰犯審判的中國代表高文彬在已被盟軍封存的日軍檔案中無意間發現了這個報道，於是立即通知南京，將兩名日本軍官引渡到中國。在各種證據面前，兩個昔日囂張無比的日本人均承認控罪，經法院審定，被判處死刑。一九四八年一月二十八日，兩人在南京中華門外雨花台刑場被執行槍決。

**知識鏈接**

### 南京大屠殺

一九三七年十二月十三日，南京被日本侵略軍佔領。在華中派遣軍司令官松井石根和第六師團長谷壽夫的指揮下，日本侵略者在南京地區燒殺淫掠，無所不為。

十三日晨，日軍谷壽夫師團首先從中華門進入南京，隨即把聚集在中山北路、中央路的難民當作槍殺目標，馬路街巷之內頓時血肉狼藉、屍體縱橫。由此，一場慘絕人寰的大屠殺拉開了帷幕。第二天，其他三個師團相繼進入南京各市區，繼續搜殺街巷中的難民，在中山碼頭、下關車站等處向聚集的難民瘋狂射擊，槍殺數萬人。

十五日，中國平民及已解除武裝的軍人九千餘人被押往魚雷營慘遭屠殺。十六日，日軍又從中日雙方都承認具有中立地位的「安全區」內搜捕數萬名青年，綁赴下關煤炭港槍殺，再將屍體推入江中。十八日，日軍將城郊難民及戰俘五萬七千餘人驅至下關草鞋峽，用機槍掃射，然後在堆積如山的屍體上澆灑煤油縱火焚燒。

大屠殺持續了六個星期，被殺害的中國同胞達三十多萬人。除了隨心所欲地任意槍殺外，日軍還用盡了其他各種殘忍的手段，如活埋、刀劈、火燒、水溺、挖心、剁肢等，舉凡殺人狂患者所能想像得出來的最殘酷的殺人方法，他們幾乎都用遍了。

日軍除殘酷屠殺無辜外，還肆意強姦、輪姦中國婦女。在佔領後的一個月中，南京市內就發生兩萬起左右的強姦事件，許多婦女在遭到蹂躪後又慘遭槍殺、毀屍，慘不忍睹。與此同時，日軍到處放火，從中華門到內橋，從太平路到新街口以及夫子廟一帶繁華區域，大火連天，幾天不熄。全市約有三分之一的房屋被燒毀。日軍所到之處，十室九空，即使外國僑民的財產也難以倖免。「日本兵完全像一群被放縱的野蠻人似的來污辱這個城市」，他們「單獨或者二三人為一小集團在全市遊蕩，實行殺人、強姦、搶劫、放火」。

侵華日軍在南京製造的大屠殺暴行震驚中外，其規模之大，受害人數之眾，持續時間之長，殺人手段之殘忍，均為人類文明史上所罕見。但是，日本法西斯強盜的獸性，並沒有嚇住中國人民，相反，更加激起全國人民同仇敵愾，奮起抗戰。

日軍活埋南京和平居民

# 李宗仁率部血戰台兒莊

周恩來曾評價，李宗仁一生做過的兩件好事是值得書寫並可以拍成電影的，其中之一就是一九三八年他指揮的台兒莊大捷在中國八年抗戰史上寫下了輝煌的一頁。作為桂系的首領，李宗仁一直被蔣介石視為眼中釘。為了拔去這顆眼中釘，蔣介石給他出了各種各樣的難題。但在抗日戰爭中，李宗仁捐棄前嫌，走上戰場，領導了著名的台兒莊大戰。

一九三七年盧溝橋全面抗戰的槍聲一響，李宗仁就在廣西向全國發出了「請纓抗戰」的通電。八月底，李宗仁被蔣介石任命為第五戰區司令長官，以徐州為中心，指揮抗戰。在第五戰區，除了李宗仁自己從廣西帶出來的三十一軍外，其餘的全是被蔣介石視為「雜牌軍」的地方部隊，比如龐炳勳的西北軍、于學忠的東北軍、韓德勤的地方保安隊等，可用的兵力加起來不足七個軍，而且裝備很差，根本沒有補給，訓練和士氣亦非上乘。李宗仁心裏明白，蔣介石一面要抗戰，一面要借機抹去這些雜牌軍。但李宗仁也看到問題的另一面：這些雜牌軍中很多人作戰經驗豐富。李宗仁認為如果能與之推心置腹，並曉以民族大義，必能激發良知，令其服從命令，效命疆場。正是李宗仁對來自各地的部隊，不含絲毫畛域之見，一律以誠相待，博得各路人馬的信任，大家紛紛表示，甘為抗戰出力流血。

一九三七年十一月十二日，上海淪陷。一個月後，南京失守。一時間，日軍氣焰甚囂塵

---

一九三七年

十月初，日本發動以攻佔太原為目標的作戰。中國守軍在忻口與日軍展開會戰。十一月初，太原告急，忻口守軍撤退。十一月二十日，南京國民政府發表遷都宣言，決定移都重慶。

一九三八年

一月五日，中國軍隊同日軍在徐州以南與以北兩個地區展開會戰。五月十九日，徐州失陷。三月二十九日至四月一日，國民黨臨時全國代表大會召開，通過《抗戰建國綱領》。

上，馬上把打通津浦路作為下一步的進攻重點。為此，南方日軍北上，北方日軍南下，力圖在徐州會合。面對危如累卵的徐州，李宗仁想：「抗戰至此已是千鈞一髮的關頭，我若能在津浦線上將敵人拖住數月，我軍重新部署戰局，抗戰則可繼續。如果在津浦路上我軍的抵抗迅速瓦解，則敵人可直趨武漢，囊括中原，則抗戰前途不堪設想。」李宗仁深感責任重大，決心要死守徐州，重創日軍。

一九三八年二月初，日軍板垣、磯谷兩師團以台兒莊為會師目標，並策應津浦路南段日軍的攻勢，企圖合攻徐州。板垣、磯谷兩師團同為日軍中最頑強的部隊。其軍官、士兵受軍國主義影響最深，發動兵變的少壯派，幾乎全在這兩個師團之內。

在魯南戰場，最先迎敵的是駐守臨沂的龐炳勳部不到一個軍的人馬。日軍板垣師團不僅兵力佔優，而且附屬山炮一團、騎兵一旅，向龐部猛攻。在龐部的據城死守下，日軍數日夜的衝殺，均不能越雷池一步。三月十二日，張自忠率領增援部隊抵達，雙方裏應外合，將板垣師團打回莒縣縣城，龜縮不出。板垣師團與磯谷師團在台兒莊會師的計劃泡湯了。這也造成了台兒莊會戰時磯谷師團孤軍深

台兒莊戰役時，中國軍隊發起攻擊

六月十一日，國民黨軍炸毀鄭州花園口黃河大堤，以阻止日軍進攻。

六月至十月，武漢會戰。這是抗日戰爭戰略防禦階段規模最大的一次戰役。中國軍隊死傷與被俘十五萬多人，斃傷日軍四萬餘人。

九月二十九日，中共六屆六中全會在延安開幕。毛澤東作了《論新階段》的政治報告。

十月二十一日，廣州失陷。二十五日，日軍攻佔漢口，後相繼攻佔武昌、漢陽。至此，抗日戰爭開始由戰略防禦轉入戰略相持階段。

入，為我軍圍殲敵人創造了條件。

三月十六日，台兒莊戰役揭開序幕，戰鬥首先在外圍打響。日軍猛烈進攻滕縣，當時防守滕縣的是川軍王銘章師。在川軍進入滕縣陣地前，李宗仁親自到軍中鼓舞士氣，他列舉諸葛亮率蜀軍抗司馬懿的故事，希望川軍效法前賢，殺敵報國。李宗仁還撥發大批槍支彈藥給川軍，並且給其配備迫擊炮。在其後的兩天中，王銘章師的三千川軍子弟奮勇殺敵，拚死抵禦日軍瘋狂的進攻。十八日，王銘章壯烈殉國，滕縣失守。但王銘章師以血肉之軀阻擊日軍兩天，為掩護主力部隊移動贏得寶貴時間。

三月二十三日，驕傲的磯谷師團衝到了台兒莊北泥溝車站。日軍先以炮火轟炸我軍工事，然後以坦克為前導，發起猛衝。負責防守台兒莊北門的池峰城師傷亡慘重，至四月三日，台兒莊四分之三的陣地已被日軍佔領。池峰城向集團軍長官孫連仲請求讓其部退至運河南岸。孫連仲哽咽着請求李宗仁：「可否答應把部隊撤到運河南岸，給我們留點種子吧！」李宗仁知道孫連仲的苦衷，但戰局正處於關鍵時刻，如果有一絲一毫的動搖，可能功虧一簣。於是，他斷然回答：「敵我在台兒莊已經血戰一週，勝負決定於最後五分鐘。援軍明日即可到達。我本人明日也將親自督戰。部隊絕不能後退。如違抗命令，當軍法從事。」孫連仲看到李宗仁如此堅決，也表示：「我絕對服從命令，命令整個集團軍打完為止。」於是，他又斷然向池峰城命令道：「部隊絕不許撤，打到最後為止。士兵打完了你就填進去，你填上去了，我就來填。」池峰城奉命後，乃以必死決心，逐屋抵抗，任憑日軍如何衝殺，也死守不退。午夜，池峰城組成敢死隊收復失地，報名請戰者上百名。池峰城對官兵的犧牲精神深為感動，決定每人獎大洋三十元以資鼓勵。勇士們把錢扔在地上，對池峰城道：「長官，我們連命都不要了，還要這些錢幹什麼。留着這些錢，等抗戰勝利了，給我們立塊碑就行了。」入夜，五十七名敢死隊員分組衝入敵陣，手持大刀向日軍砍殺，日軍死傷累累。日軍苦戰數日佔領的多數陣地被中國軍隊逐一奪回。戰鬥結束後，敢死隊僅剩下十三人。

經過前線官兵的浴血奮戰，勝利的天平開始傾向中國軍隊。四月四日凌晨，李宗仁率隨從連夜趕到台兒莊，指揮對磯谷師團的殲滅戰。當日，湯恩伯部增援部隊趕到台兒莊，圍殲敵軍的目標觸手可及。六日，日軍狼狽突圍逃竄，潰不成軍。戰後，據李宗仁自己估計，台兒莊一役，日軍死傷當在二萬人以上。

台兒莊捷報傳來，舉國若狂。此戰是抗戰以來規模最大的一次勝利，振奮了士氣和民心，籠罩全國的悲觀空氣，至此一掃而空。

知識鏈接

## 正面戰場

正面戰場是中國控制的連片國土與日軍侵華推進線上日控區對峙交戰而形成的戰場。由於在這個戰場上作戰的中國軍隊主要是國民黨的軍隊，因此一般也稱其為國民黨正面戰場。抗戰初期，國民黨正面戰場是抗日的主力。國民政府組織了一系列的大規模會戰，如淞滬會戰、忻口會戰、徐州會戰和武漢會戰等，給日軍以沉重的打擊。抗戰進入相持階段後，國民黨當局雖然逐步失去抗戰初期的抗日積極性，但仍在繼續抗戰，從而保證了抗戰的最後勝利。

八年抗戰，國民黨正面戰場共舉行過二十二次重大戰役，殲滅日軍一百餘萬人，國民黨軍隊傷亡三百二十餘萬人。國民黨軍隊的廣大愛國官兵在前線與日本侵略者奮勇作戰，表現出強烈的愛國主義精神，為中國抗日戰爭的勝利作出了重大貢獻。

# 汪精衛叛逃

一說漢奸，大家很自然地就想起了汪精衛。其實，這位遺臭萬年的人物，早年有着光輝的歷史，亦有為革命獻身的理想。一九一〇年，因刺殺攝政王載灃未成，汪精衛被捕。身陷囹圄的汪精衛寫下「引刀成一快，不負少年頭」的豪邁詩句。如果當時載灃殺掉他的話，反倒成全了他。

民國建立後，汪精衛不僅遠離官場，還一度赴海外留學，博得了不貪戀名位的美名。此後，在追隨孫中山的過程中，汪精衛的政治地位日漸提高。一九二五年三月，孫中山逝世，作為孫中山遺囑的主要起草者，汪精衛被眾人視為孫中山的接班人。

不出眾人所料，汪精衛很快就成功地當選廣東國民政府主席，政治前途一片光明。一九二六年三月，蔣介石一手製造了「中山艦事件」，作為最高領導人的汪精衛感到尊嚴受侵犯，一氣之下稱病出國，希望以退為進，獲得更多的權力。汪精衛的出走，為蔣介石奪取國民黨最高統治權創造了良好的條件。一九二七年國民革命失敗後，蔣介石確立在全國的統治地位，汪精衛則在國民黨派系鬥爭中失利。最初，汪精衛心有不甘，不斷參與各種反蔣運動，希望奪回最高權力，但均以失敗告終。「既生蔣，何生汪」，無路可走的汪精衛只能選擇與蔣介石合作。

**一九三七年**

十二月十四日，日本近衛內閣扶持的漢奸政權「中華民國臨時政府」在北平成立。

汪精衛與蔣介石合作的日子，恰好是日本人不斷侵略挑釁的時候。蔣介石忙於內戰，外交上的事務均由汪精衛負責。但作為蔣介石的傀儡，汪精衛不僅沒有實際的政治權力，反而還要為蔣介石承擔各種罵名。一九三五年十一月一日，汪精衛遭孫鳳鳴的刺殺，身中三彈，幾乎喪命。汪精衛、陳璧君夫婦以為，這是蔣介石的報復。據説，當蔣介石聞訊趕到現場時，陳璧君情緒十分激動，雙手緊緊扭住蔣介石，邊哭邊喊：「你不要汪先生幹，汪先生可以不幹，為什麼派人下此毒手啊？」蔣介石竟無以應對。自此，汪精衛夫婦對蔣介石更加不滿，時時刻刻都夢想借助各種力量，打倒蔣介石，以圖東山再起。

一九三七年七月七日，盧溝橋事變爆發，日本帝國主義發動全面侵華戰爭。抗戰初期，中國軍隊的節節敗退，讓一向主張對日妥協的汪精衛彷彿看到了一些挑戰蔣介石的新希望。他表面唱「人人抗戰，處處抗戰」的高調，但他的頭腦裏真正想的是：中國戰局處於敗勢，如果他能利用和日本的親密關係，使戰事得以轉圜，那麼他汪精衛就是中國的「大英雄」、「救世主」，蔣介石就得靠邊站。一九三八年十月後，日本政府調整侵略中國的策略，積極拉攏、誘降國民黨要員，並特別聲明「起用中國第一流人物」。對於日本侵略者的垂青、誘降，汪精衛受寵若驚。同時，周佛海、梅思平、高宗武、陳公博等人組織的「低調俱樂部」，也大肆鼓吹投降主義，散播抗日必然亡國的悲觀論調。汪精衛就所謂「和平救國」與蔣介石屢次發生爭論，遭到蔣的駁斥。

一九三八年十一月三日，日本政府發表了第二次近衛聲明，一改過去的「不以國民政府為對手」方針，表示只要國民政府拋棄以前的抗日政策，更換人事組織，參加大東亞共榮圈的新秩序的建設，中日可以結束戰爭。汪精衛對近衛聲明熱烈歡迎，他要求蔣介石辭職，以爭取和日本實現停戰。十一月十六日，汪和蔣一起吃飯。汪精衛情緒激動，振振有詞地責問蔣介石：「自從國父逝世已十二餘年，黨國重任一直落在你我二人肩上。開始是由我主政，但我很慚愧，沒有把黨國治理好。後來由蔣先生主政，你同樣沒有把黨國治理好。現在戰事糜爛，同胞慘遭殺戮，我們有愧國父，有愧國民。因此，我們應迅速連袂辭職，以謝天下。」蔣介石則說：「我們如果辭職，到底由誰負起政治責任？」兩人爭得面紅耳赤，不歡而散。汪精衛見蔣介石堅持抗戰，決定與蔣分道揚鑣，單獨搞「和平救國」。於是，汪通過自己的親信周佛海指使高宗武、梅思平同日本代表影佐幀昭、今井武夫在上海密談，達成《日華協議記錄》及《諒解事項》，並商討了汪精衛等人的潛逃步驟。

一九三八年十二月初，汪精衛等人本已設計好出逃的計劃，可突如其來的變故，打亂了他們的安排。無奈之下，只好改變行程。十二月十八日，急不可耐的汪精衛藉口到昆明演講，坐飛機從重慶出走。離開時，汪精衛給蔣介石留下了一封訣別信，表示他和蔣介石雖然所走的道路不同，但目的都是為了救國。汪精衛最後寫道：「君為其易，我任其難。」在他看來，在當時愛國氣氛下，走高唱抗戰的道路當然比較容易，而走與日本講和的道路就比較艱難，大有我不入地獄誰入地獄的氣概，但實際上他已經走上了一條投敵叛國的不歸路。

抵達雲南後，十九日下午，汪精衛、陳璧君、周佛海等乘包租的一架歐亞航空公司的飛機，倉皇逃往河內。為製造假象，在飛機起飛前，汪又煞有介事地給蔣介石打電報，佯稱：赴昆明時因飛機「飛行過高，身體不適，且脈搏時有間歇現象，決多留一日，再行返渝」。當汪精衛一行到達河內後，日本首相近衛文麿在十二月二十二日發表了第三次對華聲明，提出中日實現「相互善鄰友好、共同防共和經濟合作」的和平三原則。二十九日汪精衛發表「豔

**一九三八年**

十二月，汪精衛出逃河內，發表臭名昭著的「豔電」。

**一九三九年**

一月一日，國民黨中常會決定開除汪精衛黨籍並撤銷其一切職務。

六月八日，國民政府明令通緝汪精衛。

十二月三十日，汪精衛與日本在上海簽訂賣國密約《日支新關係調整要綱》。

電」，表示響應，願意以近衛三原則同日本進行「和平談判」。從此，汪精衛集團便公開走上投敵賣國的罪惡道路。

汪精衛的出逃，一度讓日本人非常興奮。他們以為，有汪精衛這樣的國民黨高官歸順，一定會引發連鎖效應，投降者接踵而至，他們可以坐收漁利了。的確，在汪精衛的影響下，一些國民黨將領和高官紛紛變節，甘心追隨汪精衛去做漢奸。但是，更多的中國人依然選擇了抵抗。汪精衛的投降，不僅沒能消弭中國人民的抗戰決心，反而成為激發中國人民抗戰熱情的反面典型。

**知識鏈接**

**汪偽政權**

汪精衛是國民黨副總裁、國民黨內親日派的首領。抗戰開始時就大肆宣揚失敗主義，並與日本侵略者秘密往來。一九三八年十二月，在日本的周密策劃下，汪精衛率親信從重慶逃往越南河內，發表「豔電」，公開投降日本。一九三九年四月底，汪精衛一伙抵達上海。同年底，與日本政府簽訂賣國密約《日支新關係調整要綱》。一九四〇年一月，汪精衛與北平偽臨時政府頭子、南京偽維新政府頭子在青島召開「聯席會議」，決定成立南京偽國民政府。一九四〇年三月三十日，汪偽國民政府宣佈成立。汪精衛任代主席兼行政院院長，陳公博任立法院院長，溫宗堯任司法院院長，梁鴻志任監察院院

一九四〇年
三月三十日，汪偽國民政府在南京成立，汪精衛任代主席兼行政院院長。

長，王揖唐任考試院院長，王克敏任華北政務委員會委員長。

汪偽政權以「和平反共建國」為口號，破壞抗戰，殘酷鎮壓和搜刮淪陷區人民，並組織偽軍配合日軍進攻中國共產黨領導的抗日根據地。一九四四年汪精衛死後，由陳公博繼任偽國民政府主席。一九四五年八月隨着抗日戰爭的勝利，汪偽政權被摧毀。

# 中國遠征軍被困野人山

在中國、印度、緬甸三國交界處，有一片方圓數百公里的原始森林，緬甸人稱之為胡康河谷，意思是「魔鬼居住的地方」。這裏，山高林密，河流縱橫，瘴癘橫行，據説原來曾有野人出沒，因此當地人將這片無人區籠統稱為「野人山」。一九四二年五月，數萬中國遠征軍將士，為了擺脱日寇的追殺，慌不擇路地走進了野人山。這裏，雖然沒有硝煙四起、刀光劍影的拚殺，但卻是能進不能出的「吃人戰場」，三萬多名中國遠征軍將士慘死在此。

一九四二年一月，英方請求中國派遣遠征軍赴緬甸協同英軍對日作戰。為保衛滇緬公路，中國方面同意英方請求，由杜聿明、廖耀湘、戴安瀾等率領中國遠征軍入緬。進入緬甸後，中國軍隊先後在同古、斯瓦、松山等地同日軍激戰，在仁安羌戰役中還解救了被圍英軍七千餘人。然而，四月底，由於英軍潰敗，中國遠征軍在戰場上被日軍形成包圍之勢，而且日軍迂迴至中國遠征軍後方，切斷了中國軍隊的歸國通道。

面對急轉直下的形勢，杜聿明經向蔣介石請示，決定帶領六萬人穿越野人山退回國內。一九四二年五月十三日，杜聿明率大軍退入了野人山。臨行前，他命令部隊炸毀所有輜重徒步進入叢林。幾百公里的原始森林，在地圖上不過是幾釐米的距離，但野人山惡劣兇險的環境遠遠超出了杜聿明等人的想像。當時，中國軍隊把旱季乾涸的溪谷河道當作交通要道，但

**一九四一年**

十二月八日，日軍偷襲珍珠港。美、英對日宣戰，太平洋戰爭爆發。

**一九四二年**

五月二十五日，八路軍副參謀長左權犧牲。翌日，中國遠征軍第二〇〇師師長戴安瀾殉國。

在雨季，乾涸的河流會由於上游降雨而猝發山洪，洪水來勢兇猛，蕩滌一切，轉瞬之間，人馬即無影無蹤。不僅如此，冰冷的雨水還帶走了人體的熱量，螞蟥成群結隊，循着人的氣息隨時襲來，無孔不入。

部隊所帶糧食僅維持了七天，杜聿明只好下令殺掉戰馬，但僅維持了三天。軍人們發揮了對於吃的東西的全部想像力。除了野果、菌類、植物塊莖、野芭蕉，他們還捕殺飛鳥、青蛙、老鼠、蛇，掏蜂窩、螞蟻窩，凡能夠下肚的東西都成為尋覓的對象，但餓死的人還是越來越多。飢不擇食，不少士兵因吞食了帶毒的食物而中毒身亡。當時，有一千五百名傷兵實在無法再隨軍跋涉，他們從大局着想，不願拖累部隊，也不願受日寇之辱，集體引火自焚。

疲憊的身軀加上惡劣的環境致使許多士兵患上了瘧疾、登革熱等疾病，惡性瘧疾能在三天奪去一個鮮活的生命，許多士兵身上不止一種病，但他們只要還有力氣，就互相攙扶着繼續前進，直至倒下被雨林吞沒。杜聿明後來在回憶錄中寫道：「官兵死亡累累，前後相繼，沿途屍骨遍野，慘絕人寰。我自己也在打洛患了回歸熱，昏迷兩天，不省人事。全體官兵曾因此暫停行軍，等我被救治清醒過來時，已延誤了二日路程。我急令各部隊繼續北進，而沿途護理我的常連長，卻因受傳染反而不治。」警衛營的營長是杜聿明的老鄉，陝西米脂人，他後來回憶說，為了抬自己的軍長，沿途就死去了二十多人。

這是一次慘烈的死亡之旅，綿延數百里的野人山，許多沒有倒在日軍槍炮下的中國遠征軍將士卻倒在了這片茫茫不見盡頭的熱帶叢林中。一些人因飢餓、疾病、恐懼而死去；一些人墜入了深山峽谷；一些人被毒蛇猛獸肆虐；一些人被山洪捲走；一些人被沼澤吞噬；還有一些人因忍受不了這種沒完沒了的折磨，在絕望中相互射殺……據原遠征軍第五軍直屬消防

---

一九四三年

一月十一日，中英、中美分別在重慶、華盛頓簽約，廢除兩國在華治外法權及其他有關特權。新約的簽訂，廢除了百年來列強強迫訂立的不平等條約，在中國近代史上具有重大的意義。

三月十日，蔣介石《中國之命運》發表。此書宣揚法西斯主義和封建主義，反對自由主義和共產主義，成為國民黨系統化的政治理論。

九月，中、美、英軍隊開始在緬甸進行反攻，日軍逐漸陷於不利境地。

十一月二十二日，中、美、英三國首腦蔣介石、羅斯福、丘吉爾在開羅舉行會議。會後發表《開羅宣言》，其中規定將日本佔領的台灣、澎湖列島歸還中國。

連（即防化連）少尉俞舜民回憶：「途中每天都能看到幾十具屍體，一般是單個的，而在宿營地則是連片成堆，屍橫相聚。人死後，屍體一般是躺着的，但有的是仰臥，有的俯臥，有的側臥，有的頭在山坡上而腳在山坡下，有的頭在山坡下而腳在山坡上，有的四肢伸直，有的四肢彎曲，也有背靠山坡坐着死去的。總之，死姿是各式各樣的，只有少數人覆蓋着一些樹枝樹葉。」

死亡與苦難折磨着這支疲憊之師，也在磨煉着這支軍隊的意志和頑強不息的精神。不少人臨終前哆嗦地指向祖國的方向，斷斷續續地説：「好——想——家！」前面的戰友倒下去，跟進的戰士揀起了戰友的武器，繼續向北走，他們要走回祖國，繼續和日本鬼子拚命。有一個遠征軍士兵，他的身上背着十幾支步槍，直到最後染上了瘧疾，走不動了，長官命令他把槍械砸碎丟棄，他大哭着抱着步槍不放，説：我不想拿着大刀和日本鬼子拚命，我把槍帶回去，就有十幾個弟兄不用拿大刀跟日本鬼子拚命了！最終，這個士兵沒能把槍帶回來，他也留在了野人山。一個老兵回憶起這段往事，久久不能釋懷。有人問他後悔嗎，他説：誰也不會説後悔了，走錯路了，出來就是為了抗日，打日本。

這支無援的軍隊就這樣艱難地緩緩向前行進着。幸運的是，半個多月後，一架路過的美軍偵察機偶然發現了這支衣衫襤褸的中國軍隊。很快，從印度機場起飛的運輸機便趕到這裏，投下大批食品、藥品、帳篷和禦寒物，並空降了幾名美軍聯絡軍官。受盡磨難的將士們絕處逢生。據説接到空投食品的那天，有些士兵因吃得太多而撐死了。在美軍聯絡官的帶領下，這些遠征軍終於走出了野人山，來到了印度，還有一部分回到了國內。據統計，在這次死亡之旅中約有三萬餘名遠征軍將士犧牲。

---

**一九四四年**

四月，日軍發動以打通縱貫南北的大陸交通線為目的的豫湘桂戰役。國民黨軍隊在各個戰場的抵抗均告失敗，至十二月戰役結束時，中國損失近六十萬人，喪失國土二十萬平方公里。

八月二十一至十月七日，中、蘇、美、英代表在美國敦巴頓橡樹園舉行會議，擬訂組織聯合國的建議案。

九月十五日，林伯渠在國民參政會三屆三次會議上提出廢除國民黨一黨專政、成立民主聯合政府的主張。

野人山的征程對中國遠征軍來說，無疑是一場災難，能活着走出野人山無疑也是幸運的。他們在惡劣環境中，忍受各種折磨和痛苦，憑着頑強的毅力與鬥志戰勝了死亡之境。他們不僅僅是為自己活着，也是為那些埋骨異地的遠征軍將士活着。後來他們成為緬北反攻的中堅力量。

**知識鏈接**

**中國遠征軍入緬作戰**

一九四〇年九月，日軍侵入越南，加緊向東南亞進行擴張，不僅嚴重威脅到中國國際交通線滇緬公路的安全，而且把矛頭直接指向緬甸、馬來西亞、新加坡等英國殖民地。於是，中英之間積極開展軍事合作。一九四一年二月，中國、英國連同緬甸擬定了共同防禦計劃草案。一九四一年十二月，國民政府組建了中國遠征軍，衛立煌和杜聿明被分別任命為司令長官和副司令長官，準備入緬援英。

一九四二年一月，為進一步打擊東南亞的英軍，日軍切斷滇緬公路，斷絕中國西南的國際交通線，以泰國、越南為基地，向緬甸發動進攻。英方屢次請求

中國遠征軍赴緬作戰

**滇緬公路**

滇緬公路起點在中國雲南省昆明市，終點是緬甸臘戍，全長一千四百五十三公里，其中中國境內九百五十九公里。七七事變以後，日軍很快就佔領了中國華北、華東、華南地區，國際援華物資的通道中斷，中國急需一條新的安全國際運輸通道。一九三七年底，國民政府下令修建滇緬公路。於是，二十萬雲南人民用雙手在群山峻嶺間用了近十個月時間開闢出了中國境內的公路，並和緬甸段連接上。一九三八年八月底，滇緬公路通車。在抗日戰爭的槍林彈雨中，滇緬公路成為中國接受外援物資最重要的通道，戰略物資源源不斷從滇緬公路運往中國戰場。因而，滇緬公路也被世人稱為「中國抗日戰爭的大動脈」。

中國軍隊入緬，協助英軍作戰。二月中旬，中國陸續派出三個軍約十萬人到緬甸參加對日作戰。中國遠征軍曾先後在同古、斯瓦、臘戌、八莫、密支那等地同日軍激戰，給日軍以沉重打擊，並在仁安羌戰役中救出英軍七千多人及被俘英軍、傳教士和新聞記者五百多人。但終因中英戰略不一致，指揮不統一，中國遠征軍在緬北失敗。在後路被日軍切斷的情況下，杜聿明率部翻越野人山回國，結果造成慘烈傷亡，一部分退到印度的軍隊整編為中國駐印軍。中國遠征軍第一次入緬作戰時約十萬人，僅四萬人生還。

一九四三年下半年，隨着世界反法西斯戰爭的勝利，盟軍開始反攻緬甸。十一月一日，遠征軍駐印軍在美國空軍支援下，向緬北日軍發起反攻，先後攻佔孟關、孟拱、密支那和八莫等地。一九四四年五月，在雲南重建起來的遠征軍十七個師十六萬人，強渡怒江，向盤踞滇西一帶的日軍展開反攻。經過艱苦奮戰，接連攻克騰沖、龍陵、芒市、畹町等地。一九四五年一月，兩軍會師芒友。遠征軍第二次入緬作戰，殲滅日軍兩個師團大部和擊潰另兩個師團的一部，為收復緬北作出貢獻。

# 日本天皇乞降

一九四五年，中國的抗日戰爭進入了第八個年頭，中國人民堅持的持久戰，拖住了日軍三分之二的兵力，而太平洋戰爭的推進，使得日本徹底喪失了海空優勢。可以說，日本人是在四面楚歌中掙扎着進入一九四五年的。

五月八日，德國宣佈投降，歐洲戰場的戰事宣告結束。九日，日本政府發表了措辭強硬的聲明，聲稱：「日本為求自保自衛與東亞之解放而作戰之決心，絲毫未感動搖，德國之投降，不能令日本之作戰目標有絲毫之變更。」為了保住本土與朝鮮，日本不惜「本土決戰」。當昔日叱吒一時的法西斯盟友向後倒下的時候，日本頑固地苦苦支撐。

鑒於日本軍國主義者如此不識時務，反法西斯同盟的幾個主要大國感覺有必要進行磋商。七月二十六日，在德國波茨坦一座避暑別宮裏，中、美、英三國聯合發佈了《波茨坦公告》，敦促日本放下武器，無條件投降，否則，將給予日本「最後之打擊」。當時，美國已經研製出了原子彈，美國總統杜魯門覺得，有了這個殺手鐧，結束戰爭易如反掌，在這種情況下，蘇聯參戰已無必要。因而，在宣佈公告的時候，甚至沒通知蘇聯署名，導致了蘇聯的強烈不滿。

一九四五年八月六日，為了盡快結束戰爭，減少傷亡，並趕在蘇聯前面佔領日本，美國

---

**一九四五年**

二月四日至十一日，美、蘇、英三國首腦集會雅爾塔，達成一系列關於對德、對日法西斯作戰和戰後國際事務的協定。

四月二十三日至六月十一日，中國共產黨第七次全國代表大會在延安召開。

五月五日至二十一日，國民黨第六次全國代表大會在重慶召開，拒絕中共建立民主聯合政府的建議，堅持獨裁，並準備發動內戰。

七月二十六日，中、美、英三國政府簽署發表《波茨坦公告》。

八月九日，毛澤東發表《對日寇的最後一戰》。

在日本廣島投下了第一顆原子彈，整個城市瞬間被摧毀。八月八日，蘇聯對日宣戰。九日凌晨，一百五十萬蘇聯紅軍開始全面攻擊日本駐中國東北的關東軍。同一天，美軍又在長崎投下了第二顆原子彈。

同樣是在八月九日這一天，在延安棗園的窯洞裏，毛澤東發表了《對日寇的最後一戰》，命令「八路軍、新四軍及其他人民軍隊，應在一切可能條件下，對於一切不願投降的侵略者及其走狗實行廣泛的進攻」。萬里敵後戰場上，共產黨領導的抗日軍民向日寇展開了最後一戰。

這無疑是日本法西斯深感漫長的一天。原子彈的震懾，蘇聯紅軍的重擊，中國戰場上的全面反攻，在準備舉國「玉碎」的日本頭上澆了一盆冰水——即使連婦女、兒童也扛着竹竿上陣，即使像他們瘋狂宣稱的那樣死上一億人，「本土決戰」看來也絕不會有任何一絲勝利的希望。

日本皇宮的防空洞裏，御前會議一直在沉悶的氣氛中進行。除了以陸相阿南惟幾為首的少數幾個戰爭狂熱分子頑固堅持繼續戰鬥外，其他人大都選擇了投降。會議從九日晚一直開到第二天凌晨，四十四歲的裕仁天皇終於下定決心，接受失敗的結局。很快，日本無條件投降的消息隨着無線電波傳到了全世界。

八月十五日，對飽受苦難的中國人民來説是大喜的日子。日本天皇正式通過廣播宣佈無條件投降。岡村寧次帶領侵華日軍總司令部的全體人員，集合在廣場前聆聽天皇「玉音」。直到廣播結束，這些在中國土地上曾驕橫一時的侵略者們還目光呆滯地站在南京的烈日下，不願意相信他們所聽到的一切。

八月十五日，日本天皇裕仁發佈「終戰詔書」，宣佈無條件投降。
九月九日，中國戰區的日本投降儀式在南京舉行。
十月二十五日，台灣日軍向台灣省行政長官陳儀遞交投降書，台灣光復。

一九四五年九月二日，日本外相重光葵代表日本天皇和政府，日本陸軍參謀長梅津美治郎代表日本帝國的大本營，於停泊在東京灣的美國「密蘇里」號戰列艦上正式簽署了日本無條件投降書。至此，橫行一時的日本帝國主義者在中國人民、亞洲其他各國人民以及蘇聯、美國等反法西斯同盟國合力打擊下徹底敗降。當重光葵拖着那條十三年前在上海被炸斷的殘腿步履沉重地走下「密蘇里」號時，上千架慶祝勝利的美軍飛機從東京灣上空呼嘯而過。

九月三日，中國國民政府下令舉國慶祝三天，並從第二年開始以每年九月三日作為抗戰勝利紀念日。後來，這個日子被全世界公認為世界反法西斯戰爭勝利日。

多行不義必自斃。侵略戰爭使日本經濟陷於崩潰，使日本人民陷於水深火熱之中。日軍的侵略罪行也受到國際社會的懲處。東條英機等七名甲級戰犯被送上了絞刑架，罪惡滔天的日本軍國主義者被永遠釘在了歷史的恥辱柱上。

**知識鏈接**

**南京受降**

一九四五年九月九日，中國受降儀式在南京中國陸軍總司令部大禮堂舉行。禮堂門外樹立了一座勝利牌坊，中間綴着一個象徵勝利的大紅「V」字，旁邊懸中、美、英、蘇四國國旗。上午八時左右，參加受降儀式的各界代表千餘人便陸續入場。應邀參加受降儀式的還有美國、英國、蘇聯、法國、加拿大、澳大利亞等國軍事代表和駐華武官，以及中外記者。八點五十六分，中國戰區受降代表、中國陸軍總司令何應欽率參加受降的顧祝同、肖毅肅等四人莊嚴就座主席台。八時五十八分，日軍投降代表、駐華日軍最高指揮官——中國派遣軍總司令官岡村寧次率投降代表七人至規定的位置，以立正姿勢面向何應欽等人行四十五度的鞠躬禮。禮畢後，岡村寧次解下佩刀，交給何應欽，以示侵華日軍正式向中國繳械投降。然後，岡村寧次在投降書上簽字。整個儀式僅持續二十分鐘就結束了。

儀式結束後，何應欽發表廣播演說：「中國戰區日軍投降簽字已於本日上午九時在南京順利完成。這是中國歷史上最有意義的一個日子，這是八年抗戰艱苦奮鬥的結果。」南京受降後，中國各戰區受降主官及其部隊亦分別到達指定地點，進行受降，共接受日軍投降官兵一百二十四萬人，偽軍九十五萬人。從一九四五年冬至一九四六年夏，國民政府將日俘、日僑二百一十三萬人全部遣送回日本。

在投降書上簽完字後的岡村寧次

# 中國命運的大決戰

● 中國人民解放軍佔領南京

抗戰剛剛獲得勝利，國共兩黨關係即趨緊張。一九四六年六月，蔣介石在美國政府的支持下，發動內戰。國共兩黨展開了最後的對決。

從一九四六年六月至一九四七年六月，解放軍處於戰略防禦階段，戰爭主要在解放區進行。從一九四七年七月起，解放軍由戰略防禦轉入戰略進攻。遼瀋、淮海、平津三大戰役後，國民黨軍主力基本被殲滅。一九四九年四月，國民黨政府拒絕在《國內和平協定》上簽字，解放軍百萬雄師過大江，佔據南京，國民黨在大陸二十二年的統治覆滅。

一九四九年十月一日，中華人民共和國在北京成立。

# 〈沁園春．雪〉驚起山城波瀾

一九三五年十月，中央紅軍完成長征，勝利到達陝北。一九三六年二月，毛澤東和朱德率領紅軍部隊到達陝西清澗縣高傑村鎮袁家溝，準備渡河東征，開赴抗日前線。這一帶已經飄了幾天的鵝毛大雪，雄渾壯觀的北國雪景觸動了毛澤東的詩人情懷。他立即揮毫潑墨，寫下了膾炙人口、氣吞山河的〈沁園春．雪〉：

北國風光，千里冰封，萬里雪飄。望長城內外，惟餘莽莽；大河上下，頓失滔滔。山舞銀蛇，原馳蠟象，欲與天公試比高。須晴日，看紅裝素裹，分外妖嬈。江山如此多嬌，引無數英雄競折腰。惜秦皇漢武，略輸文采；唐宗宋祖，稍遜風騷。一代天驕，成吉思汗，只識彎弓射大雕。俱往矣，數風流人物，還看今朝。

這首詞寫成之後，毛澤東一直將它雪藏，直到一九四五年十一月十四日發表，長達九年多的時間裏，沒有人知道毛澤東曾寫了這首詞，因為他從沒有向任何人提起過。那麼這首詞是怎樣發表的呢？這還要從重慶談判講起。

抗日戰爭勝利後，為製造追求和平的假象，蔣介石三次電邀毛澤東到重慶面商「國家大計」。在他看來，毛澤東不敢來，而這恰好為他發動內戰提供了藉口。但是，毛澤東早已看穿

一九四五年

八月二十五日，中共中央發表《對目前時局的宣言》，明確提出「和平、民主、團結」三大口號，闡明中共關於「在和平民主團結的基礎上，實現全國的統一，建設獨立自由與富強的新中國」的主張。

八月二十八日，毛澤東、周恩來等人飛抵重慶，同國民黨進行談判。

九月十九日，中共中央發出指示，提出了「向北發展，向南防禦」的戰略方針。

十月十日，國共雙方簽訂「雙十協定」。

九至十月，解放區軍民在平綏路、上黨、平漢路進

蔣介石的鬼把戲，他明確告訴周恩來等人：「蔣介石鬼的很，他以為我毛澤東不敢去重慶，想把發動內戰的責任推到我們的頭上。我要去，讓蔣介石假戲真做。我們共產黨是真心擁護和平的。」

一九四五年八月二十八日，毛澤東在美國特使赫爾利和國民黨代表張治中的陪同下，飛抵重慶。毛澤東的到來，引起了全國人民的關注，也使得根本沒有談判準備的蔣介石有些手忙腳亂。為了提高中國共產黨的影響力，爭取民主黨派和全國人民的支持，在重慶期間，毛澤東頻繁會見各界知名人士，宣傳共產黨關於和平、民主、團結的方針。在拜訪著名詩人柳亞子時，毛澤東將自己寫的一首〈七律・長征〉送給他。十月四日，毛澤東的詩引發了柳亞子的靈感，他隨之作詩一首，名為〈贈毛潤之老友〉。詩曰：「闊別羊城十九秋，重逢握手喜渝州。彌天大勇誠能格，遍地勞民亂倘休。霖雨蒼生新建國，雲雷青史舊同舟。中山卡爾雙源合，一笑昆侖頂上頭。」不久，《新華日報》發表了柳亞子這首詩。

十月六日，毛澤東再次訪問柳亞子。柳亞子說：「我從潤之的詩中明白了共產黨人為什麼能戰勝艱難險阻取得了長征的勝利，也明白了共產黨人為什麼能在抗戰中發展壯大。共產黨人有着鐵打的精神和無上的樂觀精神。中國的民主還需要你們呢。」他又對毛澤東說：「我準備把潤之的這首詩編入《民國詩選》，不知潤之是否還有大作？」毛澤東說：「大作談不上，詞倒是有舊作一首，似與先生詩格略近。乃是初到陝北看見大雪，聊抒胸懷。一直未敢示人，今天就呈錄先生，還請先生指正。」毛澤東說完，便在隨身攜帶的「第十八集團軍辦事處」的信箋上，用毛筆寫下了〈沁園春・雪〉。柳亞子邊看邊讀，欣喜若狂，直呼：「好氣派，好氣派啊！縱橫古今，真有氣吞山河如虎之感。這種開闊胸懷、遠大抱負的詞句，只有潤之先

---

行了三次大規模的自衛反擊戰。

十二月一日，昆明發生國民黨軍警殺害進步師生的慘案，史稱「一二・一慘案」。

十二月二十八日，毛澤東發出《建立鞏固的東北根據地》的指示。

**一九四六年**

一月五日，國共雙方達成《關於停止國內軍事衝突辦法的協議》；十日，雙方代表簽訂《關於停止國內衝突的命令和聲明》。上述文件通稱「國共停戰協定」，十日同時公佈。

一月十日，政治協商會議在重慶召開。

二月十日，國民黨特務在重慶破壞陪都慶祝政協成功大會，毆傷李公樸、郭沫若等六十餘人，製造了「較場口慘案」。

六月二十三日，上海各界五萬人集會，歡送上海人

生才能寫得出來。」毛澤東笑着說：「先生見笑了。」

柳亞子得到毛澤東的詞後，愛不釋手，反覆吟誦。十月十日晚，就在「雙十協定」在桂園簽字時，柳亞子不禁詩興大發，步毛詞韻，和了一首〈沁園春〉，並作〈索句後記〉，盛讚毛澤東的這首詞是：「展讀之餘，以為中國有詞以來第一作手，雖蘇（軾）、辛（棄疾）未能抗，況餘子乎。」柳亞子把兩首詞連同〈索句後記〉一併抄好送交《新華日報》發表。《新華日報》是中國共產黨在重慶公開發行的報紙，報社負責人提出要向延安請示。柳亞子不願因此延誤時日，建議先發表己作。《新華日報》於十月十一日，即毛澤東離開重慶那天刊發了柳亞子的和詞。

重慶各界在報紙上只見到柳亞子的和詞而不見毛澤東的原詞，紛紛好奇地打探。柳亞子便開始把原詞向一些友人傳看。當時在重慶《新民報》任副刊編輯的吳祖光，先從友人黃苗子處抄得毛澤東詞稿，發覺抄稿中遺漏了兩三個短句，但大致還能理解詞意。吳祖光又跑了幾處，連續找了幾個人，這才得到了一首完整的〈沁園春．雪〉。吳祖光如獲至寶，感到這首大氣磅礴的詠雪之作「睥睨六合，氣雄萬古」，是「可遇難求的最精彩的稿件」。十一月十四日，吳祖光在《新民報》第二版副刊《西方夜譚》上隆重地推出了這首詞，標題是〈毛詞．沁園春〉，並寫了一段熱情洋溢的「按語」：「毛潤之先生能詩詞，似鮮為人知。客有抄得其〈沁園春．雪〉一詞者，風調獨絕，文情並茂，而氣魄之大，乃不可及。」

毛澤東的〈沁園春．雪〉公開刊登後，轟動山城，步韻唱和之作接踵而至，一時成為人們談論的焦點。大多數人未想到，一個帶兵打仗的政治人物，竟然還有如此傲人的文學才華。

毛澤東詩詞引起的轟動效應讓國民黨當局驚恐萬分。國民黨中央宣傳部頭目惱羞成怒，

民團體聯合會及上海學生團體派出的代表赴南京請願。馬敍倫等人當晚抵達下關車站時，國民黨特務、暴徒予以圍攻、毆打、劫掠達五個小時，製造了「下關慘案」。

氣急敗壞地對《新民報》負責人大加訓斥，謾罵他們是為共黨「張目」。此事也很快就傳到了蔣介石那裏，他頗為惱火。為此，他還專門詢問他的「文膽」陳布雷，讓他評價毛澤東的詞。陳布雷如實答道：「氣勢磅礴、氣吞山河，可稱蓋世之精品。」這個答案令蔣介石更為氣惱。他馬上授意，組織人馬，批判毛澤東在詞中表現出來的「帝王」思想，並要求國民黨方面的人士，填幾首類似的好詞，將毛澤東的詞給壓下去。通知下達後，雖然徵得不少詞作，但都屬平庸之作，沒有一首能超過毛澤東之作的。後來，國民黨又在南京、上海等地僱傭「高手」作了數首，但仍是拿不出手的「低質品」。由於這次活動是在暗中進行的，又未成功，所以一直秘而不宣。直到二十世紀八十年代中期，才由當年參加過這項活動的一位國民黨要員透露出來。

毛澤東赴重慶談判，不僅在政治上取得了主動，而且借助〈沁園春．雪〉這首詞所表現出的文學素養，使得共產黨人的形象得到了有效的提昇。蔣介石的如意算盤全部落空，甚至可以說是偷雞不成反蝕把米。

■ 政治協商會議

一九四六年一月十日至三十一日，政協會議在重慶召開。參加者有國民黨代表八人，共產黨代表七人，民主同盟代表九人，青年黨代表五人，無黨派人士九人，共三十八人。這次政治協商會議經過激烈的鬥爭，終於通過了和平建國綱領、關於軍事問題的協議、關於國民大會的協議、關於憲草問題的協議、關於改組政府的協議等五項協議。為了區別一九四九年召開的中國人民政治協商會議，將一九四六年召開的政協會議稱為「舊政協」。

知識鏈接

## 重慶談判

抗戰勝利後，國內外形勢隨之發生急遽變化。蔣介石為首的國民黨妄圖獨吞抗戰勝利果實，維持獨裁統治。但迫於全國人民強烈希望和平建國的願望，蔣介石乃玩弄和平談判陰謀，為準備內戰贏得時間，同時爭取有利的輿論，以混淆視聽。八月中下旬，蔣介石連續三次致電邀請毛澤東赴重慶「共同商討國家大計」。八月二十五日，中共中央政治局決定派毛澤東、周恩來、王若飛為代表，赴重慶同國民黨進行談判。八月二十八日，毛澤東偕周恩來、王若飛在張治中、赫爾利陪同下乘專機抵達重慶。中國共產黨提出的「和平、民主、團結」的口號在國內外引起巨大反響。

在重慶期間，毛澤東直接同蔣介石就兩黨關係中的重大問題進行過多次商談。

赴重慶談判的毛澤東、周恩來、王若飛與美國駐華大使赫爾利、國民政府代表張治中離開延安時的合影

有關國內和平問題的具體談判，由周恩來、王若飛同國民黨政府代表王世傑、張群、張治中、邵力子之間進行。談判的焦點是軍隊和解放區問題。為了使談判能夠獲得進展，中共方面先後作過多次讓步。經過艱苦的努力，十月十日，國共雙方代表簽訂《政府與中共代表會談紀要》（即「雙十協定」）。《會談紀要》就和平建國的基本方針、政治民主化、國民大會、黨派合作、軍隊國家化、解放區地方政府等十二個問題闡明了國共雙方的見解。其中有的達成了協議，有的則未取得一致意見。《會談紀要》簽訂後，十月十一日，毛澤東返回延安，周恩來等留在重慶就懸而未決的問題繼續同國民黨方面商談。十一月二十五日，周恩來返回延安。

重慶談判的舉行和《會談紀要》的發表，表明國民黨方面承認了「中共的地位」，「承認了各黨派和平建國的會議」。中國共產黨關於和平建設新中國的政治主張被全國人民所了解，從而推動了全國和平民主運動的發展。對於重慶談判的意義，毛澤東指出：「談判的結果，國民黨承認了和平團結的方針。這樣很好。國民黨再發動內戰，他們就在全國和全世界面前輸了理，我們就更有理由採取自衛戰爭，粉碎他們的進攻。」

# 毛澤東「蘑菇」胡宗南

國共大戰初期，國民黨的軍隊無論從人數上，還是從武器裝備上，都佔有絕對的優勢。因此，蔣介石最初並沒有把共產黨放在眼裏。經過近一年的全面進攻後，國民黨雖然佔據了許多重要城市，但部隊的損失也不少，已經無力再次發動大規模的全面進攻。

一九四七年三月，蔣介石調整戰略，決定對解放區進行重點進攻，山東與陝甘寧邊區成為國民黨軍進攻的重點。對陝北的進攻，由蔣介石的親信「西北王」胡宗南親自指揮。胡宗南所屬二十個旅擔任主攻，青海馬步芳、寧夏馬鴻逵集團十二個旅和國民黨晉陝綏邊區總部的榆林鄧寶珊的兩個旅，從西、北兩個方向進行配合。傲慢的胡宗南叫嚷要「三天佔領延安」，摧毀中共中央和解放軍總部等首腦機關，三個月內聚殲解放軍於延安及其以北地區，或逼迫解放軍東渡黃

● 毛澤東在轉戰陝北途中

**一九四六年**

六月二十六日，蔣介石下令向中原解放區發動進攻，全面內戰由此開始。

七月十一日、十五日，國民黨特務先後槍殺民主人士李公樸、聞一多，製造了駭人聽聞的「李聞慘案」。

七月二十日，中共中央發出《以自衛戰爭粉碎蔣介石的進攻》的指示。

八月六日，毛澤東會見美國記者斯特朗，提出「一切反動派都是紙老虎」的著名論斷。

十二月二十四日，在北京東單廣場發生了美軍強姦北大女生的事件。北平、南京、上海、武漢等地學

河，徹底解決陝北問題。

在蔣介石決心要把戰火燒到延安，不惜一切代價佔領延安，雙方力量對比懸殊過大的情況下，延安的命運如何，中共中央和解放軍總部向何處去，便成了關係全局的一件大事。毛澤東從整個戰略考慮，決定中共中央仍然要留在陝北。這樣做，雖然帶有「冒險性」，但在政治上，不但粉碎了蔣介石的陰謀，滅了對手的威風，而且對各解放區軍民是一個極大的鼓舞；在軍事上，則可以拖住胡宗南，減輕其他戰場的壓力。

可是雙方力量過於懸殊，且敵人來勢洶洶，怎麼辦？毛澤東給西北戰場的指戰員們制定了「蘑菇戰術」。所謂蘑菇戰術，就是在地形與群眾基礎均有利的條件下，針對敵軍急於尋求同我方決戰的心理，以小部隊與敵周旋，疲憊、消耗、餓困對方，而以主力隱蔽等候，不驕不躁，待敵十分疲勞與孤立無援之時，集中主力加以各個殲滅。如毛澤東所言：「陝北地方小，但溝壑縱橫，地形險要，只要把敵軍的鼻子牽住，在陝北這盤石磨上磨，石碾上碾，就一定能把他幾十萬軍隊磨個稀巴爛，將敵磨得精疲力竭，然後消滅之。」蘑菇戰術是劣勢軍隊依託根據地戰勝優勢軍隊的有效戰術之一。毛澤東對此戰術，可謂頗有心得，因為早在土地革命戰爭時期，毛澤東等提出的「敵進我退，敵駐我擾，敵疲我打，敵退我追」的十六字方針，就講到了利用有利的地形和群眾條件，同敵人周旋，將敵人拖疲憊後消滅之。

一九四七年三月十三日，胡宗南親自指揮十四個旅，自洛川、宜川地區分路向延安發起攻擊。解放軍西北野戰軍在彭德懷的指揮下，對來犯的國民黨軍加以阻擊，激戰七天七夜，殲滅對手五千多人。在圓滿完成掩護中共中央機關、解放軍總部和延安群眾撤出延安後，三月十九日，西北野戰軍主動撤離延安。在中央首腦機關和延安軍民撤離時，彭德懷還親自到

---

生發起聲勢浩大的「抗議美軍暴行運動」。

**一九四七年**

二月二十八日，台灣人民發動二．二八起義。

三月，蔣軍對陝北和山東解放區發動重點進攻。

五月，全國學生發動「反飢餓、反內戰、反迫害」運動。

五月十三日至十六日，華東野戰軍舉行孟良崮戰役，全殲國民黨整編第七十四師。

西北局、聯防司令部、楊家嶺等地檢查，看到住房都按照毛澤東的吩咐，打掃得乾乾淨淨，傢具也擺得井井有條。槍炮聲清晰可聞，國民黨軍先頭部隊已接近寶塔山時，彭德懷才指揮人員從容離去。

能夠迅速佔領延安，胡宗南興奮異常，但進城後才發覺，延安其實是一座空城。但胡宗南依然很興奮，饒有興趣地到處「參觀」。據在胡宗南身邊潛伏的中共情報人員熊向暉回憶，在棗園，胡宗南步入毛澤東住過的窯洞，看得很仔細。他居然拉開毛澤東的書桌抽屜，細細檢視。他發現抽屜裏有一紙條，拿起一看，原來是毛澤東留給他的話，上面寫着：「胡宗南到延安，勢成騎虎。進又不能進，退又不能退。奈何！奈何！」胡宗南看畢，忍不住大笑起來。據熊向暉在胡宗南身邊多年觀察，合乎他心意的，他哈哈大笑；道出他心病的，他也哈哈大笑。毛澤東的「勢成騎虎」這句話，正是一語道破了胡宗南的心病。他被毛澤東「磨菇」得很無奈，只能苦笑。

但是，在給蔣介石的戰報中，胡宗南卻謊報戰績，說中共軍隊「不堪一擊」，已經「倉皇北竄」。蔣介石非常高興，親自發電給胡宗南，讚揚他「功在黨國，雪我十餘年來積憤，殊堪嘉尚」，並特意授給胡宗南「二等大綬雲麾勳章」一枚。國民黨陝西省主席祝紹周還在西安掛國旗，放鞭炮，慶祝「陝北大捷」。南京國防部大吹大擂，要組織上海、南京的中外記者到延安參觀訪問。謊報戰績的胡宗南只好在記者來到之前，星夜設立「戰俘管理處」，挑選城防部隊的部分青年化裝成戰俘，用自己的槍支假冒繳獲品，建立「戰績陳列室」，在延河兩岸建造假墳，說是國民黨軍陣亡將士，以掩人耳目。

胡宗南志得意滿，風光了一把。可沒多久，他就在陝北陷入了困境。解放軍西北野戰兵

■ 紅色「間諜」熊向暉

熊向暉，原名熊匯荃，一九一九年生於湖北武昌。一九三六年十二月在清華大學秘密加入中國共產黨。一九三七年十二月，遵照周恩來的指示，到國民黨胡宗南（時任第八戰區副司令長官，後任第一戰區司令長官）的部隊「服務」，從事秘密情報工作，取得了胡宗南的信任，官至胡的侍從副官、機要秘書。一九四三年，熊向暉獲得了一份胡宗南為進攻陝北地區而作的戰略部署的情報，並立即報告了上級，中共中央向外界及時揭露了這個陰謀，使之破產。後來，毛澤東稱讚熊向暉，說他「一人可以頂幾個師」。在胡宗南一九四七年重點進攻陝北時，熊向暉又把許多重要情報秘傳給中共，為粉碎國民黨軍隊對陝北的重點進攻立下頭功。一九四七

團按照中共中央軍委和毛澤東的部署，在彭德懷等指揮下，以不足國民黨軍隊十分之一的兵力，在山險路艱的陝北，跟胡宗南「蘑菇」，把胡宗南部隊磨得又累又餓。胡宗南生怕毛澤東有詐，「每次進攻，全軍輕裝，攜帶乾糧，佈成橫直三四十里的方陣，只走山頂，不走大路，天天行軍，夜夜露營，每日前進二三十里」，但依然到處捱打，到處撲空。陳毅曾打過這樣一個生動的比喻：毛澤東和蔣介石在陝北這個棋盤上下棋，「黃河為界，舉手無悔」。毛澤東認準決不過黃河。他說：「我們不能去那條路，我們要在這裏和敵人周旋，牽敵人，磨敵人，來回和敵人兜圈子，直到消滅它！」毛澤東和中共中央前委就是這樣牽着對手的鼻子走，令胡宗南數萬大軍忽而撲向西，忽而撲向東，疲於奔命；而且曾經有兩次竟隔着一道小山樑與毛澤東的隊伍擦肩而過，卻總是捕捉不到中共中央首腦機關的行蹤。胡宗南的軍隊，在蘑菇戰術面前吃盡了苦頭。在同胡宗南的「蘑菇」中，西北解放軍先後取得了青化砭、羊馬河、蟠龍鎮、沙家店等戰役的勝利，越戰越強，隨後轉入外線進攻，從根本上改變了西北戰場的局勢。一九四七年七月，國民黨軍隊對陝甘寧解放區的重點進攻徹底破產。

蔣介石所依靠的「西北王」胡宗南，變成了連吃敗仗的大飯桶。在取得沙家店戰役的勝利時，毛澤東就說：「胡宗南是個沒有本事的人，陰險惡毒，志大才疏。他那麼多軍隊，打我們沒一點辦法！我們打了這麼多次，就沒有吃過敗仗。他的本事，就是按我們想的行動。」一九四九年美國政府發表的《白皮書》曾這樣評述胡宗南在陝北的「戰績」：「國民黨軍攻佔延安曾經宣揚為一個偉大的勝利，實則是一個既浪費又空虛的、華而不實的勝利。」一九五九年台灣編寫的《戡亂戰史》也不能不說，在西北戰場上，共軍「始終憑藉其嚴密的情報封鎖，靈活之小後方補給，以避實擊虛，鑽隙流竄……不利主力決戰」，「我軍主力

年七月，胡宗南派熊向暉赴美國留學後不久，才知道了熊向暉的真實身份，氣得暴跳如雷。

始終被匪牽制於陝北，一無作為，殊為惋惜」。殊不知，戰爭的勝負，除了實力之外，還需要正確的戰略戰術和民眾的支持。一個得不到民眾支持的軍隊，早晚會倒在自己挖掘的「大坑」之中。

知識鏈接

### 國民黨軍隊的全面進攻與重點進攻

一九四六年六月二十六日，國民黨軍隊大舉圍攻中原解放區，全面內戰爆發。當時，得到美國支持的國民黨軍隊在總體上擺出一種戰略進攻的姿態，集中了大約一百六十萬人，幾乎同時向全國各個解放區實行全面進攻。國民黨宣稱，可以在三至六個月內全部消滅解放軍。面對國民黨軍隊的全面進攻，解放軍處於戰略防禦態勢，戰爭主要在解放區進行。在軍事上，解放軍採取「集中優勢兵力，在運動中各個殲滅敵人」和「以殲滅敵人有生力量為主，不以保守或奪取城市和地方為主要目標」的作戰原則。經過激烈戰鬥，各解放區捷報迭傳，到一九四七年二月，國民黨軍隊雖然佔領了解放區的一些城鎮，但付出了傷亡七十一萬人的沉重代價。國民黨軍銳氣受挫，戰線拉長，兵力不足，無力再發動全面進攻。

在全面進攻受挫情況下，從一九四七年三月起，蔣介石改變戰略方針，由對解放區實行全面進攻轉變為重點進攻，即集中兵力對解放區的兩翼——陝北和山東實行重點進攻，對晉冀魯豫、晉察冀、東北等解放區採取守勢。在山東，陳毅、粟裕指揮華東野戰軍，根據中共中央軍委「誘敵深入，持重待機，控制主力於機動位置」的指示，於四月底五月初，擊退了國民黨軍隊的第一次進攻。五月中旬，又抓住戰機，在孟良崮全殲美械裝備的國民黨精銳主力整編第七十四師三萬二千餘人，國民黨軍隊對山東的重點進攻基本被粉碎。在陝北，胡宗南動用二十五萬兵力，突襲中共中央、解放軍總部所在地延安。三月十九日，中共中央撤出延安，在陝北轉戰。在彭德懷、賀龍指揮下，西北野戰軍採取了「蘑菇戰術」，將對手「蘑」得筋疲力盡，然後殲滅之，先後取得了青化砭、羊馬河、蟠龍鎮、沙家店戰役的勝利。到八月，國民黨軍對陝北的重點進攻也告失敗。在四個多月的作戰中，解放軍共殲滅國民黨軍四十萬七千人。

# 千里躍進大別山

在解放軍高級將領中，鄧小平和劉伯承皆來自四川，是一對黃金搭檔。在長達十幾年的戎馬生涯中，他們相互支持，相得益彰，「劉鄧大軍」馳名中外。一九四七年八、九月間，劉鄧大軍奉中共中央命令，馳騁中原，千里躍進大別山，開始了解放軍的戰略進攻。

一九四七年是解放戰爭的關鍵一年。國民黨軍隊倚仗裝備精良、兵力較多的優勢，向山東和陝北解放區發動重點進攻，並佔領了延安。當時有人斷言：蔣介石已經穩操勝券，共產黨則要被剿滅了。然而，蔣介石低估了毛澤東。在當時的形勢下，毛澤東不動聲色地下出了一招險棋：從蔣介石伸來的虎口般的「鉗鉸」處實施中央突破，三路大軍挺進中原，直逼南京、武漢，徹底打亂蔣介石的戰略部署。對此，毛澤東曾做了一個生動的比喻：蔣介石把他的主要兵力集中於陝北、山東，搞「重點進攻」，好比兩個拳頭一張，胸膛就露出來了。這樣的兵力部署很像一個啞鈴，兩頭粗，中間細，兩頭力量強，還有攻勢；中間薄弱，處於防禦。我們就攻其薄弱部分，從中央突破，像一把尖刀，插入敵人胸膛。毛澤東將主要進攻方向指向對手戰場上最敏感而又最薄弱的地區——大別山，並將這個任務交給了劉鄧大軍。

一九四七年七月二十九日，剛剛指揮部隊取得魯西南戰役勝利的劉伯承和鄧小平，收到了一封由毛澤東親自起草的電報，上面標有三個A，這代表最緊急，而且極為機密。電報的

**一九四七年**

六月三十日，劉、鄧大軍舉行魯西南戰役，揭開戰略進攻的序幕。

八月八日至二十六日，劉、鄧大軍千里挺進大別山。

十月十日，中國共產黨發表《中國人民解放軍宣言》，提出「打倒蔣介石，解放全中國」的口號。

大意是：「現陝北情況甚為困難，如陳賡、謝富治及劉伯承、鄧小平不能在兩個月內以自己有效行動調動胡宗南軍一部」，「陝北不能支持」。當時劉鄧大軍已經連續作戰一個多月，極度疲勞，而且傷亡較重，亟須休整補充。但他們看到「陝北不能支持」等字眼後，心急如焚，立即覆電，表示遵從命令。但進軍大別山，自斷後路，向國民黨統治區的心臟地區千里躍進，確是一步險棋。鄧小平説：「我們好似一根扁擔，挑着陝北和山東兩個戰場。我們要責無旁貸地打出去，把陝北和山東的敵人拖出來。我們打出去挑的擔子愈重，對全局愈有利。」

一九四七年八月七日的黃昏，劉鄧大軍十二萬人從魯西南出發，開始了具有歷史意義的千里躍進大別山。出發前，劉、鄧指示部隊勇往直前，不要後方，不向後看。劉鄧大軍先是跨過隴海線，接着就到了號稱「死亡區」的黃泛區。時任劉、鄧司令部軍政處處長的楊國宇曾回憶説：「沒有到過黃泛區的人，是很難想像這裏的情景的。這裏雖然已成了一片死水，但還是一片汪洋。除了能隱隱約約地看到一些坍塌的民房屋脊和偶爾從空中掠過的幾隻野鴨之外，再也看不見什麼別的東西。即使是無水的地方，也盡是稀爛的膠泥，前腳起，後腳陷。」在過黃泛區的時候，解放軍戰士們手牽着手，臂挽着臂，踏進沒膝深的污泥，像「拔慢步」似的邁一步拔一步，都成了「泥菩薩」。劉伯承和鄧小平起先還騎了一段路途的馬，但是馬腳陷進泥裏很難拔出來，他們索性下馬，和戰士一起在污泥中深一腳淺一腳地步行。炮兵和汽車部隊是特別艱苦的。汽車開進污泥裏，就是開不走，只好推的推，拖的拖。許多重炮走不動，炮兵就把零件拆卸了，一件一件扛着走。有些實在弄不動的汽車和重炮，只好忍痛扔掉。經過艱苦跋涉，八月十八日，劉鄧大軍成功渡過黃泛區。

八月二十四日，部隊來到了汝河邊上。此時前有重兵堵截，後有追兵，形勢異常兇險。

---

**■ 黃泛區**

一九三八年日軍進攻開封、鄭州。國民黨部隊為阻止日軍南下，炸開了黃河花園口大堤。此後的八年多，黃河水基本上從花園口下洩，由於沒有固定的河道，河水在黃淮平原隨性肆虐，這樣在豫、蘇、皖三省之間就形成了一個沼澤區，即黃泛區。直到一九四七年三月，花園口缺口才堵上。但是黃泛區的生存環境仍然十分惡劣，直到一九四九年後經過長期的治理，才得到好轉。

面對這種情況，劉伯承說：狹路相逢勇者勝，殺開一條血路！鄧小平要求部隊：不惜一切代價，打過去！到達大別山就是勝利。他們命令部隊從即時起，不分白天黑夜，不管飛機大炮、槍林彈雨，片刻不停，強渡汝河。前線指揮員則命令所有的步槍都安上刺刀，每顆手榴彈都揭開蓋，看到敵人就打，打完就往前插，並要求先頭部隊過後，沿途不留一個敵據點和一個敵人。這樣，到第二天下午，劉鄧大軍共有四萬多人渡過了汝河。

八月二十六日晚上，強渡汝河後的劉鄧大軍風馳電掣般地來到淮河邊上。此時正值雨季，淮河上游剛剛下過雨，河水上漲。國民黨軍追兵先頭部隊已距離僅十五公里，如兩天不能過河，解放軍將被迫背水作戰。萬分危急的情況下，劉伯承借着馬燈的光亮，手拿竹竿，親自探測水深。劉鄧大軍冒險趟過淮河，剛剛走出五里多地，追兵就趕到淮河北岸，不料此時河水突然暴漲，數十萬國民黨軍隊只得望河興歎。鄧小平後來興奮地說：「過淮河，劉伯承去探河，水深在脖子下，剛剛可以過人。這就是機會呀！我們剛過完，水就漲了，就差那麼一點點時間，運氣好呀。以前，從來不知道淮河能夠徒步過去，就這麼探出條道路來了，真是天助我也！好多故事都是神奇得很。」

八月二十七日，劉鄧大軍終於抵達了大別山。這一消息傳到陝北，毛澤東欣喜地說：「我們總算熬出頭了！」他應該欣喜，二十多年來，共產黨一直在國民黨的圍追堵截中，在其勢力不到的偏遠地帶生存，但自劉、鄧南征後，國共形勢逆轉，共產黨在歷史上第一次轉為戰略進攻！

知識鏈接

## 解放軍三路大軍挺進中原

一九四七年七月，國共大戰的整個戰局發生了有利於解放軍的重大變化。這時，國民黨軍隊的總兵力已下降到三百七十三萬人，其中正規軍下降到一百五十萬人，且士氣低落，軍心渙散；解放軍的總兵力則增加為一百九十五萬人，其中正規軍近一百萬人，雖然數量不及國民黨軍隊，但士氣高昂，並得到群眾的支持。解放軍由內線作戰轉入外線作戰、由戰略防禦轉入戰略進攻的時機已經到來。中共中央作出決策：以主力打到外線去，將戰爭引向國民黨區域，在外線大量殲敵；同時以一部分主力和廣大地方部隊在內線作戰，殲滅內線敵人，收復失地。

為了實現這個戰略計劃，毛澤東作了「三軍配合，兩翼牽制」的周密部署。所謂「三軍配合」，就是以劉伯承、鄧小平率晉冀魯豫野戰軍主力實施中央突破，直趨大別山；以陳毅、粟裕率華東野戰軍主力為左後一軍，在打破國民黨軍對山東的重點進攻後，出魯西南，向南挺進豫皖蘇地區，建立根據地；以陳賡、謝富治率晉冀魯豫野戰軍一部為右後一軍，由晉南強渡黃河，挺進豫西，建立豫陝鄂根據地。三路大軍在南臨長江、北枕黃河、西起漢水、東到黃海的廣闊大地上，佈成「品」字形陣勢，協力配合，機動殲敵。「兩翼牽制」是：以彭德懷率西北野戰軍主力出擊榆林，調動胡宗南北上，將國民黨軍隊拉向沙漠邊緣；以華東野戰軍四個縱隊組成東線兵團，由許世友指揮，在膠東展開攻勢，將國民黨軍隊引向海邊。以此策應劉鄧、陳謝、陳粟三軍的中央突破行動。從此，解放軍在中原擺開了「品」字形攻勢，把戰略進攻尖刀插向了國民黨統治區的心臟。

# 蔣介石當總統

蔣介石有很多頭銜，像「校長」、「委員長」、「總裁」等，他還有一個頭銜——「總統」。那麼，蔣介石是如何當上總統的呢？

一九四八年三月二十九日至五月一日，國民黨在南京召開了「行憲國大」，其中心議題是選舉總統、副總統。會前人們普遍認為，此次總統選舉沒有什麼懸念，蔣介石必然當選。但事後，人們發現事情並非那麼簡單。

本來，以蔣介石的權威和地位，沒有人能和他競爭總統的職位。所以，「行憲國大」召開前，國民黨內桂系領袖李宗仁就決定競選副總統，並且勸胡適出面競選總統，以體現民主政治的競選法則。美國駐華大使司徒雷登也暗中慫恿胡適競選總統，美國總統杜魯門更是公開表示，希望國民黨政府能夠容納「自由主義分子」。「行憲國大」開幕後，蔣介石決定將計就計，表示準備請胡適出任總統，自己出任行政院院長。為此，他派親信王世杰向胡適傳達意見。起初胡適接受了，到四月一日，胡適又動搖了，決定不參選。四月三日夜，蔣介石親自找胡適談話，胡適受寵若驚，終於又上了圈套。後來，胡適告訴其助手胡頌平：「昨天夜裏，蔣先生約我到他的官邸談了很久。他將於國民黨中央執行委員會全體會議裏提名我為總統候選人。他說在這部憲法裏，國家最高的行政實權在行政院，他這個人不能做沒有實權的總

**一九四六年**

十一月十五日至十二月二十五日，國民黨在南京召開「國民大會」（即「制憲國大」），通過了《中華民國憲法》。

**一九四七年**

七月七日，蔣介石發表「戡亂建國」演說。十八日，國民黨政府公佈了《動員戡亂完成憲政實施綱要》。

十月二十七日，蔣介石宣佈中國民主同盟為「非法團體」。十一月六日，民盟被迫解散。

統，所以願將總統讓給我，他自己當行政院院長；或者由他當總統，要我擔任行政院院長。蔣先生的態度如此誠懇，我很感動，於是我說，『讓蔣先生決定吧』。我這個人，可以當皇帝，但不能當宰相。現在這部憲法裏，實權是在行政院——我可以當無為的總統，不能當有為的行政院院長。」

四月四日，國民黨第六屆中央執行委員會在南京召開臨時全體會議，專門討論總統提名人選問題。蔣介石聲明自己堅決不做總統候選人，同時提議推舉一黨外人士參選。但是，這個提議遭到了國民黨內絕大多數人的反對，沒有通過。會議一致推舉蔣介石為總統候選人，但蔣介石拒不接受，而是寧願當行政院院長。擅長政治權謀的蔣介石葫蘆裏到底賣的是什麼藥呢？

其實，蔣介石並非真的不想當總統，而是嫌總統權力太小，因為按照一九四六年底「制憲國大」通過的《中華民國憲法》的規定，總統權力要受到諸多限制，這令習慣於獨裁的蔣介石很不滿意。因此，他決定「以退為進」，表示寧願屈就擁有「實權」的行政院院長，也不願當「有職無權」的總統。這是多年惟蔣介石馬首是瞻的人所不能答應的，他們都認定蔣介石必須當總統。這樣問題就來了——國民黨人認為總統非蔣莫屬，而蔣介石又不願當「有職無權」的總統。怎麼辦呢？最簡單的辦法莫過於修憲，以擴大總統職權。但憲法剛剛通過，就予以修正，似乎不妥。

在第二天上午召開的國民黨中常會上，蔣介石的老部下張群表示：「總裁並不是不想當總統，而是依據憲法的規定，總統並沒有任何實際權力，它只是國家元首，而不是行政首長，他自然不願任此有名無實的職位。如果常會能想出一種辦法，賦予總統以一種特權，則總裁還是願意當總統候選人的。」於是，中常會隨即推舉張群、陳布雷、陳立夫三人去見蔣介石，當面徵詢意見，得到首肯。下午，王寵惠據此在會上提出：「我們可以避開憲法條文的規定，在國民大會中通過一項臨時條款，賦予總統在特定時期得為緊急處分的權力。」隨後，國民黨中常會作出決議：「建議在本屆國民大會中，通過憲法增加『戡亂時期臨時條款』，規定總統在戡亂時期，得為緊急處分。」經過這番安排，蔣介石表示「尊重」和「接受」中常會的決定。

四月十八日，國大通過《動員戡亂時期臨時條款案》。該案規定：「總統在動員戡亂時期，為避免國家或人民遭遇緊急危難，或應付財政經濟上重大變故，得經行政院會議之決議，為緊急處分」，而不受憲法相關規定程序的限制。可見，為了把蔣介石推上擁有實權的總統寶座，國民黨真乃煞費苦心。

於是，蔣介石成為總統候選人，不過他不能唱「獨角戲」，還得有人來「競爭」，以營造民主氣氛。蔣介石便屬意國民黨元老、時任司法院院長的居正和他一起「競選」。據説，「蔣中正」、「居正」兩個名字排在一起，即「蔣中正居正」，這對蔣介石來説，很吉利。居正也心知肚明，自己並無實力，既然是一場戲，陪着演就罷了。

一九四八年四月十九日，正式舉行總統選舉。結果，蔣介石得二千四百三十票，居正得二百六十九票，蔣介石終於如願以償，通過「民主」方式當上了「合法」的實權總統。

---

**一九四八年**

三月二十九日至五月一日，國民黨在南京召開國民大會，選舉蔣介石為總統，李宗仁為副總統。四月十八日，國民大會通過《動員戡亂時期臨時條款案》，賦予總統緊急處置權力。

知識鏈接

## 「制憲國大」與「行憲國大」

南京國民政府時期名義上代表全國國民行使政權的機關是國民大會，它先後於一九四六、一九四八年召開。一九四六年大會的任務為制定憲法，習慣稱之為「制憲國大」；一九四八年大會的任務為施行憲法，選舉總統，習慣上稱為「行憲國大」。

一九四六年十一月十五日，國大正式召開，中心任務是制定憲法，但整個制憲活動缺乏民主基礎，共產黨和民盟等黨派都拒絕參加。十二月二十五日，國大通過了《中華民國憲法》，在形式上雖有關於軍隊國家化、獨立外交、發展國民經濟、社會福利和文化事業等條款，但實質上與《訓政時期約法》一脈相承，只不過用根本大法的形式確立了國民黨對全國的集權統治。一九四七年一月一日，國民政府正式頒佈這部憲法，規定從本年十二月二十五日起施行。憲法公佈後，立即遭到共產黨、民盟等的堅決反對，紛紛發表聲明不予承認。

制憲國大之後，國民黨於一九四八年三月二十九日至五月一日在南京召開了「行憲國大」，主題是選舉總統和副總統。蔣介石表示不競選總統，但願意擔任掌握實權的任何職責。實際上蔣介石是嫌總統權力受到限制，因此國民黨中常會通過張群提出的「賦予總統以緊急處置權」的建議。經過這番安排，蔣介石表示接受中常會的決定。四月十九日，國民大會選舉蔣介石為總統。在選舉副總統時，國民黨內部各派展開了激烈的爭奪，經過四次選舉，李宗仁最終當選副總統。五月二十日，蔣介石、李宗仁就任國民政府總統和副總統。

# 蔣經國上海「打虎」

一九四八年，南京國民政府的統治陷入窮途末路的困境，具備了末代王朝所具有的各種亂象。在這種泥沙俱下的時代裏，越是激烈的措施越容易導致局面的進一步惡化。蔣經國在上海「打虎」，就是一個典型事例。

抗戰剛結束，內戰就一觸即發。八年抗戰，已經讓中國的經濟千瘡百孔，瀕臨破產。老百姓都希望和平，發展經濟，改善民生。但一九四六年，內戰爆發了。巨大的戰爭消耗，讓本已傷痕累累的中國經濟根本無力承擔。一九四八年六月，國民黨政府的軍費佔預算總額的百分之四十七，赤字高達九百五十億元，而財政收入僅及支出的百分之五左右。一九四八年一月至八月上海物價竟然上漲了五十六倍。國統區的經濟已到了總崩潰的境地了。當時有民謠譏諷：踏進茅房去拉屎，忽記忘了帶手紙，兜裏掏出百元鈔，擦擦屁股滿合適。

為挽救財政經濟的危機，國民黨政府開始實施「幣制改革」和「限價政策」。一九四八年八月十九日，頒佈《財政經濟緊急處分令》及四項挽救辦法，其主要內容是：一、從八月十九日起，以金圓券為本位幣，一元金圓券兌換三百萬元法幣；二、限期以金圓券收兌人民持有的黃金、白銀、銀幣與外匯，逾期任何人不得持有；三、限期登記管理本國人民存放外

一九四八年

八月十九日，國民黨政府頒佈《財政經濟緊急處分令》，進行幣制改革和限價政策。

八月至十一月，歷時七十多天的蔣經國上海「打虎」以失敗告終。

國的外匯資產，違者制裁；四、整理財政並加強經濟管制。

上海是中國的經濟中心，「幣制改革」和「限價政策」如在上海獲得成功，即可打開全國的局面，經濟狀況如獲好轉，內戰就可以打下去，國民黨政府就有起死回生的希望。於是，上海成為這次經濟管制的重中之重。但年輕時搞過投機交易的蔣介石知道，用缺乏信用的紙幣收繳人民手中的硬通貨並不容易，非由行政鐵腕解決不可。上陣還需父子兵，思前顧後，蔣介石只能把這一重任交給長子蔣經國。為此，蔣介石特別授權成立「經濟管制委員會」，任命中央銀行總裁俞鴻鈞為上海經濟督導員，蔣經國為副督導員，負實際責任。

當時，蔣經國正為國民黨政權面臨的困境憂心忡忡，得到蔣介石的命令後，一時間信心大增，決定施展鐵腕整頓經濟，並實行物價管制。蔣經國在當年八月二十日的日記中躊躇滿志地寫道：「今晚離京赴滬。今日政府正式公佈改革幣制的方案，此乃挽救目前經濟危局的必要辦法，但問題是在於能否認真執行既定的方案，否則無論方案如何完整，還是失敗的。督導上海方面的經濟管制工作，因為自己從來沒有做過經濟方面的工作，一點亦沒有經驗，所以恐難有所成就。但既做之，則必須確實負責，認真去完成應負的責任。」

剛到上海兩天，蔣經國就在兆豐公園（今中山公園）舉行了十

印有蔣介石頭像的金圓券

萬青年大檢閱，宣告成立由三千人組成的「行政院戡亂建國大隊」和「大上海青年服務總隊」，會後舉行了聲勢浩大的遊行，沿路高喊「嚴格執行八一九限價」、「不准囤積居奇」、「打倒奸商」、「只打老虎，不拍蒼蠅」。幾天後，他又兩次率領上海六個軍警單位，全副武裝地到全市的商品庫存房、水陸交通場所進行搜查，命令「凡違背法令及觸犯財經緊急措施條文者，商店吊銷執照，負責人送刑庭法辦，貨物沒收」。為了掌握真實的物價，他微服私訪小菜場，抄錄當日的蔬菜魚肉價格。他還成立了十一個「人民服務站」，專門接受告密舉報。

起初，上海輿論一致認為，蔣經國只會打蒼蠅，不敢打老虎。為了向外界顯示自己的決心，蔣經國果斷地向「大老虎」開刀。財政部秘書陶啟明因洩露國家經濟機密，串通商人搞股票投機，被逮捕判刑；上海警務部科長張尼亞與上海警備部第六稽查大隊隊長戚再玉兩人因勒索被槍決；華僑王春生因把存款匯往紐約被處死；包括一部分巨商大戶在內的六十四名商人被關進監獄。上海灘黑社會大亨杜月笙的兒子杜維屏，依仗其父與蔣介石良好的私人關係，無視蔣經國的禁令，大肆倒賣黃金，也被蔣經國下令逮捕。

杜維屏被抓，讓杜月笙顏面盡失，作為海上聞人，他不可能咽下這口氣。他向蔣經國舉報，孔祥熙的兒子孔令侃領導的揚子公司，正在頂風作案，囤積居奇。蔣經國二話不說，立即逮捕孔令侃，查封了揚子公司。

可是，孔令侃畢竟不是一般人物。他派人從上海發了一封加急電報給他在南京的小姨媽宋美齡。宋美齡聽說之後，趕忙飛到了上海，把兩人約到孔宅面談和解，蔣經國不從，姨表兄弟大吵一場，不歡而散。宋美齡只好去搬最後一張王牌，打電話給正在東北召開軍事會議的蔣介石，要求他命令蔣經國放過揚子公司，釋放孔令侃。蔣介石聽命照辦，趕緊飛到上海，一見面就訓斥蔣經國：「幹事太露！過火！」令蔣經國停止查辦揚子公司，蔣經國無奈接受。當蔣經國的部下問到揚子案究竟辦還是不辦時，蔣經國十分消沉地說：「我是盡孝不能盡忠，忠孝不能兩全啊。」

對真正的大老虎不敢打，讓蔣經國在上海的威信一落千丈，被老百姓諷刺為「只拍蒼蠅，不打老虎」和「為使一家笑，哪管一路哭」。十一月五日，蔣經國離開上海，這場上海「打虎」前後不過七十餘天。上海人民和全國人民這才明白國民黨政府實行的幣制改革和限價政策，原來是把財富越來越集中到少數人手中。人們對經濟改革的信心崩潰了，對金圓券的美好期望也隨之灰飛煙滅，金圓券迅速貶值，國統區的經濟徹底崩潰，國民黨政權也很快走到了全面敗亡的盡頭。

**知識鏈接**

**金圓券風暴**

金圓券是國民黨政府在中國大陸發行的一種貨幣。內戰爆發後，浩大的軍政開支導致國統區惡性通貨膨脹，法幣急劇貶值。國民黨為挽救敗局，一九四八年八月十九日通過了由翁文灝、王雲五提出的貨幣改革方案。當晚即由蔣介石以總統名義發佈《財政經濟緊急處分令》，決定棄用法幣，改用金圓券。條令規定金圓券由中央銀行發行，發行總額定為二十億元；一元折法幣三百萬元；禁止私人持有黃金、白銀、外匯。凡私人持有者，限於九月三十日前收兑成金圓券，違者沒收。國民黨政府還規定全國物價凍結在八月十九日的水平，並派出經濟督導員到各大城市監督。作為全國金融中樞的上海，則由蔣經國去督導。蔣經國試圖在上海嚴厲「打老虎」，但由於蔣介石的干涉，蔣經國上海「打虎」失敗。

面對如脫韁野馬般重新上漲的物價，國民黨政府雖幾經改革，但始終無法抑制物價的飛漲。十一月，國民黨政府食言，取消了金圓券發行限額，自此金圓券幣值一瀉千里。資料顯示，一九四八年十二月底，金圓券發行量增至八十一億元，一九四九年四月增至五萬億元，至六月更增至一百三十萬億元。由於貶值太快，物價早晚都不同。市民及商人為避免損失，不願持有鈔票，交易後或發薪後得金圓券，即盡快將其換成外幣或實物，或乾脆拒收金圓券。一九四九年七月，金圓券停止流通。

國民黨用發行金圓券挽救經濟危機的辦法，如同給垂危的病人打了一針強心劑，一時鎮靜，加速了它的總崩潰。而經濟的崩潰又促進了南京政府的滅亡。

幣制實行改
發行金圓券 收兌
依動員時期臨時條款之規定
總統頒令財政經濟緊急處分
法幣以三百萬元折合金圓
年十一月二十日以前兌換金
及外國幣禁止流通買賣或持
金圓券發行辦法

報紙對國民政府開始發行金圓券的報道

# 淮海戰役粟裕立首功

粟裕的人生頗為傳奇，從普通的班長成長為叱吒風雲的野戰軍統帥。他卓越的軍事才能更是為人稱道，在淮海戰役中，如果沒有他出神入化的指揮，就沒有淮海戰役的完勝。對此，毛澤東曾經盛讚道：「淮海戰役，粟裕同志立了第一功」，「我的戰友中，數粟裕最會打仗」。毛澤東為什麼這麼說呢？

淮海戰役的最初構想是由粟裕提出來的。一九四八年初，中原戰場上，劉伯承、鄧小平率領的中原野戰軍，陳賡、謝富治率領的豫西兵團，與陳毅、粟裕率領的華東野戰軍西線兵團擺開了「品」字形的戰略格局。而國民黨軍隊在中原也佈下了強大陣勢。雙方呈反覆拉鋸的僵持狀態。如何扭轉膠着狀態的戰局，身處前線的粟裕一直思考着。一九四八年一月二十二日，粟裕致電中共中央軍委以及劉伯承、鄧小平，這就是著名的「子養電」（按照電報地支代月、韻目代日的慣例，「子養」即一月二十二日）。其中第一條就談到了他對中原戰局的設想，他建議「三軍（劉鄧、陳謝、陳粟）在今後一個時期，採取忽集忽分的作戰方式」，「如能有兩三次殲滅戰，則（中原）形勢可能變化」。粟裕發這個電報是非常慎重的，經過了四十多天的深思熟慮，並在電文最後寫下了「斗膽直陳」四個字。

粟裕的「子養電」傳到中共中央軍委的時候，中共中央已經作出分兵渡江南進的戰略

---

**一九四八年**

三月二十三日，毛澤東、周恩來、任弼時率領中共中央領導機關和解放軍總部離開陝甘寧邊區，五月二十六日到達西柏坡。

四月二十二日，解放軍收復延安。

九月十二日至十一月二日，東北野戰軍舉行遼瀋戰役。

九月十六日至二十四日，華東野戰軍舉行濟南戰役。

十一月六日至一九四九年一月十日，華東、中原野戰軍等部隊舉行淮海戰役。

十一月二十九日，平津戰役開始。

決策。一月二十七日，中共中央軍委電令粟裕，要他率領三個縱隊渡江南進，執行機動作戰任務。中共中央的決策是分兵渡江南進，粟裕的建議是集中兵力在中原地區打大殲滅戰，顯然不一致。粟裕經過三天的縝密思考，寫出一份長達二千字的電報，給中共中央軍委發了回電，一方面就部隊渡江南進的時機、地點和方法談了意見，另一方面重申了自己在「子養電」中的觀點和建議。

接到粟裕的電報，毛澤東特意把正要返回華野的陳毅留下來，一起進行了研究，認為還是分兵渡江南進最能調動中原國民黨軍回防。二月一日午夜，毛澤東起草了給粟裕的覆電。面對毛澤東的來電，粟裕仍然沒有作罷。經過反覆權衡比較，他認定集中兵力在中原地區打大殲滅戰更為有力。四月十八日，粟裕再次「斗膽直陳」，建議華野三個縱隊暫不渡江南進，而集中兵力在中原黃淮地區打幾個大規模的殲滅戰。

粟裕關於發展戰略進攻、改變中原戰局的三次建議，引起了毛澤東等人的高度重視。四月底到五月初，中共中央在阜平縣城南莊召開了書記處擴大會議，聽取了粟裕的匯報，決定在既定戰略方針不變的前提下，採納他的建議，華野三個縱隊暫不渡江南進，而集中兵力在中原黃淮地區打大殲滅戰。正是這一決策，為以後淮海戰役戰略決戰決策的形成作了準備。

一九四八年九月二十四日，率軍參加濟南戰役的粟裕沒等濟南戰役結束，即向中共中央軍委並華東局、中原局發電報，建議立即進行淮海戰役。次日，中共中央軍委發出了毛澤東起草的答覆電報：「我們認為舉行淮海戰役，甚為必要。」十月下旬，陳毅、鄧小平指揮的中原野戰軍先後攻克鄭州、開封，進至徐州、蚌埠地區，配合華東野戰軍作戰。粟裕分析戰場態勢，預見到華東、中原兩大野戰軍將由戰略上配合作戰發展為戰役上協同作戰，戰役的規模也比原來設想的要大。形勢要求必須建立統一的指揮體制，才能統一作戰指導思想，協調作戰行動，最大限度地發揮兩大野戰軍的整體威力。為此，他建議：請陳毅和鄧小平統一指揮。粟裕的電報傳到西柏坡的時候，毛澤東、周恩來、朱德當即研究同意。隨後，由劉伯承、陳毅、鄧小平、粟裕、譚震林組成淮海戰役總前委（前敵委員會），鄧小平為書記，統一領導和指揮淮海前線作戰和支前工作。

十一月初，根據戰場形勢的變化，粟裕隨機應變，決定將淮海戰役發起的時間提前兩天，即由原定的十一月八日晚發起攻擊，改為十一月六日夜間發起攻擊，並將作戰部署及提前發起攻擊的時間上報。中共中央軍委對此完全贊同。正是在這寶貴的兩天裏，華野大軍完成了對黃百韜兵團的分割包圍，打亂了國民黨軍隊的部署，牢牢掌握了戰場的主動權。

在淮海戰役打響的第二天，即一九四八年十一月七日，粟裕與華野副參謀長張震徹夜長談，分析全國戰略態勢，認為應該將淮海戰役發展為南線戰略決戰。次日早晨七時，兩人的建議化成電波，傳向中共中央軍委。由此，淮海戰役發展為南線戰略大戰役，成為轟動中外的大決戰。

● 解放軍進入徐州

淮海戰役，是決定現代中國命運的關鍵一戰。蔣介石兵敗淮海，猶如拿破崙兵敗滑鐵盧，從此一蹶不振。不久，蔣家王朝灰飛煙滅，蔣介石只能退居台灣一隅。

## 知識鏈接

### 三大戰役

國共大戰進行了兩年，到一九四八年秋，國內局勢發生了急劇的變化。軍事上，解放軍已經增加到了二百八十萬人，一線總兵力則超過了國民黨軍隊。政治上，國民黨已空前孤立，不但國統區的群眾反蔣情緒日益高漲，而且國民黨內部矛盾也日益加深。經濟上，國統區也是一片混亂，整個經濟處於崩潰的絕境。相反，解放區的政治、經濟形勢卻是蒸蒸日上，土改後的群眾更是踴躍支前。這些情況表明：解放軍同國民黨軍隊進行戰略決戰的時機已經成熟。戰略決戰首先在東北戰場打響。

遼瀋戰役從一九四八年九月十二日至十一月二日，歷時五十二天，共殲滅國民黨軍隊四十七萬人，奪取了東北全境。此役的勝利，使東北野戰軍成為解放軍一支最強大的戰略機動力量，也使東北解放區成為奪取整個戰爭勝利可靠而鞏固的戰略後方。淮海戰役從一九四八年十一月六日至一九四九年一月十日，歷時六十五天，共殲滅國民黨軍隊五十五點五萬人，奪取了長江中下游以北的廣大地區。國民黨統治的心臟地帶南京、上海一帶完全暴露於解放軍的直接威脅之下。平津戰役從一九四八年十一月二十九日至一九四九年一月三十一日，歷時六十四天，共殲滅和改編國民黨軍隊五十二萬餘人，華北基本上被解放軍佔據，並使華北、東北這兩大解放區完全連成一片。

遼瀋、淮海、平津三大戰役的勝利意味着國民黨賴以維持其統治的主要軍事力量基本上已被消滅殆盡，奠定了共產黨奪得全國勝利的穩固基礎。

# 大事年表

**1751年**

清政府禁番婦來廣州居住。

**1755年**

清政府規定廣州華洋交易均由行商辦理。

**1780年**

英東印度公司獨佔對華鴉片貿易，鴉片進口數量大增。

**1793年**

英使馬戛爾尼來華，得到乾隆皇帝接見。

**1839年**

六月三日，林則徐在虎門銷毀所繳鴉片，二十五日告竣。

十月一日，英國內閣會議正式作出向中國出兵的決定。

**1842年**

五月二十六日，英軍進攻廣州城。翌日，奕山派人乞降，與查理．義律簽訂《廣州和約》，允退出廣州，賠款六百萬元。

五月二十九日，英軍侵擾廣州北郊三元里，三元里民眾奮起反抗，打死英軍多人。

七月二十七日，清廷命耆英、伊里布為議和全權大臣，向英軍求和。

八月二十九日，耆英、伊里布與璞鼎查簽訂中英《南京條約》。此為中國近代史上第一個不平等條約。

**1843年**

七月，洪秀全與馮雲山、洪仁玕在家鄉廣東花縣建立拜上帝會。

十月八日，中英《虎門條約》（即《五口通商附粘善後條款》）簽訂。

**1844年**

七月三日，中美《望廈條約》簽訂。

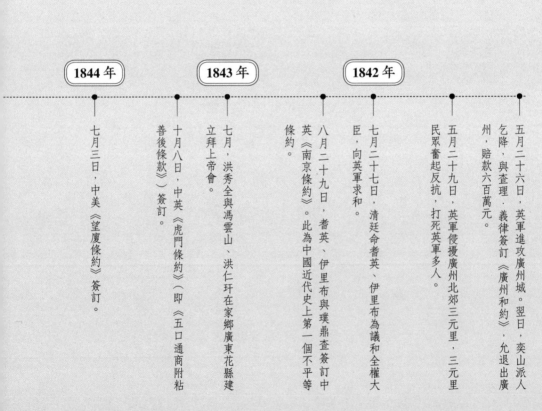

## 1840年

十一月三日，穿鼻海戰爆發。

六月二十八日，英艦封鎖珠江海口，鴉片戰爭正式爆發。

七月五日，英軍進攻定海，翌日陷定海城。

八月七日，英軍艦隊駛抵天津白河口外停泊。

八月三十日，琦善照會喬治·懿律，勸英軍退回廣州等候談判，並答應重治林則徐。

十月三日，林則徐、鄧廷楨被革職，林留粵以備查問差委。

## 1841年

一月二十六日，英軍佔領香港島。

一月三十日，清廷以奕山為靖逆將軍，楊芳為參贊大臣，前往廣州主持軍務。

二月二十六日，英軍攻陷虎門炮台，關天培壯烈殉國。

## 1847年

十月二十四日，中法《黃埔條約》簽訂。

八月，洪秀全至紫荊山晤馮雲山，拜上帝會員已發展至二千多名，楊秀清、蕭朝貴等均已入會。

## 1851年

一月十一日，拜上帝會眾金田起事，建國號「太平天國」。

十二月，太平軍在永安封王，建立太平天國基本制度。

## 1853年

一月八日，清廷命在湖南湘鄉原籍的曾國藩幫同辦理本省團練事務。

三月三十一日，清欽差大臣向榮在天京附近的孝陵衞建江南大營。

四月十六日，清欽差大臣琦善、勝保等在揚州城外建江北大營。

五月八日，林鳳祥、李開芳等率太平軍北伐。

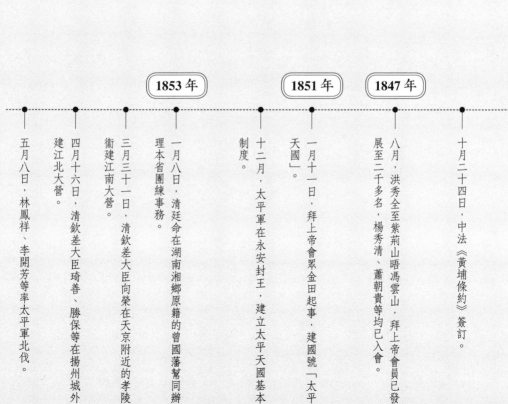

五月十九日，胡以晃、賴漢英率太平軍西征。

九月七日，小刀會首領劉麗川起事，佔領上海。

十二月，太平天國頒佈《天朝田畝制度》。

**1854年**

二月十三日，英外相以《南京條約》簽訂滿十二年，指示英公使包令向中國提出修約要求。

二月二十五日，曾國藩在湘潭大誓湘軍，發佈《討粵匪檄》，向太平天國宣戰。

四月二十八日，太平天國西征軍大敗湘軍水師於湖南靖港。

八月二十八日，英、美、法三國公使會於香港，協商修約問題。

**1855年**

二月十一日，西征軍在石達開率領下在九江大敗曾國藩湘軍水師。

**1860年**

一月十四日，陳玉成聯合捻軍，大敗湘軍於安徽潛山。

五月，李秀成二破江南大營。

六月，美國人華爾建「洋槍隊」，後改為「常勝軍」，助清軍攻打太平軍。

八月九日，李秀成在青浦大敗洋槍隊。

九月二十一日，咸豐帝命恭親王奕訢為欽差便宜行事全權大臣，督辦和局。

九月二十二日，英法兩國再次組成侵華聯軍，大舉入侵。咸豐帝自圓明園倉皇逃亡熱河。

**1861年**

一月二十日，清政府成立總理衙門，以綜理各國事務。

八月二十二日，咸豐帝病逝於承德避暑山莊。死前命御前大臣載垣、大學士肅順等八人為贊襄政務大臣。

九月十四日，御史董元醇奏請皇太后垂簾聽政，簡親王一二人輔弼。

**1856年**

- 二月二十九日，馬神甫事件發生，成為法國政府挑起戰爭的藉口。
- 十月二十三日，英國侵略者製造「亞羅」號事件，派海軍陸戰隊進攻廣州，第二次鴉片戰爭正式爆發。
- 六月底，楊秀清密謀在天京奪權，派秦日綱去丹陽，韋昌輝去江西，石達開去湖北。
- 九月二日，天京內訌，楊秀清被韋昌輝所殺。
- 十一月，洪秀全處死韋昌輝。石達開回天京提理政務。

**1857年**

- 六月，石達開負氣率十餘萬太平軍出走。

**1859年**

- 六月，洪秀全封陳玉成為英王。
- 十二月，洪秀全封李秀成為忠王。

- 十一月二日，慈禧、奕訢等發動宮廷政變。
- 十二月，曾國藩創設安慶內軍械所。它是洋務派辦的第一個軍工企業。

**1862年**

- 六月二日，李秀成攻佔蘇州。
- 六月十一日，京師同文館成立。
- 五月十三日，廬州失守，英王陳玉成於十五日被執，六月四日在河南延津被殺。

**1863年**

- 六月十一日，石達開在四川大渡河紫打地（安順場）兵敗，二十五日在成都被殺。

**1864年**

- 六月一日，天王洪秀全病死天京。
- 七月十九日，天京被清軍攻陷。
- 七月二十二日，李秀成被俘。八月七日，被曾國藩所殺。

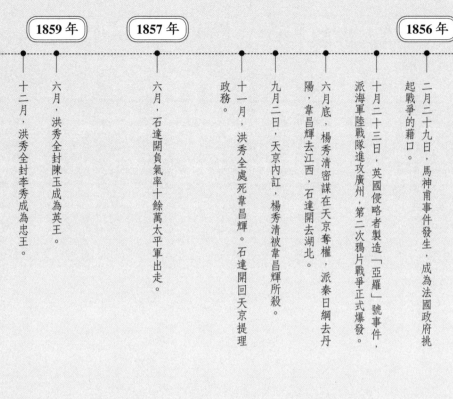

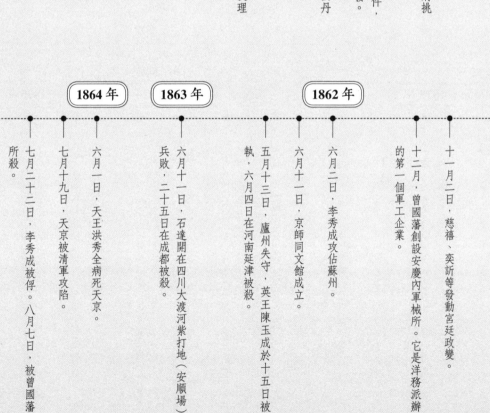

**1865年**

十二月，京師同文館教習、美國傳教士丁韙良翻譯的《萬國公法》刊行。

曾國藩、李鴻章在上海設立江南製造總局，這是當時規模最大的兵工廠。

**1866年**

八月，左宗棠設立福州船政局，這是當時最大的船舶修造廠。

十二月，奕訢奏請京師同文館添設天文算學館，招滿漢舉人入學，遭到頑固派的反對，雙方發生激烈爭論。

**1867年**

三口通商大臣崇厚設立天津機械局。

**1868年**

江南製造總局設立翻譯館，是為中國人創辦的第一個專門翻譯西方書籍的機構。

**1875年**

五月，清政府下令由沈葆楨和李鴻章分任南北洋大臣，從速建設南北洋水師。

左宗棠被任命為欽差大臣，督辦新疆軍務。

**1876年**

四月，左宗棠坐鎮甘肅酒泉，收復新疆戰役打響。

七月三日，中國第一條鐵路——淞滬鐵路正式通車運營。

七月二十日，清軍收復烏魯木齊，戰敗阿古柏，平定天山北路。

十二月，郭嵩燾等出使英國。

**1877年**

四月十六日，清軍收復新疆達阪城。

**1878年**

一月，清軍收復和闐，南疆平定。除伊犁外，新疆全部收復。

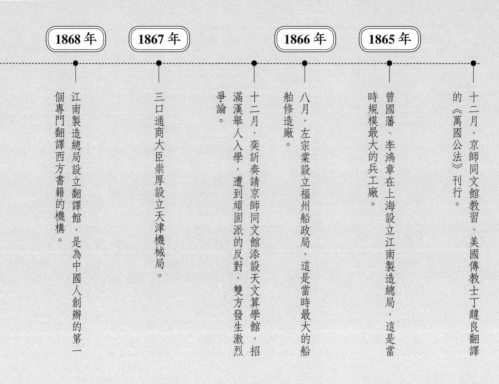

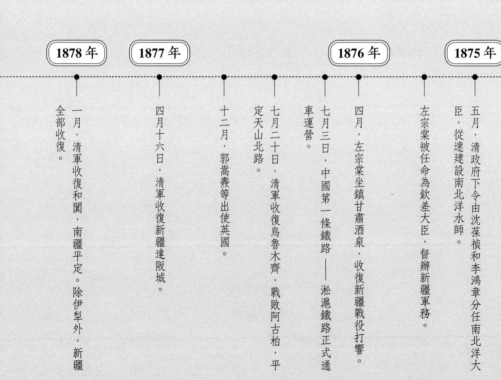

**1869年**

上海發昌機器廠創辦人方舉贊開始添設機牀，進行機器生產，開近代中國民族工業之先河。

**1871年**

七月，沙俄武裝強佔伊犁。

**1872年**

四月三十日，《申報》在上海創刊。

八月十二日，中國第一批留美幼童起程。

**1873年**

鄭觀應《救世揭要》刊行。

**1874年**

二月四日，王韜在香港創辦《循環日報》。

六月，清政府派崇厚為欽差大臣出使沙俄，談判索還伊犁事宜。

七月二十四日，開平礦務局正式開局。十月，開工鑿井。

**1879年**

十月二日，崇厚與沙俄訂立《里瓦幾亞條約》。

**1880年**

二月十九日，清政府派曾紀澤取代崇厚為欽差大臣出使俄國，繼續對俄談判。並正式照會沙俄政府，不承認《里瓦幾亞條約》。

九月十八日，李鴻章奏設南北洋電報，獲准在天津設立電報總局。

十二月三十一日，李鴻章奏請興建鐵路。

**1881年**

二月二十四日，中俄《伊犁條約》簽訂。

十一月，唐胥鐵路建成。

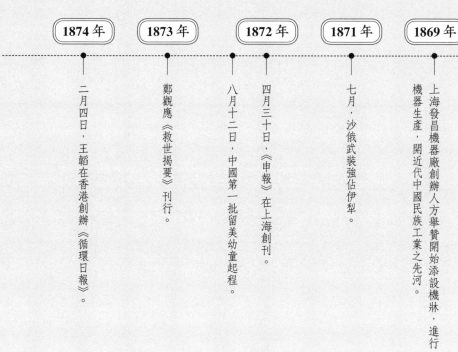

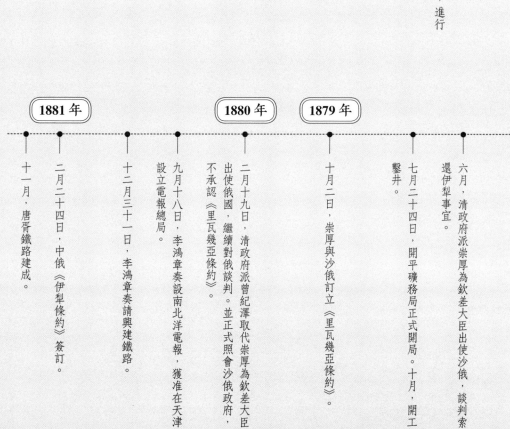

十二月一日，中國第一條電報線（上海至天津）建成並交付使用，二十四日通報。

**1885年**

三月二十四日，馮子材率軍取得鎮南關大捷。

四月八日，李鴻章與伊藤博文簽訂中日《天津會議專條》，日本取得了向朝鮮派兵的權利。

六月九日，李鴻章與法國公使巴德諾在天津簽訂《中法新約》，中法戰爭結束。

**1888年**

十月，康有為第一次上書光緒帝，請求進行變法。

**1894年**

二月八日，朝鮮東學黨起事。

七月二十五日，日本海軍突襲中國運兵船「高陞」號。中日甲午戰爭爆發。

八月一日，中日同時宣戰。

五月二日，清政府批准中日《馬關條約》。康有為發動「公車上書」。

五月二十九日，日軍在台灣基隆登陸，開始鎮壓台灣人民的反抗。

八月，康有為在北京創辦《萬國公報》（後改為《中外紀聞》）。同時，組織強學會。

十月二十六日至二十八日，廣州起義事洩，未及發動即失敗。

**1896年**

一月二十一日，御史楊崇伊參奏強學會「植黨營私」，北京、上海兩地強學會相繼被封閉。

三月三十日，帝黨官僚文廷式被革職，永不敘用，驅逐回籍。

四月十四日，慈禧擬重修圓明園。

六月，孫中山在美國舊金山等地宣傳革命，並創立興中會舊金山分會。

八月九日，《時務報》在上海創刊。梁啟超的《變法通議》陸續發表。

九月十五日，中日陸軍平壤之戰，左寶貴等戰死。

九月十七日，中日海軍在黃海激戰，史稱「黃海大海戰」。

九月二十九日，慈禧重新起用恭親王奕訢主持總理衙門。

十一月，孫中山在檀香山創立「興中會」。

十一月二十二日，日軍攻佔旅順，並製造旅順大屠殺。

## 1895年

二月十三日，清政府派李鴻章為頭等全權大臣與日本議和。

二月十七日，威海衛失守，北洋海軍全軍覆滅。

三月二十日，李鴻章與伊藤博文在馬關開始談判。

四月十七日，中日《馬關條約》簽訂。

四月二十五日，台北人民鳴鑼罷市，掀起反割台鬥爭。

## 1897年

九月，譚嗣同、熊希齡等在陳寶箴、黃遵憲支持下，在長沙籌設時務學堂。

十月二十六日，嚴復主辦的《國聞報》在天津創刊。

## 1898年

一月二十九日，康有為上《應詔統籌全局摺》，籲請光緒帝厲行變法。

四月，康有為在北京成立保國會。

六月十一日，光緒帝頒佈「明定國是」詔書，宣佈變法，「百日維新」開始。

六月十五日，翁同龢被開缺回籍。

六月十六日，光緒帝召見康有為，命康有為在總理衙門章京上行走，並許其專摺奏事。

六月二十三日，慈禧迫使光緒任命榮祿為直隸總督兼北洋大臣。

九月四日，禮部尚書懷塔布、許應騤等保守派六人被革職。

九月五日，光緒帝賞譚嗣同、楊銳、劉光第、林旭四人四品卿銜，在軍機章京上行走，參預新政事宜。

九月十五日，光緒帝賜楊銳等「密詔」，指出變法危機，令籌對策。

九月十六日，光緒帝召見袁世凱，賞以兵部侍郎銜。

九月十八日，御史楊崇伊赴頤和園，奏請慈禧太后臨朝訓政。

九月二十一日，戊戌政變發生，慈禧重新「臨朝訓政」。

九月二十八日，譚嗣同、楊銳、林旭、劉光第、楊深秀、康廣仁在菜市口被殺。

## 1900年

八月十五日，八國聯軍攻陷北京。是日清晨，慈禧太后攜光緒帝倉皇出逃。

八月十六日，八國聯軍控制北京全城，下令公開搶劫三日。

九月十四日，清廷諭令剿殺義和團。

## 1907年

四月至八月，袁世凱勾結奕劻、端方等扳倒軍機大臣瞿鴻禨與郵傳部尚書岑春煊，史稱「丁未政潮」。

五月二十二日，革命黨人在廣東發動潮州起義。

七月六日，徐錫麟率巡警學堂學生數十人在安慶舉義，擊殺安徽巡撫恩銘。旋失敗，徐被捕英勇就義。

八月，同盟會員張伯祥、焦達峰、孫武、劉公等在日本東京成立共進會，謀在長江流域策動起義。

九月二十日，清政府詔設資政院。

## 1908年

三月二十七日，黃興親率同盟會員二百多人組成的「中華國民軍南路軍」，在廣西發動欽州馬篤山起義，堅持四十餘日。

八月二十七日，清政府頒佈《欽定憲法大綱》。

十一月十四日，光緒帝死，溥儀繼位，改元宣統，以載灃為攝政王。

十一月十九日，熊成基率馬、炮兩營士兵千餘人發動安慶新軍起義，旋失敗。

**1901年**

七月二十四日，清政府改總理衙門為外務部，列六部之前，由奕劻總理事務。

九月七日，《辛丑條約》簽訂。

**1904年**

二月十五日，華興會在長沙成立，黃興為會長。

十月，光復會在上海成立，蔡元培任會長。

**1905年**

八月，中國同盟會在日本東京成立。

十月二十六日，清政府改派山東布政使尚其亨、李盛鐸同載澤、端方和戴鴻慈出國考察政治。

**1906年**

九月，清政府宣佈「預備立憲」。

十二月四日，由同盟會員劉道一、蔡紹南等策動的萍瀏醴起義爆發。

**1909年**

一月，清政府罷斥袁世凱。

**1910年**

二月十二日，倪映典率廣州新軍三千餘人起義，遭鎮壓，失敗。

四月二日，喻培倫、黃復生、汪精衛在北京謀炸攝政王載灃，事洩。十六日，黃復生、汪精衛被捕入獄。

十月三日，資政院成立，行開院禮。

十一月四日，清政府發佈上諭，將準備立憲期限由九年縮短為五年。

十一月十三日，孫中山、黃興、趙聲、胡漢民等在檳榔嶼召開秘密會議，決定在廣州再次發動新軍起義。

**1911年**

四月二十七日，黃花崗起義爆發。

五月，「皇族內閣」出台。

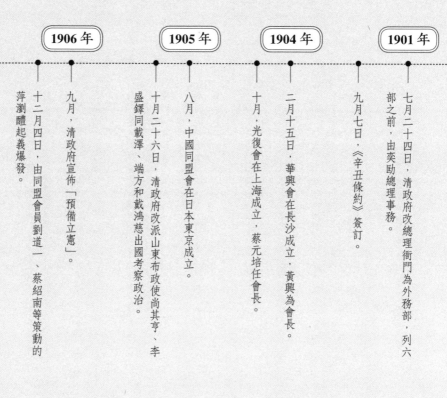

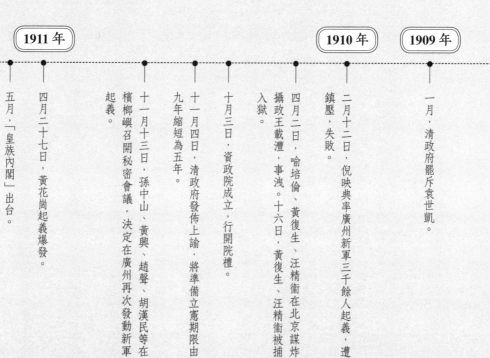

五月九日，清政府宣佈將粵漢、川漢鐵路收歸國有。

五月至七月，湘、鄂、川、粵四省紳商學界和工農群眾反對清政府鐵路國有政策。保路運動迅速興起。

六月十七日，川漢鐵路股東在成都開會，決定成立四川保路同志會。

八月初，同盟會會員龍鳴劍、王天傑等邀請哥老會首領在四川資州密議，決定建立四川保路同志軍，發動武裝起義。

八月下旬，四川保路同志會號召罷市、罷課、抗糧、抗捐。

十月十日，武昌起義爆發。

十一月一日，清政府任命袁世凱為內閣總理大臣。

十二月十八日，南北議和開始，南北代表伍廷芳、唐紹儀在上海英租界舉行首次會議。

## 1912 年

一月一日，孫中山在南京就任中華民國臨時大總統。

## 1914 年

七月八日，孫中山在日本東京舉行中華革命黨成立大會。

九月二日，日本對德宣戰，派兵在中國山東半島龍口登陸。

十一月七日，日軍侵佔青島。

## 1915 年

一月十八日，日本提出「二十一條」，陰謀滅亡中國。

三月十八日，上海四萬人召開反對「二十一條」大會，並發起抵制日貨運動。

五月九日，袁世凱政府接受「二十一條」。全國教育聯合會規定每年的五月九日為國恥日，全國掀起反日浪潮。

八月十日，袁世凱的憲法顧問古德諾發表《共和與君主論》，鼓吹中國宜實行君主制。

八月二十三日，楊度等人發起組織籌安會。

## 1913年

二月十二日，宣統皇帝溥儀宣告退位。

三月十日，袁世凱在北京就任臨時大總統。

三月十一日，《中華民國臨時約法》公佈。

八月二十五日，孫中山、宋教仁等以同盟會為基礎，合併其他黨派，成立國民黨。

三月二十日，袁世凱派人暗殺宋教仁。二十二日，宋因傷重身死。

三月二十七日，孫中山從日本返回上海，主張興師討袁，黃興則主張用法律手段解決。

四月二十六日，袁世凱與英、法、日、俄、德五國銀行團簽訂「善後大借款」合同。

七月十二日，李烈鈞宣佈江西獨立，「二次革命」爆發。

九月一日，袁軍攻佔南京，「二次革命」失敗。

九月十五日，陳獨秀在上海創辦《青年雜誌》。次年九月，《青年雜誌》改名《新青年》。

十二月十二日，袁世凱宣佈承受帝位，改國號為「中華帝國」。

十二月二十五日，蔡鍔、唐繼堯等通電各省宣告雲南獨立，組織討袁的「護國軍」。

## 1916年

三月二十二日，袁世凱宣佈取消帝制，復稱總統。

五月九日，孫中山發表第二次《討袁宣言》。

六月六日，袁世凱憂懼而死。次日，黎元洪繼任大總統。

八月一日，國會在北京恢復，段祺瑞出任總理。

## 1917年

一月一日，胡適在《新青年》上發表《文學改良芻議》，發起文學改良運動。

二月一日，陳獨秀在《新青年》上發表《文學革命論》，正式提出「文學革命」三大主義。

- 三月初，段祺瑞出走天津，「府院之爭」愈演愈烈。
- 五月二十三日，黎元洪免去段祺瑞的國務總理兼陸軍總長職務。
- 六月十二日，黎元洪被迫解散參眾兩院。
- 七月一日，張勳等擁清廢帝溥儀復辟。

## 1918年

- 四月十四日，毛澤東、蔡和森等在長沙組織新民學會。
- 五月，魯迅在《新青年》上發表了第一篇白話小說《狂人日記》。
- 十月二十日，北京大學《國民》雜誌社成立。
- 十二月二十二日，陳獨秀、李大釗等主編的《每週評論》創刊。

## 1919年

- 一月一日，《新潮》月刊創刊，由北京大學新潮社主辦。
- 一月十八日，巴黎和會開幕。

## 1920年

- 三月，李大釗、鄧中夏、高君宇等在北京成立馬克思學說研究會。
- 四月，陳望道翻譯的《共產黨宣言》出版。
- 五月，陳獨秀在上海成立馬克思主義研究會，為建黨作思想和組織上的準備。
- 九月，陳獨秀發表〈談政治〉一文，與無政府主義者展開論爭。
- 十月，羅素來華講學，宣傳基爾特社會主義。
- 十一月，張東蓀發表〈由內地旅行而得之又一教訓〉，挑起關於社會主義的論爭。

## 1921年

- 七月二十三日至三十一日，中國共產黨第一次全國代表大會召開。

## 1922年

- 七月十六日至二十三日，中國共產黨第二次全國代表大會在上海召開，提出了徹底反帝反封建的民主革命綱領，通過了關於民主的聯合戰線、加入第三國際（共產國際）等議案。

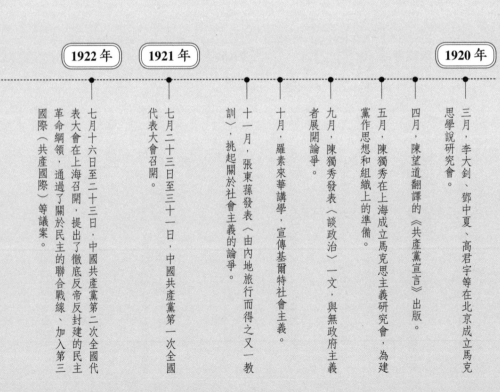

四月，杜威來華講學。

五月四日，北京學生三千多人在天安門前集合，五四運動爆發。

六月五日，上海工人開始罷工，要求釋放被捕學生，罷免曹汝霖、章宗祥、陸宗輿。

六月二十八日，中國代表拒絕在《凡爾賽和約》上簽字。

七月一日，少年中國學會成立，此為五四時期最大社團之一，由李大釗、王光祈等發起。

七月十四日，毛澤東在長沙創辦《湘江評論》。

七月二十日，胡適發表〈多研究些問題，少談些「主義」〉，挑起「問題與主義之爭」。

七月二十五日，蘇俄發佈《第一次對華宣言》，宣佈廢除沙俄與中國簽訂的一切不平等條約。

八月，李大釗發表〈再論問題與主義〉。

九月十六日，周恩來等在天津成立覺悟社。

十月，孫中山整頓中華革命黨，改稱中國國民黨。

九月十四日至十八日，安源路礦工人舉行大罷工。

## 1923年

二月七日，吳佩孚對京漢鐵路罷工工人進行血腥鎮壓，造成震驚中外的「二七慘案」。

## 1924年

一月，中國國民黨第一次全國代表大會在廣州召開，國共合作正式建立。

六月十六日，黃埔軍校第一期學員舉行開學典禮。

九月十五日，第二次直奉戰爭爆發。

十月二十三日，馮玉祥發動北京政變，囚禁曹錕。二十五日，馮玉祥電邀孫中山北上，共商國是。

十一月五日，溥儀被驅逐出故宮。

十一月十日，孫中山發表《北上宣言》。宣言重申反帝反軍閥的政治立場和國民革命的目的，提出召開國民會議和廢除不平等條約兩大主張。

十一月中旬，馮玉祥、張作霖、段祺瑞在天津商定，由段祺瑞組織北京政府。二十四日，段宣佈就任中華民國臨時執政。

**1925年**

一月十一日至二十二日，中國共產黨第四次全國代表大會在上海召開。

三月十二日，孫中山在北京逝世。

五月三十日，英租界當局製造「五卅慘案」。在中國共產黨的組織下，上海各界群眾罷工、罷課、罷市，抗議帝國主義的暴行，史稱「五卅運動」。

六月十九日，省港大罷工開始。

八月二十日，廖仲愷遇刺。

十一月二十三日，國民黨老右派在北京西山召開會議，會議的主題是反蘇、反共，破壞國共合作。「西山會議派」由此形成。

**1926年**

一月一日至十九日，國民黨在廣州召開「二大」。會議譴責西山會議派，繼續執行孫中山遺囑和聯俄、聯共、扶助農工三大政策。

三月二十日，中山艦事件發生，又稱「三二〇事件」。

**1928年**

三月，蔣介石抵達徐州，誓師舉行第二次北伐。

四月二十八日，朱德率部與毛澤東在井岡山會師。

五月三日，日軍製造震驚中外的濟南慘案（又稱「五三慘案」）。

五月十六日，劉志丹領導的渭華起義全面爆發。

六月四日，張作霖在皇姑屯遇炸身亡。

七月二十二日，彭德懷、滕代遠等發動平江起義。

十月，國民黨中央通過《訓政綱領》。

十二月二十九日，張學良宣佈「改易旗幟」。南京國民政府獲得形式上的統一。

**1929年**

十二月十一日，鄧小平等領導發動了廣西百色起義。

1927年

五月十五日，國民黨在廣州召開二屆二中全會，蔣介石提出整理黨務案。

五月二十日，葉挺獨立團作為北伐先遣隊北上，揭開北伐戰爭的序幕。

七月九日，國民革命軍在廣州舉行北伐誓師典禮。

九月十七日，馮玉祥在五原誓師，響應北伐。

八月一日，南昌起義爆發，打響了共產黨武裝反抗國民黨的第一槍。

八月七日，中共中央在湖北漢口召開緊急會議（即八七會議）。

九月九日，毛澤東和湖南省委領導了湘贛邊界秋收起義。

九月二十九日，毛澤東領導了著名的「三灣改編」。

十一月二十一日，第一個工農政權——海陸豐蘇維埃成立。

十二月十一日，張太雷、蘇兆徵、葉挺、葉劍英等在廣州舉行武裝起義。

1930年

五月十一日，蔣軍向閻錫山、馮玉祥、李宗仁等反蔣聯軍發動總攻擊，中原大戰正式爆發。十月，戰事以蔣軍勝利結束。

十月，蔣介石開始集中兵力對紅軍進行「圍剿」。到一九三一年七月，紅一方面軍在毛澤東、朱德指揮下，先後打退國民黨軍隊的三次「圍剿」。

1931年

五月，國民會議在南京召開，通過《訓政時期約法》。

十一月七日，中華蘇維埃第一次全國代表大會在江西瑞金召開，宣佈成立中華蘇維埃共和國。

1932年

十二月，國民黨軍隊對中央蘇區發動第四次「圍剿」。紅一方面軍在周恩來、朱德的指揮下，取得第四次反「圍剿」的勝利。

1933年

九月，蔣介石調集五十萬大軍，向中央蘇區發動第五次「圍剿」。在博古、李德的錯誤指揮下，紅軍損失慘重。

## 1934年

十月中旬，中央紅軍以及中共中央機關共八萬六千人，從福建長汀、寧化和江西瑞金、雩都等地出發，開始長征。

## 1935年

一月十五日至十七日，中共中央召開遵義會議，會議集中解決了當時具有重要意義的軍事問題和組織問題。

六月十六日，中央紅軍和紅四方面軍在四川懋功舉行會師大會。

十月五日，張國燾在川康邊境卓木碉自封「主席」，另立「中央」。

## 1936年

四月九日，周恩來與張學良在延安舉行會談。

六月一日，兩廣爆發反蔣事變。

十月，紅四方面軍和紅二方面軍在甘肅會寧與中央紅軍會師。至此，紅軍長征結束。

十二月十二日，西安事變爆發，張學良、楊虎城扣押蔣介石。

八月二十二日至二十五日，中共中央召開洛川會議，制定《抗日救國十大綱領》。

九月二十二日，國民黨發表《中共中央為公佈國共合作宣言》；二十三日，蔣介石發表談話，承認中共的合法地位。至此，抗日民族統一戰線正式形成。

八月二十五日，主力紅軍改編為八路軍，朱德任總指揮，彭德懷任副總指揮。

九月二十五日，平型關戰鬥打響。

十月初，日本發動以攻佔太原為目標的作戰。中國守軍在忻口與日軍展開會戰。十一月初，太原告急，忻口守軍撤退。

十月十九日，八路軍第一二九師夜襲日軍陽明堡機場，燒毀敵機二十四架。

十一月十二日，上海失陷，淞滬會戰結束。

十二月十三日，日軍侵佔南京，開始南京大屠殺。

十一月二十日，南京國民政府發表遷都宣言，決定移都重慶。

十二月十三日，中共中央接受張學良、楊虎城邀請，派周恩來率中共代表團赴西安談判。

十二月二十五日，張學良、楊虎城釋放蔣介石，張並親自送蔣回南京。

## 1937 年

七月七日，日軍發動盧溝橋事變，挑起全面侵華戰爭。

七月八日，中共中央向全國發佈《為日軍進攻盧溝橋通電》，呼籲全民族抗戰。

七月十七日，蔣介石發表「廬山談話」，表示中國準備應戰。

七月二十八日，日軍向北平郊區發動進攻，中國守軍奮起還擊。第二十九軍副軍長佟麟閣、第一三二師師長趙登禹殉國。二十九日，北平淪陷。翌日，天津淪陷。

八月十三日，日軍發動八．一三事變，淞滬會戰開始。

八月十四日，國民政府發表《自衛抗戰聲明書》，對日應戰。

十二月十四日，日本近衛內閣扶持的漢奸政權「中華民國臨時政府」在北平成立。

## 1938 年

一月五日，中國軍隊同日軍在徐州以南與以北兩個地區展開會戰。五月十九日，徐州失陷。

一月六日，新四軍軍部在南昌成立，葉挺、項英分任正副軍長。

三月二十九日至四月一日，國民黨臨時全國代表大會召開，通過《抗戰建國綱領》。

五月二十六日，毛澤東《論持久戰》發表。

六月十一日，國民黨軍炸毀鄭州花園口黃河大堤，以阻止日軍進攻。

六月至十月，武漢會戰。這是抗日戰爭戰略防禦階段規模最大的一次戰役。中國軍隊死傷與被俘十五萬多人，斃傷日軍四萬餘人。

九月二十九日，中共六屆六中全會在延安開幕。毛澤東作了《論新階段》的政治報告。

十月二十一日，廣州失陷。二十五日，日軍攻佔漢口，後相繼攻佔武昌、漢陽。至此，抗日戰爭開始由戰略防禦轉入戰略相持階段。

**1939年**

一月一日，國民黨中常會決定開除汪精衛黨籍並撤銷其一切職務。

六月八日，國民政府明令通緝汪精衛。

十二月三十日，汪精衛與日本在上海簽訂賣國密約《日支新關係調整要綱》。

**1940年**

三月三十日，汪偽國民政府在南京成立，汪精衛任代主席兼行政院長。

**1941年**

十二月八日，日軍偷襲珍珠港。美、英對日宣戰，太平洋戰爭爆發。

**1942年**

五月二十五日，八路軍副參謀長左權犧牲。翌日，中國遠征軍第二〇〇師師長戴安瀾殉國。

九月十五日，林伯渠在國民參政會三屆三次會議上提出廢除國民黨一黨專政、成立民主聯合政府的主張。

**1945年**

二月四日至十一日，美、蘇、英三國首腦集會雅爾塔，達成一系列關於對德、對日法西斯作戰和戰後國際事務的協定。

四月二十三日至六月十一日，中國共產黨第七次全國代表大會在延安召開。

五月五日至二十一日，國民黨第六次全國代表大會在重慶召開，拒絕中共建立民主聯合政府的建議，堅持獨裁，並準備發動內戰。

七月二十六日，中、美、英三國政府簽署發表《波茨坦公告》。

八月九日，毛澤東發表《對日寇的最後一戰》。

八月十五日，日本天皇裕仁發佈「終戰詔書」，宣佈無條件投降。

八月二十五日，中共中央發表《對目前時局的宣言》，明確提出「和平、民主、團結」三大口號，

## 1943年

一月十一日，中英、中美分別在重慶、華盛頓簽約，廢除兩國在華治外法權及其他有關特權。新約的簽訂，廢除了百年來列強強迫訂立的不平等條約，在中國近代史上具有重大的意義。

三月十日，蔣介石《中國之命運》發表。此書宣揚法西斯主義和封建主義，反對自由主義和共產主義，成為國民黨系統化的政治理論。

九月，中、美、英軍隊開始在緬甸進行反攻，日軍逐漸陷於不利境地。

十一月二十二日，中、美、英三國首腦蔣介石、羅斯福、丘吉爾在開羅舉行會議。會後發表《開羅宣言》，其中規定將日本佔領的台灣、澎湖列島歸還中國。

## 1944年

四月，日軍發動以打通縱貫南北的大陸交通線為目的的豫湘桂戰役。國民黨軍隊在各個戰場的抵抗均告失敗，至十二月戰役結束時，中國損失近六十萬人，喪失國土二十萬平方公里。

八月二十一至十月七日，中、蘇、美、英代表在美國敦巴頓橡樹園舉行會議，擬訂組織聯合國的建議案。

闡明中共關於「在和平民主團結的基礎上，實現全國的統一，建設獨立自由與富強的新中國」的主張。

八月二十八日，毛澤東、周恩來等人飛抵重慶，同國民黨進行談判。

九月九日，中國戰區的日本投降儀式在南京舉行。

十月十日，國共雙方簽訂「雙十協定」。

十月二十五日，台灣日軍向台灣省行政長官陳儀遞交投降書，台灣光復。

十二月一日，昆明發生國民黨軍警殺害進步師生的慘案，史稱一二·一慘案。

十二月二十八日，毛澤東發出《建立鞏固的東北根據地》的指示。

## 1946年

一月五日，國共雙方達成《關於停止國內軍事衝突辦法的協議》；十日，雙方代表簽訂《關於停止國內衝突的命令和聲明》。上述文件通稱「國共停戰協定」，十日同時公佈。

一月十日，政治協商會議在重慶召開。

二月十日，國民黨特務在重慶破壞陪都慶祝政協成功大會，毆傷李公樸、郭沫若等六十餘人，製造了「較場口慘案」。

六月二十三日，上海各界五萬人集會，歡送上海人民團體聯合會及上海學生團體派出的代表赴南京請願。馬敘倫等人當晚抵達下關車站時，國民黨特務、暴徒予以圍攻、毆打、劫掠達五個小時，製造了「下關慘案」。

六月二十六日，蔣介石下令向中原解放區發動進攻，全面內戰由此開始。

七月十一日、十五日，國民黨特務先後槍殺民主人士李公樸、聞一多，製造了駭人聽聞的「李聞慘案」。

七月二十日，中共中央發出《以自衛戰爭粉碎蔣介石的進攻》的指示。

八月六日，毛澤東會見美國記者斯特朗，提出「一切反動派都是紙老虎」的著名論斷。

十一月十五日至十二月二十五日，國民黨在南京召開「國民大會」（即「制憲國大」），通過了《中華民國憲法》。

十二月二十四日，在北京東單廣場發生了美軍強姦

## 1948年

三月二十三日，毛澤東、周恩來、任弼時率領中共中央領導機關和解放軍總部離開陝甘寧邊區，五月二十六日到達西柏坡。

三月二十九日至五月一日，國民黨在南京召開國民大會，選舉蔣介石為總統，李宗仁為副總統。

四月十八日，國民大會通過《動員戡亂時期臨時條款案》，賦予總統緊急處置權力。

四月二十二日，解放軍收復延安。

八月十九日，國民黨政府頒佈《財政經濟緊急處分令》，進行幣制改革和限價政策。

八月至十一月，歷時七十多天的蔣經國上海「打虎」以失敗告終。

九月十二日至十一月二日，東北野戰軍舉行遼瀋戰役。

九月十六日至二十四日，華東野戰軍舉行濟南戰役。

十一月六日至一九四九年一月十日，華東、中原野戰軍等部隊舉行淮海戰役。

十一月二十九日，平津戰役開始。

北大女生的事件。北平、南京、上海、武漢等地學生發起聲勢浩大的「抗議美軍暴行運動」。

## 1947 年

二月二十八日，台灣人民發動二·二八起義。

三月，蔣軍對陝北和山東解放區發動重點進攻。

五月，全國學生發動「反飢餓、反內戰、反迫害」運動。

五月十三日至十六日，華東野戰軍舉行孟良崮戰役，全殲國民黨整編第七十四師。

六月三十日，劉、鄧大軍舉行魯西南戰役，揭開戰略進攻的序幕。

七月七日，蔣介石發表「戡亂建國」演說。十八日，國民黨政府公佈了《動員戡亂完成憲政實施綱要》。

八月八日至二十六日，劉、鄧大軍千里挺進大別山。

十月十日，中國共產黨發表《中國人民解放軍宣言》，提出「打倒蔣介石，解放全中國」的口號。

## 1949 年

十月一日，中華人民共和國成立。